职业教育"十三五"规划教材
高等职业教育新形态一体化教材
高职高专跨境电子商务专业（方向）规划教材

跨境 B2B 平台运营

刘 敏 王言炉 高田歌 编著

电子工业出版社
Publishing House of Electronics Industry
北京·BEIJING

内 容 简 介

本书以跨境电子商务 B2B 平台业务操作流程为主线，主要介绍了 B2B 的概念、模式以及主要平台，B2B 平台的模式与选择，B2B 店铺产品采购、B2B 客户开发、B2B 平台营销、B2B 客户服务及外贸综合服务等内容，并详细分析了三个 B2B 平台运营的案例。本书采用项目化编写体例，每个项目都配有相应的实训，结构科学、内容丰富、通俗易懂、学以致用、操作性强。

本书适合从事跨境 B2B 平台工作的人员或管理者使用，可作为高校国际贸易、跨境电商等相关专业的专业课教材，也可以作为对电子商务感兴趣的爱好者的参考书。

未经许可，不得以任何方式复制或抄袭本书之部分或全部内容。
版权所有，侵权必究。

图书在版编目（CIP）数据

跨境 B2B 平台运营 / 刘敏，王言炉，高田歌编著 . —北京：电子工业出版社，2019.5
ISBN 978-7-121-35812-8

Ⅰ . ①跨… Ⅱ . ①刘… ②王… ③高… Ⅲ . ①电子商务—运营管理—高等学校—教材
Ⅳ . ① F713.365.1

中国版本图书馆 CIP 数据核字（2018）第 292033 号

策划编辑：贺志洪（hzh@phei.com.cn）
责任编辑：贺志洪
印　　刷：北京虎彩文化传播有限公司
装　　订：北京虎彩文化传播有限公司
出版发行：电子工业出版社
　　　　　北京市海淀区万寿路 173 信箱　邮编 100036
开　　本：787×1092　1/16　印张：16　字数：409.6 千字
版　　次：2019 年 5 月第 1 版
印　　次：2024 年 12 月第 7 次印刷
定　　价：43.00 元

凡所购买电子工业出版社图书有缺损问题，请向购买书店调换。若书店售缺，请与本社发行部联系，联系及邮购电话：(010) 88254888，88258888。
质量投诉请发邮件至 zlts@phei.com.cn，盗版侵权举报请发邮件至 dbqq@phei.com.cn。
本书咨询联系方式：(010) 88254609 或 hzh@phei.com.cn。

前言

近几年来,在外贸出口增速连续下滑的同时,跨境电商交易额却一直保持着近 30% 的强劲增长势头。这主要与国内电商巨头纷纷布局跨境电商业务和传统外贸企业集体向跨境电商转型有密切的关联。中国跨境电商新时代的到来将会是刺激我国进出口贸易的新动力。

全球企业增长咨询公司 Frost&Sullivan 分析称,随着数字化的贸易市场的发展,全球自 2015 年开始跨境出口贸易总额会以 50% 的速度增长。这家咨询机构也预测,全球 B2B 电商交易规模将超过 6.7 万亿美元,占 B2B 总交易规模的 21%,将是 B2C 市场交易规模的两倍,中国将占至少 2.1 万亿美元的份额。

相对于 B2C 而言,B2B 的商业环境要复杂得多。B2C 交易中的商品或服务售价较为单一透明,出货量较少,跨境物流、贸易税收等相对简单;日益成熟的 B2C 模式刺激了新的商业模式不断涌现,可以看到一些企业在 C 端的需求还未浮现时就已经提前布好了局。而参与 B2B 交易的企业不仅在产品、价格、物流、商务、运营等各个业务环节有其独特的需求,还在运营效率、客户关系管理、业务绩效、数字化营销绩效等方面都有优化和提升的需求。这些需求的满足意味着 B2B 领域仍有巨大的待激活的商机和潜力。

本书的编写目的有两个,第一个目的是培养和提高跨境 B2B 平台工作人员运营的技巧,第二个目的是编写一本符合高校跨境电商相关专业的实用教材。因此,本书在编写过程中遵循以应用为目的,遵循实用为主、够用为度的基本原则,结合丰富的案例,通过改进跨境电商工作人员工作的整体思路、优化其工作方法,进而提升跨境电商工作人员 B2B 平台运营的能力和技巧。

本书编写团队成员分工协作如下,王言炉负责编写项目 1、项目 3 和项目 8;高田歌负责编写项目 2 和项目 5;刘敏负责编写项目 4、项目 6 和项目 7。在编写过程中,阿里巴巴国际事业部赵绪伟经理提供了大量的建议。温州初贝贸易有限公司、浙江全麦网尚电子商务有限公司等也提供了大力支持,在此表示衷心感谢。

另外,本书编写过程中参阅了大量的资料及网络信息,同时也借鉴了国内专家学者的研究成果,由于数量众多,有的资料几经转载无法找到原作者,未能一一列出,在此一并表示真挚的谢意。

本书不仅适合作为高等院校跨境电商专业的教材,也可以作为跨境 B2B 平台运营工作人员的参考书。我们的初衷是希望编写一本理论体系齐全、知识点够用、操作实践性强的跨境电商书籍，希望本书的面世能促进院校跨境电商人才培养。同时，我们真诚地希望本书能够为跨境电商 B2B 平台运营工作人员在实际工作过程中提供参考和帮助。

鉴于我们水平所限，肯定存在许多问题，在语言文字、语法方面也会存在疏漏，恳请广大读者批评指正，以便进一步改进完善。

编著者
2018 年 12 月

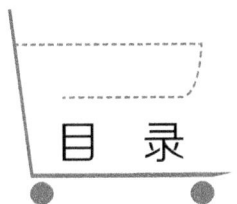

目 录

项目 1　B2B 概述　/ 001

　　知识目标　/ 001

　　技能目标　/ 002

　　情境导入　/ 002

　　1.1　B2B、B2C、B2B2C 的区别　/ 002

　　　　1.1.1　B2B　/ 002

　　　　1.1.2　B2C　/ 002

　　　　1.1.3　C2C　/ 002

　　　　1.1.4　B2B2C　/ 002

　　1.2　B2B 的市场模式　/ 003

　　　　1.2.1　基本模式　/ 003

　　　　1.2.2　经营模式　/ 004

　　　　1.2.3　推广模式　/ 006

　　1.3　B2B 主要平台介绍　/ 011

项目 2　B2B 模式类平台运营　/ 015

　　知识目标　/ 015

　　技能目标　/ 015

　　情境导入　/ 015

2.1 跨境电商 B2B 平台模式的分类与选择 / 015
　　2.1.1 按照平台运营方分类 / 015
　　2.1.2 按照产品线的宽度和深度分类 / 016
　　2.1.3 跨境电商平台的选择与使用 / 017
2.2 典型跨境电商 B2B 平台操作介绍 / 019
　　2.2.1 环球资源 / 019
　　2.2.2 敦煌网 / 032

项目 3　B2B 店铺产品采购 / 047

知识目标 / 047

技能目标 / 047

情境导入 / 047

3.1 采购交易流程 / 048
　　3.1.1 采购交易的重要性 / 048
　　3.1.2 采购交易流程 / 048
3.2 1688 / 049
　　3.2.1 网站介绍 / 049
　　3.2.2 基本流程 / 050
　　3.2.3 采集 1688 店铺的全部商品信息 / 075
3.3 淘工厂 / 082

项目 4　B2B 客户开发 / 086

知识目标 / 086

技能目标 / 086

情境导入 / 086

4.1 利用互联网找客户 / 087
　　4.1.1 关键词 / 087
　　4.1.2 关联产品 / 090
　　4.1.3 专业网站 / 091
　　4.1.4 政府与机构类网站 / 093
4.2 利用邮件开发找客户 / 095
　　4.2.1 邮件营销 EDM / 095
　　4.2.2 邮件编写技巧 / 096
　　4.2.3 提高邮件打开率 / 097
4.3 互联网+展会 / 100
　　4.3.1 展会前的准备 / 100

4.3.2 展会中的准备 / 103

4.3.3 展会后期跟踪 / 104

4.4 巧用资源 / 105

4.4.1 B2B 贸易平台 / 105

4.4.2 朋友 / 109

4.4.3 竞争对手 / 110

项目 5　B2B 平台营销 / 112

知识目标 / 112

技能目标 / 112

情境导入 / 112

5.1 搜索引擎营销（SEM） / 113

5.1.1 搜索引擎营销（SEM）的概念 / 113

5.1.2 SEM 的价值 / 115

5.1.3 SEM 的主要方法 / 115

5.1.4 典型 Google 搜索引擎工具应用实操 / 119

5.2 SNS 营销 / 124

5.2.1 Facebook / 124

5.2.2 LinkedIn / 129

5.2.3 Twitter / 131

5.2.4 其他社交媒体介绍 / 133

5.3 站内营销 / 134

5.3.1 店铺活动 / 134

5.3.2 平台活动 / 143

5.3.3 产品流量快车 / 147

项目 6　B2B 客户服务 / 150

知识目标 / 150

技能目标 / 150

情境导入 / 150

6.1 B2B 客户服务沟通 / 151

6.1.1 B2B 客户服务应具备的能力 / 151

6.1.2 B2B 客户服务的工作内容 / 154

6.1.3 B2B 客服人员的沟通技巧 / 156

6.2 B2B 售后服务 / 160

6.2.1 B2B 客服人员提供的售后服务 / 160

6.2.2 B2B 争议解决流程 / 162

6.2.3 B2B 争议解决方案 / 163

项目 7　外贸综合服务　/ 165

知识目标　/ 165

技能目标　/ 165

情境导入　/ 165

7.1 外贸综合服务平台　/ 166

7.1.1 外贸综合服务平台的定义　/ 166

7.1.2 外贸综合服务行业发展历程　/ 166

7.1.3 外贸综合服务平台业务模式　/ 169

7.2 "一达通"平台简介　/ 170

7.2.1 "一达通"的发展　/ 170

7.2.2 "一达通"综合服务平台　/ 170

7.2.3 "一达通"综合服务范围　/ 171

7.2.4 "一达通"平台特色　/ 173

7.3 外贸综合服务业务操作流程　/ 174

7.3.1 外贸综合服务平台基础服务业务操作流程与步骤　/ 174

7.3.2 "一达通"平台业务的操作步骤　/ 175

项目 8　B2B 平台运营案例　/ 190

知识目标　/ 190

技能目标　/ 190

情境导入　/ 191

8.1 阿里巴巴案例分析　/ 191

8.1.1 阿里巴巴公司简介　/ 191

8.1.2 阿里巴巴的商业模式　/ 191

8.1.3 技术模式　/ 193

8.1.4 经营模式　/ 193

8.1.5 管理模式　/ 194

8.1.6 资本模式　/ 194

8.2 环球资源网案例分析　/ 195

8.2.1 环球资源网公司简介　/ 195

8.2.2 环球资源网的商业模式　/ 195

8.2.3 技术模式　/ 196

8.2.4 经营模式　/ 197

    8.2.5　管理模式　/ 197

  8.3　中国制造网案例分析　/ 197

    8.3.1　中国制造网公司简介　/ 197

    8.3.2　中国制造网的商业模式　/ 198

    8.3.3　技术模式　/ 199

    8.3.4　经营模式　/ 200

附录 A　网络营销策划书撰写规范　/ 201

附录 B　阿里巴巴国际站操作手册　/ 204

附录 C　环球资源网专用供应商目录用户手册　/ 218

参考文献　/ 243

项目 1

B2B 概述

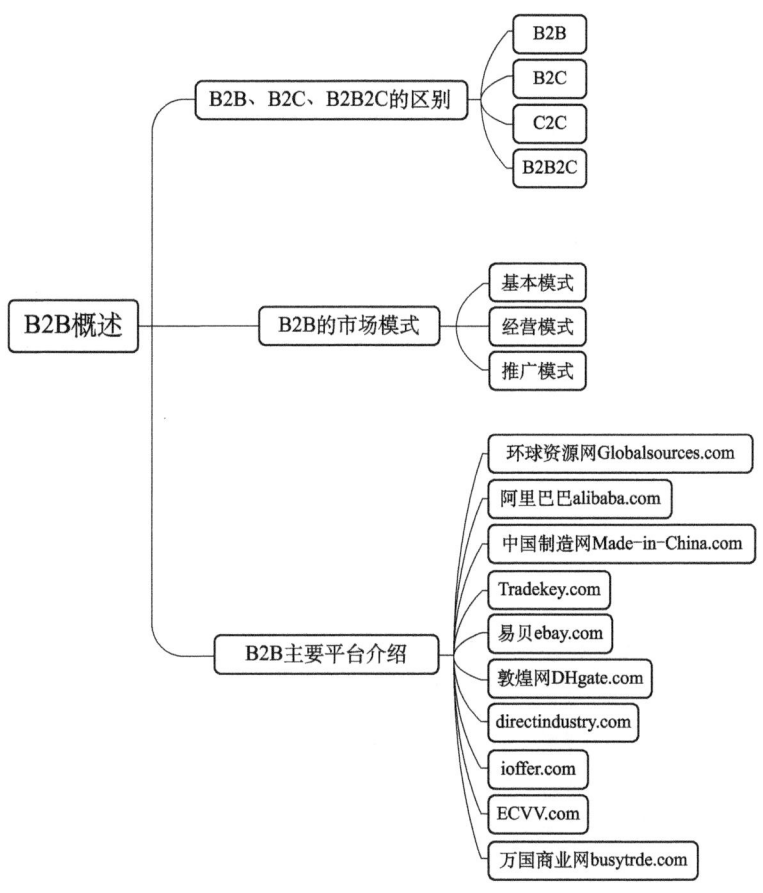

知识目标

- 理解 B2B、B2C、B2B2C 的区别；
- 理解 B2B 的主要市场特征；
- 熟悉常见的 B2B 外贸网站。

技能目标

- 能够分析 B2B 市场的主要模式；
- 能够结合企业实际情况制定 B2B 方案。

情境导入

小王是浙江一家小型外贸公司的新手业务员，刚到公司，发现公司网络销售情况不理想，他想通过自己熟悉的外贸 B2B 网站知识，帮企业扩大海外销售量。但是，他先要向大家说清楚 B2B 网站的主要特征和主要平台，其对外贸进出口的促进作用。

1.1 B2B、B2C、B2B2C的区别

1.1.1 B2B

B2B（Business-to-Business 的缩写，也可写成 BTB），是企业对企业的营销关系，一个企业对多个商家，而且进行电子商务交易的供需双方都是商家，它将企业内部网，通过 B2B 网站与客户紧密结合起来，通过网络的快速反应，为客户提供更好的服务，从而促进企业的业务发展。近年来 B2B 发展势头迅猛，业务模式趋于成熟，主流免费 B2B 平台有阿里巴巴、环球经贸网、中国经贸网等。

1.1.2 B2C

B2C（Business-to-Customer 的缩写，又称商城），是企业团体对个人的营销关系，一个企业团体对多个个人，以零售为主，企业通过网上商店为消费者提供一种新型的购物环境，消费者通过网络在网上购物、网上支付。由于这种模式节省了客户和企业的时间和空间，大大提高了交易效率，特别是对于工作忙碌的上班族，这种模式可以为其节省宝贵的时间。主流 B2C 平台有淘宝天猫、京东、国美、亚马逊等。

1.1.3 C2C

C2C（Customer-to-Customer 的缩写，又称网店），是个人对个人的营销关系，一个个人对多个个人，个人卖家通过网上开店出售商品，包括二手旧货。网上有不少 C2C 网站，其购物方式都大同小异，主流 C2C 平台有淘宝、拍拍、易趣、有啊等。

1.1.4 B2B2C

B2B2C（Business-to-Business-to-Customer 的缩写），是一种新的网络通信销售方式。

第一个 B 指广义的卖方（即成品、半成品、材料提供商等）；第二个 B 指交易平台，即提供卖方与买方的联系平台，同时提供优质的附加服务；C 即指买方。卖方不仅是公司，也可以是个人。平台绝非简单的中介，而是提供高附加值服务的渠道机构，拥有客户管理、信息反馈、数据库管理、决策支持等功能的服务平台。买方可以是内部的也可以是外部的。

随着电子商务市场的竞争加剧，电子商务网站的运营模式也在改变，目的是突破单纯的 B2B、B2C、C2C 模式，走出阿里巴巴、淘宝、京东、拍拍、卓越此类电子商务巨头的覆盖市场，一夜之间跻身网络巨头行列。早在几年前，马云就曾预言："各种电子商务形态在未来都将融合，结合在一个大平台上运行，打通 B2B 和 C2C 平台之后，一种全新的 B2B2C 网络交易模式将会产生。"

此外，还有 O2O（Online-to-Offline 的缩写），是指将线下的商务机会与互联网结合，让互联网成为线下交易的平台，这个概念最早来源于美国。O2O 的概念非常广泛，既可涉及线上，又可涉及线下。其分为四种运营模式，分别是：① Online to Offline 是线上交易到线下消费体验；② Offline to Online，线下营销到线上交易；③ Offline to Online to Offline，线下营销到线上交易再到线下消费体验；（4）Online to Offline to Online，线上交易或营销到线下消费体验再到线上消费体验。比如：保险直购 O2O、苏宁易购 O2O、大众点评 O2O 等。

下面通过举例通俗地说明相关概念：
- C2C 就是"我卖东西你来买"；
- B2C 就是"我成立个公司卖东西，你来买"；
- O2O 就是"我成立个公司卖东西，你来买，但是要你自己来拿"；
- B2B 就是"你也成立了公司，买我公司的东西"。

【课堂实训】分别就 B2B、B2C、C2C 和 B2B2C 各找一个网页进行点评。

1.2 B2B的市场模式

1.2.1 基本模式

1. 垂直模式

垂直模式，即面向制造业或面向商业的垂直型 B2B，可以分为两个方向，即上游和下游。生产商或商业零售商可以与上游的供应商之间形成供货关系，比如 Dell 电脑公司与上游的芯片和主板制造商就是通过这种方式进行合作的。生产商与下游的经销商可以形成销货关系，比如 Cisco 与其分销商之间进行的交易。简单地说这种模式下的 B2B 网站类似于在线商店,这一类网站其实就是企业网站,就是企业直接在网上开设的虚拟商店,通过这样(自己)的网站可以大力宣传自己的产品,使用更快捷、更全面的手段让更多的客户了解自己的产品,促进交易。或者也可以是商家开设的网站,这些商家在自己的网站上宣传自己经营的商品,目的也是用更加直观便利的方法促进、扩大交易。

2. 综合模式

综合模式,即面向中间交易市场的 B2B。这种交易模式是水平型 B2B,它是将各个行业中相近的交易过程集中到一个场所,为采购方和供应方提供了一个交易的机会,例如 Alibaba、Direct industry、TOXUE 外贸网、慧聪网、中国制造网、环球资源网等。这一类网站其实自己既不是拥有产品的企业,也不是经营商品的商家,它只提供一个平台,在网上将销售商和采购商汇集到一起,采购商可以在其网上查到销售商的有关信息和销售商品的有关信息。

3. 自建模式

自建模式,即大型行业龙头企业基于自身的信息化建设程度,搭建以自身产品供应链为核心的行业化电子商务平台。行业龙头企业通过自身的电子商务平台,串联起行业整条产业链,供应链上下游企业通过该平台进行沟通、交易等。但此类电子商务平台过于封闭,缺少产业链的深度整合。

4. 关联模式

关联模式,即关联行业 B2B 模式,它是指相关行业为了提升目前电子商务交易平台信息的广泛程度和准确性,整合综合 B2B 模式和垂直 B2B 模式而建立起来的跨行业电子商务平台。

1.2.2 经营模式

目前,中国比较成功的 B2B 网站并非都是在线交易模式,尤其是 B2B 行业网站,许多都没有做在线交易,更多是以基于交易为目的的网络营销推广和打造品牌知名度。根据对目前比较成功的 B2B 行业网站的分析研究,这里总结了 10 种 B2B 行业网站经营模式,以及相应的组合方案。

1. 以提供产品供应、采购信息服务为主要经营模式的 B2B 行业网站

这类网站要建立分类齐、产品品种多、产品参数完善、产品介绍详细的产品数据库,尤其是要注重产品信息的质量,要有更多最新、最真实、最准确的产品信息,全面提升采购体验,吸引更多采购商和供应商来网站发布信息、浏览查找信息。它主要是向中小供应商企业收取会员费、广告费,以及竞价排名费、网络营销基础服务费等,代表网站有全球五金网、全球纺织网等。

2. 以提供加盟代理服务为主要经营模式的 B2B 行业网站

产品直接面对消费者的企业,一般会找加盟商、代理商来销售产品,一般这种企业的

经营模式为设计+销售类型或设计+生产+销售类型。此类网站都围绕品牌公司、经销商的需求来设计功能和页面，比如服装网站，就要做好动态、图库、流行趋势等行业资讯内容，全面收集服装品牌信息，建立数量大、准确度高的加盟商、代理商数据库。这类网站的盈利模式主要是收取品牌企业的广告费、会员费，其中广告费占较大比例。代表性的网站有中国服装网、中国家纺网、医药招商网、中国化妆品网、食品招商网、糖酒快讯等。

3. 以提供生产代工信息服务为主要经营模式的 B2B 行业网站

以生产外包服务为主的企业具有的特点有：此类 B2B 行业网站盈利模式为收取工厂的钱，为工厂寻找更好的订单，可以提供实地看厂和拍照，确保收费的主推工厂生产实力信息的真实、丰富和准确性。代表性外贸综合型网站有阿里巴巴中国供应商、环球资源、中国制造网（3个网站都已上市）等；代表性内贸行业型网站有我要印、软件项目交易网等。

4. 以提供小额在线批发交易服务为主要经营模式的 B2B 行业网站

经营这类网站，要非常了解零售商的需求，要建立完善的在线诚信体系、完善的支付体系，产品种类丰富、信息详细。目前，综合性、大行业的网站更易成功。内贸代表性网站有阿里巴巴1688、衣联网等，外贸代表性网站有敦煌网、全球速卖通等。目前，这个行业门槛比较高，内贸领域阿里巴巴1688具有很大的优势，有支付宝、淘宝店主支持，由于零售商非常分散，推广需要广撒网，阿里巴巴有充足资金支持。

5. 以提供大宗商品在线交易服务为主要经营模式的 B2B 行业网站

这类网站的盈利模式主要就是收取交易佣金、提供行业分析报告、举办行业会议等。买卖双方诚信审核、支付的安全性、物流的快捷等，可采用第三方合作伙伴来解决。要进入这类网站首先要选好行业，其次门槛也比较高，可以在一些新兴的市场发展。代表性的网站有金银岛网交所、浙江塑料城网上交易市场以及青岛大宗商品交易中心。

6. 以提供企业竞争性情报服务为主要经营模式的 B2B 行业网站

这类网站的团队核心管理层中要有具有行业背景的成员，否则找不到信息来源，大型企业不愿意买账。适合那些从这类网站辞职的分析员，以及行业协会、商会、贸易商等同行业，具有一定行业背景的人来开办，市场需求比较大，很多行业都允许几个网站生存。盈利模式包括：收取会员费、广告费、报告销售、提供咨询、发行期刊、举办会议等。最具代表性的网站有：我的钢铁网、卓创资讯、东方油气网、煤炭网、中农网、中华粮网、第一纺织网等。

7. 以商机频道+技术社区服务为主要经营模式的 B2B 行业网站

这种网站的盈利模式包括：招聘求职服务、技术会议服务、培训学校广告、软件广告服务、设备广告等。更重要的是为商机栏目增加用户黏性，运营时要服务好技术新手和技术高手，让高手在社区展示自己和产品，并能获得精神满足，让新手能在这里学知识，向技术高手提问，这样技术社区才能有内在的推动力，获得长远的、持续不断的发展。社区一般包括：问答、博客、图库、招聘求职、下载、个人空间、微博、会议等栏目。目前，代表性的网站有：中华工控网、中国工控网、华人螺丝网、中国水泥网、猪易网等。

8. 以 B2B 行业网站 +《商情期刊》和《行业大全》服务为主要经营模式

此类模式一定要注意控制成本，期刊开始时不要印刷太多，同时多采用线下的渠道来推广，一般通过参加全国各地的展会免费派发，以及通过快递免费派发给目标读者和广告客户，找到更认可纸媒的客户，发行一定要精准。其盈利模式为：封面、前彩页广告，内插页、页眉、页脚、书签、总目录右边等广告位，都可以赠送给购买前彩页及封面、封底的客户，包括访谈、软文等推广服务，还能提高网站的诚信度。代表性网站有：环球资源、空调制冷大市场、华人螺丝网、化妆品网、中国服装网、中华液晶网等。

9. 以 B2B 行业网站 +《商情期刊》《行业大全》+ 展览、会议服务为主要经营模式

一般这类网站在举办会议时，需要与行业高层建立好关系，包括协会、地方政府、高校、科研院所。举办会议时，需要他们来"捧场"，会议才能变得更高端一些，才有更多企业高层参会。可以结合 B2B 行业社区来运营，通过社区吸引行业用户的关注，然后将这些用户集中在一起开会，解决一些问题。代表性的网站有：空调制冷大市场（冷博会）、华人螺丝网（上海紧固件展）、中国化工网（精细化工展）、化妆品网、中国纱线网、国际内衣网等。

10. 以 B2B 行业网站 + 域名空间 + 网站建设 + 搜索引擎优化服务为主要经营模式

要做好这类网站，要求团队具有企业网站建设操作经验、行业网站运营经验、企业站搜索引擎优化排名经验。一些有企业网站建设背景、企业网络营销推广服务背景的公司在选择这种模式来建设 B2B 行业网站，盈利模式也比较成熟，只是很多公司由于缺少 B2B 行业网站运营背景，导致 B2B 行业网站成了一个摆设，并未发挥实质性的推广作用。成功运营 B2B 行业网站的公司选择这样的经营模式更能成功。代表性的网站有：中国化工仪器网、仪表网、中国化工网、中国纺织网等。其中，中国化工仪器网、仪表网都是浙江兴旺宝明通网络有限公司旗下的网站，同样服务模式的网站有 24 家。

> 【课堂实训】找出一个主流 B2B 网站，分析其基本模式。

1.2.3 推广模式

1. 推广规划

1）网站结构整合及 SEO 优化

一个成功的营销活动的开始就必须要有足够吸引力的营销产品，然后采取行之有效的营销推广以及全面的整合推广。

①网站框架构造、页面内容的优化：页面模块间的内容接洽要合理，布局要合乎逻辑，特别是主页的外部链接必须有较强的关联性和互补性，内容页间的链接需要有一定的联系，

这对于搜索引擎抓取网站更多页面起到至关重要的作用。尽可能少地去要求用户使用"前进"和"撤退"按钮，合理地选择链接页面是否在新窗口翻开。少用图片作为栏目标题，尽可能让搜索引擎全方位地接收页面的所有内容。

②网页的META标签的设计、页面题目（Title）的挑选：贴近页面内容及主题，提取页面权值较重的关键词，但同一关键词不可重复涌现 N 次，同一关键词出现次数尽量保持在出现 $3\sim5$ 次。筛选页面关键词相关的Title，可以是对页面的一些描述性的文字。

③优化各页面要害词的密度：恰当增强首页、内容页的要害词密度，但不可在页面中重复过多，密度坚持在5%以内，合理的关键词密度对于加强搜索引擎对网页好感度，晋升页面的权值起着重要的作用。

④页面链接的有效性：尽可能防止错误链接，检讨所有链接的有效性和合理性，并保障链接与页面内容的关联性。

⑤网站有效内容的引入：有效的内容是吸引用户阅读网站的基础因素，也是网站的立足之本。提供丰盛有效的内容是网站推广最有效的策略，尽可能地引入最为有效的内容也是网站长久经营的客观因素。充分利用优质的内容，让网站在为用户提供有价值的信息时，也为网站本身的推广施展作用。因此，在网站正式运营之前，有效地引入信息量也很重要，同时必须长期保持。

⑥制作合理的网站地图：为用户制作简略好用的网站功能及模块列表，要尽量展示关键模块，如企业通道、赞助、会员注册等，让用户更为快速地理解B2B平台的主要功能和根本框架，让用户能及时地找到自己所需要的内容。同时，为搜索引擎蜘蛛程序提供一个快捷通道，让搜索引擎更好地来了解网站的全部架构布局，它可以顺着网站地图提供的内部链接来搜查其他网页。

2）搜索引擎推广

在有针对性地做了优化后，便可开始全方位地外部推广，即开始向国内外搜索引擎及各大分类目录网站提交收录。目前国内网站80%以上流量来自各大搜索引擎，在等候各大搜索引擎收录的同时，主动向中国搜索联盟、一搜等提交网站搜录申请，争夺更多的搜索起源，并根据发展的不同阶段，分阶段对各个搜索引擎进行提交收录。但留神提交的内容必须标准，包括网站地址、图片Logo、描写等。

3）网站有效内容的宣传及推广

B2B平台面向的用户群体是企业或是带有工作性质的个人，而搜索引擎所带来的用户复杂多样、目标性不强，而我们需要的是有效拜访量，最好是虔诚度高的用户群体。因而，网站有效内容的宣传，有针对地对网站的用户群进行广泛的宣传也是我们进行宣传的重要渠道，包括Blog推广、BBS推广、邮件营销、病毒性营销、软文推广、网络广告及局部活动宣传。

Blog推广：在各大博客网站建立Blog空间，作为B2B平台宣传的渠道之一，并作为发布各种宣传性文章的平台。

邮件广告：目前大多邮件广告都成了垃圾邮件，已经无法起到很好的效果，这主要是由于邮件对象取舍、邮件内容设计上的过错导致的。

论坛推广：即BBS推广。一般的论坛BBS推广，包括签名宣传、论坛会员名称、头像图片、文字内容宣传等，过于频繁直白的推广容易引起其余潜在用户的恶感，不仅挥霍了精神而且还会起到负面效果。

4）联盟营销推广

联盟营销（Affiliate Marketing），通常是指网络联盟营销，其实是一种按营销效果付费的网络营销方式，即商家（又称广告主，在网上销售或宣传自己产品和服务的厂商）利用专业联盟营销机构提供的网站联盟服务拓展其线上及线下业务，扩大销售空间和销售渠道，并按照营销实际效果支付费用的新型网络营销模式。联盟营销于1996年起源于亚马逊，它们通过建立这种网络营销的新方式，为数以万计的网站提供了额外的收入来源，且成为网络SOHO族的主要生存方式。

2. 推广工作

1）搜索引擎/分类目录推广

目前来说，搜索引擎推广是性价比最高、最有针对性、奏效最快、最成熟的网络营销方式，能够最大限度地锁定目的客户，是网站进行网络推广的首选。对于搜索引擎推广，如何才能获得最佳的网络营销效果，一般分两种情形来考虑：SEO优化和收费排名。

SEO优化的主要工作是通过了解各类搜索引擎如何抓取互联网页面、如何进行索引以及如何肯定其对某一特定关键词的搜索成果排名等技术，来对网页进行相关的优化，使其提高搜索引擎排名，从而提高网站访问量，提升网站的销售或宣传能力。当初有专门的公司和机构从事这样的服务，一般花费都比较高。

2）电子邮件推广

基于用户允许的E-mail推广，定位要明确，假如能够有效利用，它依然是一个比较好的营销方式。但要明白，邮件营销不是滥发邮件。要想邮件营销取得好的效果，首先要有高质量的邮件，其次要采用优良的邮件发送工具。

3）网络广告

网络广告实质上仍属于传统营销模式，只不过载体不同罢了。具备针对性的Banner广告会大大提高网站的知名度。例如，2018年新推出的广告形式是基于竞价排名方式的广告。

4）交流链接/广告调换

网站之间相互交换链接有助于增加双方的访问量及推广力度。如果你的网站提供的是某种服务，而其他网站的内容恰好和你形成互补，这时不妨考虑与其建立链接或交换广告，一来增长了双方的访问量，二来可以给客户提供更加周全的服务，同时也避免了直接的竞争。

5）在新闻组和论坛上发布网站信息

互联网上有大批的新闻组和论坛，人们常常就某个特定的话题在上面展开探讨和发布新闻，当然其中也包含商业信息。实际上专门的贸易新闻组和论坛数目也较多，不少人应用它们来宣传本人的产品。然而，因为多数消息组和论坛是开放性的，任何人都能在上面随便宣布消息，所以其信息品质比起搜寻引擎来要逊色一些。而且在将信息提交到这些网站时，个别会被要求提供电子邮件地址，这往往会给垃圾邮件提供可乘之机。当然，在断定可以有效控制垃圾邮件的条件下，企业可以斟酌利用新闻组和论坛来扩展宣传面。

6）在网站发布信息

将有关的网站推广信息发布在其他潜在用户可能访问的网站上，利用用户在这些网站获取信息的机遇实现网站推广的目的，适用于这些信息发布的网站包括在线黄页、分类广告、论坛、博客网站、供求信息平台、行业网站等。针对性、专业性的信息仍旧可以引起人们极大的关注，尤其当这些信息发布在相关性比较高的网站上。

7）制造事件

不定期地举办相关网上活动，调动客户的踊跃性，制造影响力，如有奖竞猜、在线优惠券、有奖考察等，同时可以采用病毒式推广的策略，宣传自己。病毒式营销方式本质上是在为用户提供有价值的免费服务的同时，附加上一定的推广信息，常用的工具包括免费电子书、免费软件、免费 Flash 作品、免费贺卡、免费邮箱、免费即时聊天工具等。

8）提供免费资源

收集有效的资源，免费提供给针对性人群，无形中会给你带来客户。

9）会员制营销推广

会员制营销是一种最古老的网络营销方式，它可以有效地收集目标客户的信息，留住目标客户，让目标客户时常访问你的网站。

10）基于传统的推广：电视、杂志、报刊、户外广告

电视：电视广告可以更形象直观地感动客户。

杂志：与杂志的协作，有力推广，同时也可以考虑发布自己的专业杂志。

报刊：不定期地在各大报刊上登载广告。

【课堂实训】找出一个主流 B2B 网站，分析其推广模式。

3. 盈利模式

1）成本分析

随着 Internet 的迅猛发展，电子商务的发展渐趋成熟。电子商务的交易形式主要有 B2B 和 B2C 两种形式，在这两种形式中，B2B 的电子商务市场要远大于 B2C 的电子商务市场，由于电子商务的交易过程与实体市场的交易过程是不一样的。所以，对于每个交易而言，是选择网上交易还是实体交易取决于这两种交易方式的交易成本。

2）技术成本

电子商务的技术成本包括软硬件成本、学习成本和维护成本。电子商务是各种技术结合的产物，昂贵的投资、复杂的管理和高昂的维护费用使得一些系统、技术和人才匮乏的企业望而却步。面对客户无力应付复杂的技术平台和高昂的软硬件配置的实际问题，ASP 这个行业便产生了。ASP（Application Service Provider，应用服务提供机构）的基本特征是由专业的服务机构为用户的业务过程和信息管理提供集中服务。简单地说，ASP 就是公司出租主机、管理应用解决方案等服务。任何用户只要有网络浏览器，就可以向 ASP 租用所需要的软件，而不必在本地的机器上安装该软件。但是这种租赁式服务的价格和质量能否为企业所接受，能在多大程度上降低电子商务的技术成本，还有待于实践的验证。

3）安全成本

在任何情况下，交易的安全总是人们关心的首要问题，如何在网上保证交易的公正性和安全性、保证交易双方身份的真实性、保证传递信息的完整性以及交易的不可抵赖性，

成为推广电子商务的关键所在。而上述交易的一系列安全要素，必须要有一系列的技术措施来保证。目前，安全标准的制定、安全产品的研制以及安全技术的开发为网上交易的安全起到了推动作用。而这些用于交易安全的协议、规章、软件、硬件、技术的开发、使用、学习和操作定会加大电子商务的运营成本。

4）物流成本

在电子商务中最难解决的就是物流配送。物流配送是电子商务环节重要的和最后的环节，是电子商务的目标和核心，也是衡量电子商务成功与否的一个重要尺度。物流配送需要有商品的存放网点，需要增加运输配送人员的开支，由此增加的成本也应该经过仔细核算。有人认为，企业要增加的仅仅是配送成本，而节省的是库存成本和店面成本。试想，店面成本虽然节省了，但是存放网点的增加和配送所需的其他开支能在多大幅度上降低总成本，这仍需要在实践中摸索，而且，库存仍然是必需的。

5）客户成本

电子商务的客户成本，指的是顾客用于网上交易所花费的上网、咨询、支付直到最后商品到位所花费的费用总和，这是一种完全依赖于网络的服务，只要消费者一开始享受这样的服务，就要承担每小时数元钱的最低成本，还不包括添置相应的硬件设备和学习使用的费用。这种费用虽然不列入商家的运营成本，但是作为用户成本却是影响电子商务发展的重要因素。如果用户用于网上浏览、查询、挑选、支付所花的费用超过实体交易的费用，用户便会放弃网上购物的方式。电子商务虽然孕育着巨大的商机，但是利润的真正实现，需要经过详细的论证。

4. 盈利分析

1）会员费

企业通过第三方电子商务平台参与电子商务交易，必须注册为 B2B 网站的会员，每年要交纳一定的会员费，才能享受网站提供的各种服务，目前会员费已成为中国 B2B 网站最主要的收入来源。比如阿里巴巴网站收取中国供应商、诚信通两种会员费，中国供应商会员费分为每年 4 万元和 6 万元两种，诚信通的会员费每年 2300 元；中国化工网每个会员第一年的费用为 12000 元，以后每年综合服务费用为 6000 元；五金商中国的金视通会员费 1580 元/年，百万网的百万通会员费为 600 元/年。

2）广告费

网络广告是门户网站的主要盈利来源，同时也是 B2B 电子商务网站的主要收入来源。阿里巴巴网站的广告根据其在首页位置及广告类型来收费。中国化工网有弹出广告、漂浮广告、BANNER 广告、文字广告等多种表现形式可供用户选择。

3）竞价排名

企业为了促进产品的销售，都希望在 B2B 网站的信息搜索中将自己的排名靠前，而网站在确保信息准确的基础上，根据会员交费的不同对排名顺序做相应的调整。阿里巴巴的竞价排名是诚信通会员专享的搜索排名服务，当买家在阿里巴巴搜索供应信息时，竞价企业的信息将排在搜索结果的前 3 位，被买家第一时间找到。中国化工网的化工搜索是建立在全球最大的化工网站上的化工专业搜索平台，对全球近 20 万个化工及化工相关网站进行搜索，搜录的网页总数达 5000 万，同时采用搜索竞价排名方式确定企业排名顺序。

4）增值服务

B2B 网站通常除了为企业提供贸易供求信息，还会提供一些独特的增值服务，包括企业认证、独立域名、行业数据分析报告、搜索引擎优化等。像现货认证就是针对电子行业提供的一个特殊的增值服务，因为通常电子采购商比较重视库存。另外，针对电子型号做的谷歌排名推广服务，就是搜索引擎优化的一种。

5）线下服务

线下服务主要包括展会、期刊、研讨会等。通过展会，供应商和采购商面对面地交流，一般的中小企业还是比较青睐这种方式的。期刊刊载的主要是关于行业资讯等信息，期刊中也可以植入广告。ECVV①组织的各种展会和采购会也已取得不错的效果。

6）商务合作

商务合作包括广告联盟、政府、行业协会合作和传统媒体的合作等。广告联盟通常是网络广告联盟，亚马逊通过这种方式已经取得了不错的成效，但在中国，联盟营销还处于萌芽阶段，大部分网站对于联盟营销还比较陌生。国内做得比较成熟的几家广告联盟有：百度联盟、谷歌联盟、淘宝联盟等。

7）按询盘付费

区别于传统的会员包年付费模式，按询盘付费模式是指从事国际贸易的企业不是按照时间来付费的，而是按照海外推广带来的实际效果，也就是海外买家实际的有效询盘来付费。其中询盘是否有效，主动权在消费者手中，由消费者自行判断和决定是否消费。尽管 B2B 市场发展势头良好，但 B2B 市场还是存在发育不成熟的一面。这种不成熟表现在 B2B 交易的许多先天性交易优势，比如在线价格协商和在线协作等还没有充分发挥出来。因此传统的按年收费模式，越来越受到以 ECVV 为代表的按询盘付费平台的冲击。按询盘付费有 4 大特点：零首付、零风险；主动权、消费权；免费推、针对广；及时付、便利大。广大企业不用冒着"投入几万元、十几万元，一年都收不回成本"的风险，零投入就可享受免费全球推广，成功获得有效询盘，辨认询盘的真实性和有效性后，只需在线支付单条询盘价格，就可以获得与海外买家直接谈判成功的机会，主动权完全掌握在供应商手里。

> 【课堂实训】找出一个主流 B2B 网站，分析其盈利模式。

1.3 B2B主要平台介绍

1. 环球资源网（Globalsources.com）

环球资源网的价格是最贵的，通常企业加入的年费都在 10 万元到 20 万元之间。其主

---

① ECVV，又名伊西威威，全名为深圳伊西威威网络科技股份有限公司，是全球企业间（B2B）电子商务的著名品牌，其定位目标是平价奢华的全球贸易推广服务商。

要靠线下展会、杂志、光盘宣传，最有优势的行业是电子类和礼品类。它对买家的审核很严格，成交的订单中大单多一些。它针对的客户群以大企业为主，小企业谨慎选择。2018年环球资源与慧聪网结盟，结盟后将运营72个行业网站，服务于全球230多个国家和地区的约400万供应商和95万采购商。

2. 阿里巴巴（alibaba.com）

阿里巴巴是最大的B2B平台，效果也比较明显，平台上的中国供应商以中小企业为主。大多数供应商投在这样的平台是划算的，其续签率也非常高。阿里巴巴平台中的中国卖家太多，加之阿里巴巴平台允许买家群发询盘，导致价格竞争激烈，因此成交的单子利润都偏低。从某种角度说，阿里巴巴还是一个国外采购商衡量中国供应商价格的平台。某些特定的行业收费用户过多，翻了十几页后还是收费会员，这种分类下的供应商效果就不太好。

3. 中国制造网（Made-in-China.com）

中国的制造大国地位也正好印证了这个网站必将给国外客户留下深刻的印象。此网站广告投放的力度并不大，在国内外主要靠口碑相传，搜索引擎优化排名也不错。中国制造网的询盘无论从质量还是数量上，都是可以称道的。如果你是一家小企业，考虑购买两家B2B平台的服务，中国制造网是可以优先考虑的一家。

4. Tradekey.com

它是国际B2B平台中的一匹黑马，如果仅以询盘判断，效果还算不错。Tradekey靠网站的搜索引擎优化起家，用许多产品的关键词在Google中搜索，三页内经常可以看到Tradekey的身影。它们现在已经取消免费会员，银牌会员收费369美元，价格不贵且目前网站上供应商数量还不多。Tradekey的金牌会员还很少，这就说明银牌会员已经能满足一般企业的需要，平台上的竞争还没达到白热化。不过在询盘的成交比率和成交金额上很多国内会员各有说法。

5. 易贝（ebay.com）

大家不要误以为eBay就是针对个人的拍卖网站，事实上eBay上除了C2C，B2C和B2B交易也相当活跃。eBay的每个分类里都有一个批发专区，可以刊登批发信息，而且eBay中的不少采购商采购量大得惊人，他们经常在eBay里采购，然后在eBay中零售，规模上一点不亚于环球资源网上的国际买家。通过eBay首页底部的全球站导航，你可以进入到26个国家刊登你的批发信息。

6. 敦煌网（DHgate.com）

一个新兴的B2B平台，由原卓越网CEO王树彤女士建立，面向中国中小企业。卖家注册完全免费，可以任意刊登产品，国外买家选购商品后先用PayPal付款给DHgate公司，DHgate通知中国供应商发货，买家收到货后检查没有问题，通知DHgate放款给中国供应商，大大降低了国际采购商受欺诈的风险。在交易中，DHgate公司向买家收取10%的交易费。

7. directindustry.com

directindustry 是全球最专业、最大的工业产品在线采购平台之一,1999 年成立于法国,隶属于法国 VirtualExpo 集团,被行业资深人士称为"永不落幕的汉诺威工业展",俗称"工业品牌帝国""世界工业指引""国际工业领航""欧美工业直通车"。全球共有 13000 多个国际知名品牌与平台付费合作,拥有超过 200 家世界 500 强合作客户,吸引了来自全球 200 多个国家和地区的 600 多万采购商。每月超过 1580 万的有效访问量,每月 320 万的独立访问。使用九大语系(英语、德语、西班牙语、法语、意大利语、俄语、葡萄牙语、日语和中文)向全球推广,平台只接受品牌工业产品制造公司在它们平台展示,不接受贸易公司,不对经销商开放,保证都是最直接的品牌供应商。

8. iOffer.com

iOffer 是一家美国的交易平台,严格说它不能归为 B2B 平台,但有批发业务。上面的批发交易很活跃,通常交易的都是小单。iOffer 是一个基于谈判的交易系统,买家可以在线提问、与卖家协商、最终成交后可以在线付款。所有交易记录和协商过程都记录在网站上,这样很方便买家对商品价格和卖家信用进行评估。想注册成为 iOffer 的卖家,需要使用国际信用卡,iOffer 根据成交金额收取交易费。

9. ECVV.com

ECVV 是一个按效果付费的 B2B 平台,如果以收年费来盈利的 B2B 平台划分为第一代的话,这种模仿 Google 广告、按效果付费的盈利模式可以称为第二代 B2B 平台。供应商使用 ECVV "按效果付费"服务,决定付费的前提在于供应商通过 ECVV 网站收到的有效询盘,供应商在收到买家的大量询盘后,可以根据询盘的内容来自主判断是否为有效询盘,ECVV 只对在供应商自主筛选后的有效询盘收费,每条有效询盘收费 30 元。目前这个网站推广力度很大,值得关注。

10. 万国商业网(busytrade.com)

万国商业网是全球 B2B 门户网站之一,是大中华区五大知名网上电子交易平台之一。目前拥有香港、上海、深圳、广州、柳州等十多个分公司和营运中心。万国商业网拥有全球最多的地方贸易站点,其中包括英文国际站、中国站、巴西站、墨西哥站、日本站等,市场区域遍布全球 200 多个国家和地区,会员数量达 250 万之多,服务范围扩展至 47 大行业超过 1000 万的产品和商机信息,同时每年发行买卖信息光盘超过 60 万张,是全球商人最为活跃的网上贸易市场之一。

还有一些 B2B 网站,如 Worldbid.com、Europages.com、Compass.com、Fuzing.com、Diytrade.com(前身是 ebigchina)、Tpage.com 等。

> **注意**:要查找各个地区的 B2B 网站,推荐龙之向导网站(网址为 http://www.dragon-guide.net/)。

 知识拓展

世界 B2B 网站大全

Globalsources	Alibaba	Aliexpress	—	—
hktdc	Kompass	liquidation	linkchina	DHgate
Eworldtrade	Diytrade	cantonfair	ebay	madeinchina
Diytrade	Mytradezone	manufacture	Win.mofcom	en.china
Tootoo	taiwantrade	ec51	Ectrade	Ec21
ttnet	exporters	tradeindia	importers	Tpage
Globalspec	asianproducts	cinb2b	trade2cn	youxiong
allproducts	Manufacture	Allproducts	86trade	fuzing
exportpages	Ecvv	bossgoo	tradebig	businessseek
usaexportimport	sumerium	berlinkauf	hisupplier	importers
tradeboss	aseansources	indiatradezone	tbc-world	mfgtrade
offer21	bestsme	fibre2fashion	itrademarket	Asiannet
exportbureau	tradeeasy	mesteel	Tradett	Foreign-trade
madeinterra	trade-ok	unsbiz	tradebig	all-biz
mfgquote	golden-trade	tradeget	trademic	tradeseek
1stworldtradeportal	b2bquote	businesspatrol	tradeasia	etradeasia
asiatrade	wtn-de	wtexpo	bloombiz	Go4worldbusiness
b2bfreezone	tradenet	asiatradehub	globaltradevillage	vietoffer
e-worldtrade	ebiznjoy	trustexporter	embiz	tradeholding
biztrademarket	lameibiz	me360	greentradebay	globalmarket
yescoltd	—	tradexpro	allpages	thomasnet
allactiontrade	ecrobot	supplierlist	wholesalehub	indonetwork
indonetwork	ipfonline	chinabusinessworld	tradetuber	Tradebearings
hoovers	bizviet	importbureau	globalbuyersonline	woodbusinessportal
cycbiz	weiku	trustexporter	trademetro	tradeprince
easy2bid	b2b.exportfocus	mercatrade	himfr	tradebig
indiamart	wotol	traderscity	global-trade-center	easytrade
twfta	tradekool	esources	toocle	

 项目实训

结合中小企业实际，选择一个合适的 B2B 网站进行调研分析，并说明理由。

项目2

B2B模式类平台运营

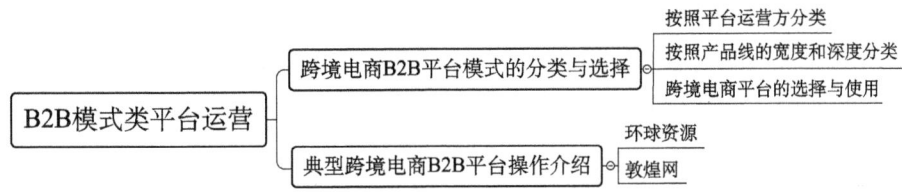

📧 知识目标

- 理解跨境电商 B2B 平台模式的不同分类；
- 掌握不同的跨境电商平台选择与使用的依据；
- 掌握跨境 B2B 平台操作的基本流程。

💬 技能目标

- 能够结合企业情况合理地选择跨境电商平台；
- 能够熟练地在跨境 B2B 平台上进行基本的运营操作。

📖 情境导入

小王面对各种各样的跨境 B2B 平台犯了愁，传统企业要转型做跨境 B2B，一开始应该选择怎样的平台比较好呢？选择了以后又该怎样操作呢？

 跨境电商B2B平台模式的分类与选择

2.1.1 按照平台运营方分类

跨境 B2B 平台按照平台运营方可分为第三方开放平台、自营型平台和外贸电商代运

营服务商三类。

1. 第三方开放平台

平台型电商通过线上搭建商城，提供统一的销售平台，并整合物流、支付、运营等服务资源，吸引商家入驻，为其提供跨境电商交易服务。平台一方是作为卖家的国内外贸企业，另一方是作为海外买家的消费者。作为第三方平台提供方，为外贸企业自主交易提供信息流、资金流和物流服务的中间平台，它们不参与物流、支付等中间交易环节，其盈利方式是在交易价格的基础上增加一定比例的佣金作为收益。敦煌网、环球资源、阿里巴巴国际站等都属于这类外贸零售交易平台。

2. 自营型平台

该类型平台电商企业搭建线上平台，自己联系国内外贸企业作为供货商，通过较低价格直接从外贸企业采购商品，买断货源，然后平台将产品销往海外。自营型平台主要以商品差价作为盈利模式，电商平台企业本身是独立的销售商。

3. 外贸电商代运营服务商

采用这种模式的跨境B2B平台是服务提供商不直接或间接参与任何电子商务的买卖过程，而是为从事跨境外贸电商的中小企业提供不同的服务模块，如"市场研究模块""营销商务平台建设模块""海外营销解决方案模块"等。这些企业以电子商务服务商身份帮助外贸企业建设独立的电子商务网站平台，并能提供全方位的电子商务解决方案，使其直接把商品销售给国外零售商或消费者。服务提供商能够提供一站式电子商务解决方案，并能帮助外贸企业建立定制的个性化电子商务平台。其盈利模式是赚取企业支付的服务费用，代表企业有四海商舟（BizArk）、锐意企创（Enterprising & Creative）等。

寻找专业的服务商进行店铺或账号代运营，是传统外贸工厂转型跨境B2C运作的有效途径之一，厂商可以将店铺账号全权交于专业的服务商打理，工厂只需解决产品开发、供应及售后服务等基本问题，销售和品牌的推广由运营团队负责。

> **知识拓展：外贸电商代运营服务商典型案例**
>
> 广东启橙电子商务有限公司（以下简称启橙）于2013年成立于广州番禺，已成长为中国领先的跨境电商第三方服务商，是阿里巴巴外贸服务市场首批入驻的第三方服务商，提供B2B平台代运营、B2C全网营销、电商培训、软件开发等全方位的电商服务。启橙已成功搭建起一支资深的跨境电商服务团队和市场推广队伍，团队规模突破200人，业务范围已覆盖广东、山东青岛、北京、重庆、浙江等地，帮助尚禾箱包等一大批传统制造企业成功实现了跨境电商初步转型。

2.1.2 按照产品线的宽度和深度分类

依据产品线的宽度和深度不同，跨境电商B2B平台可以划分为垂直型、综合型两种类型。

1. 垂直型平台

垂直型平台又被称为纵向电子商务市场，是指以某一种产品以及其他相关产品为其主营产品并提供其他一系列服务模式的电子商务平台。与其他平台相比，更精准的市场定位、更深化的产品与服务质量、更强的客户黏性以及独特的品牌附加度成为垂直型平台应有的特点。垂直型平台强调"专"和"深"。"专"是指垂直型模式以行业为特色，集中全部力量打造专业性平台。"深"是指这类平台具备独特的专业性质，在专业的同时深入研究某一行业的特征，深入探究某一行业的服务、盈利及未来发展动向。

垂直型平台凭借其在某一细分市场上的专注与专业，通过更加细致的产品运营与售后管理，能够提供消费者更加符合其需求特点的消费产品，与综合型平台相比，垂直型平台更能满足消费者需求，更容易取得消费者的信任，从而获得更强的客户黏性，塑造更强的品牌口碑，得到消费者的深度认可，最终实现良好的业态循环。垂直型平台的顾客基本上都是该行业的重要消费者，每一位顾客代表的购买力，比综合型网站顾客的平均水平要高出许多倍。

但对于大多数行业垂直类 B2B 电子商务网站来说，垂直型平台缺点则是受众过窄、难以形成规模效应。

2. 综合型平台

综合型平台是一个与垂直型平台相对应的概念，它不像垂直型平台那样专注于某些特定的领域或某种特定的需求，所展示和销售的商品种类繁多，涉及多种行业。综合型 B2B 电子商务平台面向所有类型的用户，并销售各种类别的商品。平台基本涵盖了整个行业，在广度上下功夫，比如阿里巴巴、敦煌网等。这类网站在品牌知名度、用户数、跨行业、技术研发等方面具有行业垂直型 B2B 网站难以企及的优势；不足之处在于用户虽多但却不一定是客户想要的用户，在用户精准度、行业服务深度等上略有不足。

行业垂直型 B2B 平台与综合型 B2B 平台并不完全对立，它们之间有很强的互补性，在相当长的时间里至少说在某些行业内会共存，谁也不会取代谁。行业垂直型平台与综合型平台互有优劣，可以预见的是，这两类平台一定会设法弥补其不足之处。也就是说，水平的综合型平台会朝专业化方向发展，垂直型平台则会努力寻求规模化，专业化和规模化是 B2B 发展的必经之路。

2.1.3 跨境电商平台的选择与使用

电子商务平台对一家外贸企业的作用是举足轻重的，各种类型的跨境电商平台各有优势和劣势，外贸企业和个人需要根据自己的实力进行权衡，对不同跨境电子商务平台的经营范围、平台优势、平台收费模式、信息流运作模式、资金流运作模式、物流运作模式等进行分析比较，以选择最适合自己的模式。

1. 结合企业自身发展阶段

初涉跨境电商的企业，无论从人才角度还是运营角度，都缺乏基础。而不同跨境电商平台之间的差异，往往十分巨大。因此，初涉跨境电商的企业一定要聚焦，要根据自身情况，选准一个跨境电商平台进行尝试。对于已经从事跨境电商较长时间、在单平台运营方面表现优秀的企业，在产品品质、人才梯队、供应链能力的基础上，可以考虑多平台、全渠道运营。通过增加与客户的触点，不但有利于吸引更多的客户，获取更高的回报，还有利于打造品牌。对于单平台运营的跨境电商企业而言，首先可以考虑多平台运营；其次，对于线上销售表现较好的企业，可以考虑进军线下渠道，通过全网铺货，增加企业的曝光率，在扩大营业额的同时，提升品牌的知名度。

> **知识拓展：传统外贸转型跨境电商的平台选择经典案例**
>
> 汪总的企业在杭州，以生产销售礼品用笔为主要业务。2014年之前，汪总公司的主要客户来自广交会和香港礼品会，但随着国际需求的持续萎靡和跨境电商的崛起，展会生意越来越难做，客户越来越少。
>
> 2014年，汪总决定正式转型跨境电商，考虑公司相关人才基础薄弱，而产品又主要针对B类客户，所以初涉跨境电商时，汪总选择了聚焦阿里巴巴国际站的策略。2年的转型之路充满坎坷，但总体发展顺利。2015年，汪总的企业实现了800万美元的业绩，并积累了一大批以"80后"为主的海外客户。

2. 结合企业产品

要明确自己产品的种类、数量、特征等性质，不同产品在不同跨境电商平台上的优势不同，例如，对于那些专业性较强的行业企业，如化工行业、医药行业等，应选择专注于某一行业或细分市场的垂直型平台。另外，由于B类贸易的复杂性，企业选择跨境电商B2B平台时，除了要考量平台的引流能力，还需要综合考量平台的服务能力，如融资类服务、物流类服务、推广类服务等。

3. 结合目标市场情况

作为外贸企业，应分析企业产品的主要目标市场，如美国市场、欧洲市场、东南亚市场或者新兴的非洲市场。不同国家或地区之间，跨境电商的发展情况差异极大。从分布来看，目前中国跨境电商出口的主要目的地市场可以分为两大类：一类是成熟国家市场，主要由美国、法国、英国、德国等发达国家组成；一类是新兴国家市场，主要由俄罗斯、巴西、印度、墨西哥、印度尼西亚等国家组成。美国市场商业体系发达，B类客户规模较大；欧洲市场商业体系发达，跨境电商B2B市场仍有较大发展空间。伴随着全球工业化和分销体系的发展，特别是以东南亚为代表的发展中国家不断承接全球产业转移，新兴国家市场的跨境电商B2B市场开始展现出潜力。

4. 电子商务平台的规模很关键

起步早、规模和影响力大的跨境电商平台，具有丰富的平台运营经验，在会员管理、信息管理、网站宣传推广等方面拥有丰富资源，可以为卖家提供较好的服务。

5. 结合自身的营销推广能力

跨境电商平台自身只有大力宣传和推广，才能让更多的海外买家和采购商熟悉和了解，吸引海外买家和采购商通过平台进行采购。跨境电商平台主要通过参加国际著名展览、搜索引擎推广、广告投放、对外合作等方式进行宣传推广。外贸企业和个人在选择跨境电商平台时要考虑平台推广的投入力度。

6. 配套服务要合适

作为外贸电子商务平台，目前最重要的配套服务就是认证服务。认证服务在外贸电子商务中的作用是增加交易双方的信任感。在阿里巴巴认证服务中，就有多种行业的多种认证服务。

7. 跨境电商平台服务项目的收费情况

购买各种商品或服务，最后还要考虑价格。目前，各种跨境电商平台都提供各种收费服务，价格从一两万元到几十万元不等。尽管各种跨境电商平台都有免费会员服务，但对照片、认证、排名等服务有各种限制，企业要根据是否需要和购买能力来选择合适的平台和服务项目。

> 【课堂实训】结合不同类型的跨境电商 B2B 平台，为一家亟待转型的鞋类小型外贸企业提出跨境电商平台的选择方案建议。

2.2 典型跨境电商B2B平台操作介绍

当前中国跨境电商行业风云乍起，群雄逐鹿。在激烈的竞争中，不乏脱颖而出的优质企业。最具代表性的当数阿里巴巴、环球资源、兰亭集势、焦点科技（中国制造网）和敦煌网。除了传统 PC 端购物模式，随着移动互联网的迅速发展，移动购物也开始向传统跨境电商平台发起挑战，并正在逐步改变人们的生活方式和消费观念。下面以环球资源和敦煌网为例介绍典型跨境电商 B2B 平台的具体操作。

2.2.1 环球资源

1. 创建产品信息

在环球资源网中，将产品上传的过程称为"创建产品到供应商专用目录"。在"产品信息"主菜单中，点击二级菜单"创建新产品"，如图 2-1 所示。

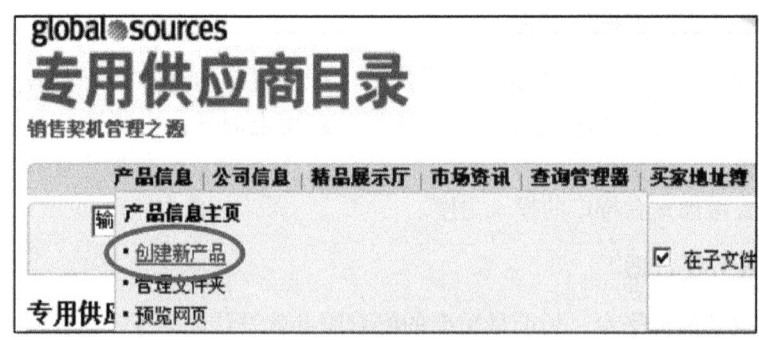

图 2-1 "创建新产品"二级菜单

接下来,在产品简介页面上输入详细的产品信息,如图 2-2 所示。

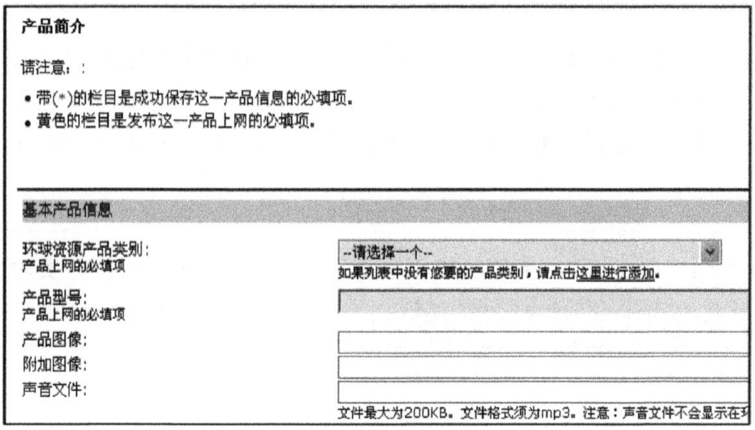

图 2-2 产品简介页面

完成所有信息输入后,点击"保存"按钮即可完成创建新产品,如图 2-3 所示。

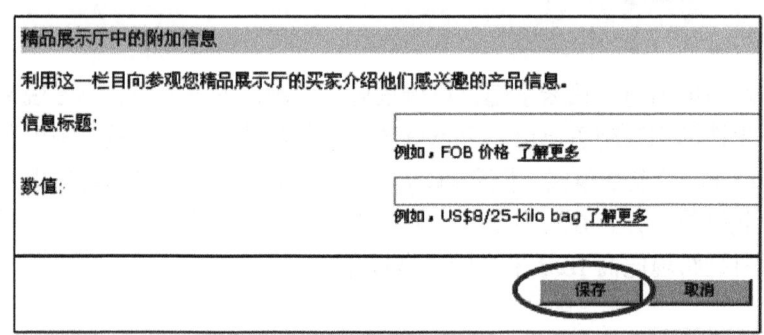

图 2-3 完成创建新产品

2. 提交产品信息上网

点击"产品信息"主菜单,进入产品信息主页的 Created 文件夹(已创建文件夹)。勾选需要上网的产品,然后点击"提交"按钮,如图 2-4 所示。

项目2 B2B 模式类平台运营

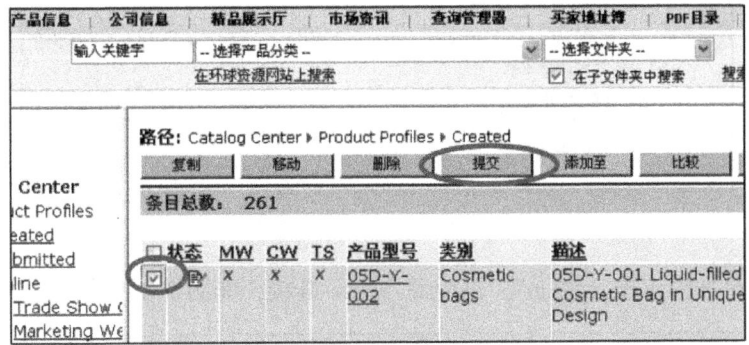

图 2-4　勾选产品及提交

在打开的页面中，勾选 "Global Sources Online（Marketing Website）"，然后点击 "提交" 按钮，如图 2-5 所示。

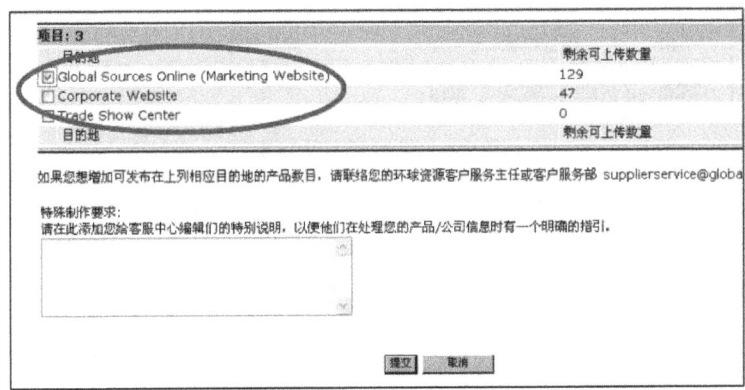

图 2-5　勾选选项及提交

点击 "确定" 按钮，如图 2-6 所示，表示确认提交。

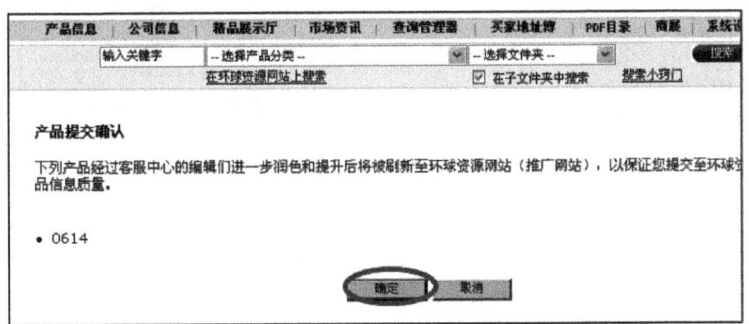

图 2-6　确认提交

3. 创建和推广公司信息

1）修改公司主页信息

在 "公司信息" 主菜单中，点击 "编辑公司信息" 二级菜单，如图 2-7 所示。

图 2-7 "编辑公司信息"二级菜单

在打开的页面中点击"Main"(供应商主页)链接,如图 2-8 所示。

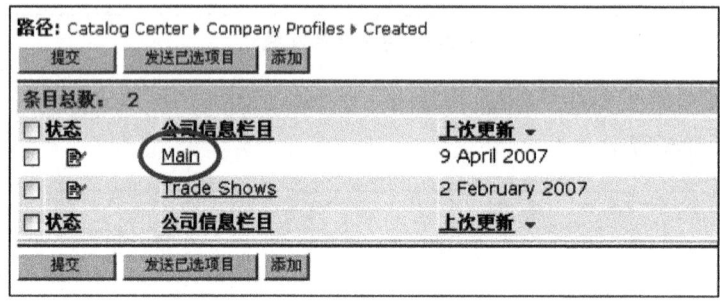

图 2-8 供应商主页链接

在打开的页面中可以直接修改"基本公司信息",也可点击"附加公司信息"或"其他联系信息"进行相应的修改,其中在"附加公司信息"页面中,可输入公司获得的安全/质量认证。修改后点击"保存"按钮,如图 2-9 所示。

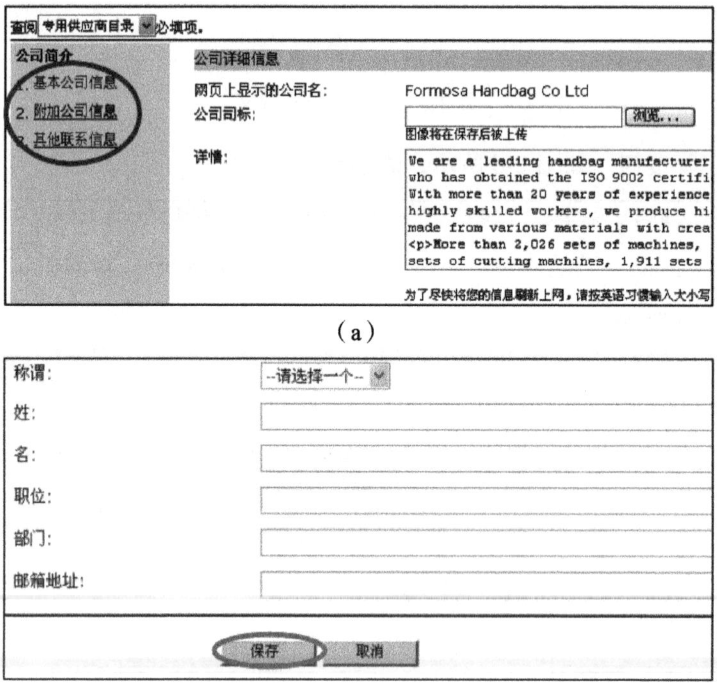

(a)

(b)

图 2-9 修改公司信息

2）提交公司信息上网

在"公司信息"主菜单中，点击"公司信息主页"二级菜单，如图 2-10 所示。

图 2-10 "公司信息主页"二级菜单

在打开的页面中勾选"Main"，点击"提交"按钮，如图 2-11 所示。

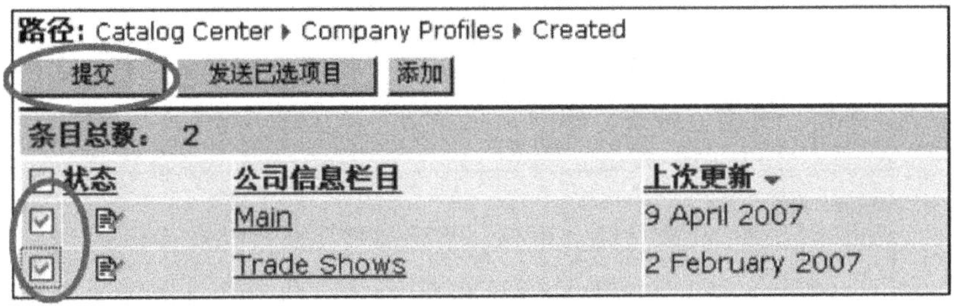

图 2-11 勾选"Main"

在打开的页面中，如有特殊要求，可在"特殊要求"文本框中输入相应文字，最后点击"完成"按钮，如图 2-12 所示。

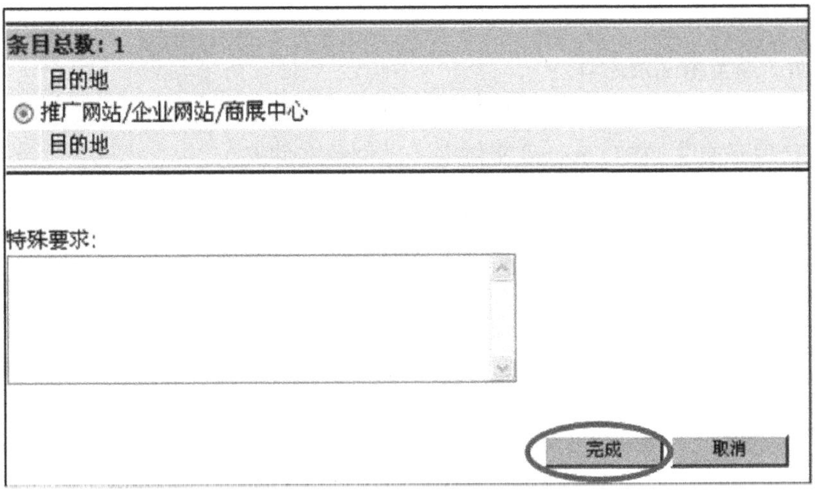

图 2-12 完成提交公司信息

4. 创建精品展示厅

1）创建精品展示厅

在"精品展示厅"主菜单中，点击"创建精品展示厅"二级菜单，如图 2-13 所示。

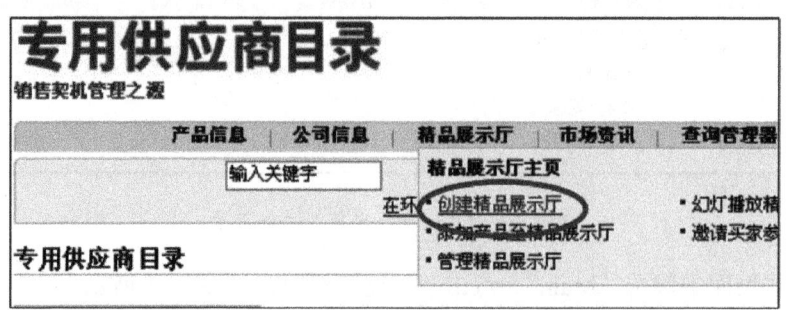

图 2-13 "创建精品展示厅"二级菜单

在"精品展示厅名称"栏中输入展示厅的名称，在"精品展示厅登录名"栏中输入登录名。完成后，点击"创建"按钮，如图 2-14 所示。

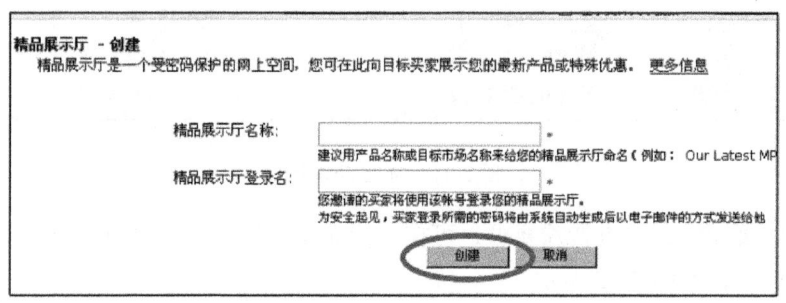

图 2-14 创建精品展示厅

2）添加产品至精品展示厅

在"精品展示厅"主菜单中，点击"添加产品至精品展示厅"二级菜单，如图 2-15 所示，进入产品信息主页的 Created 文件夹（已创建文件夹）。

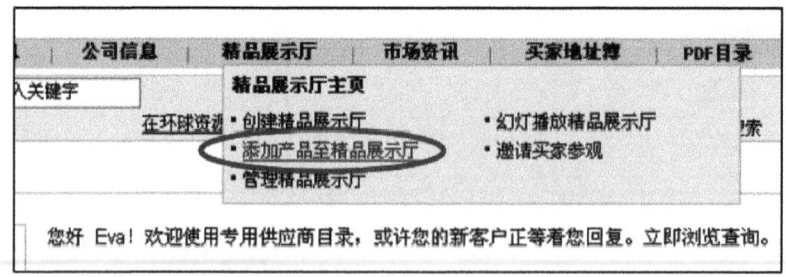

图 2-15 "添加产品至精品展示厅"二级菜单

勾选需要添加到展示厅的产品，点击"添加至"按钮，如图 2-16 所示。

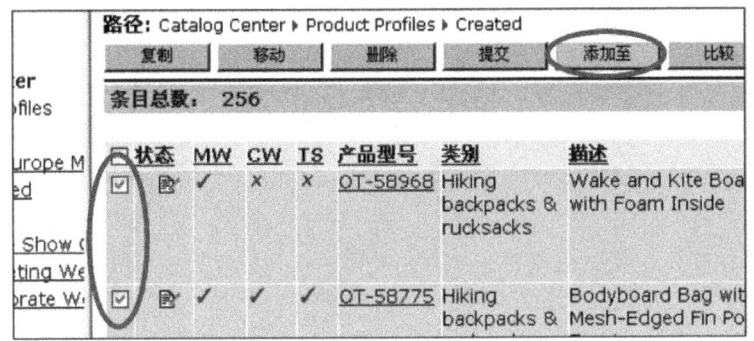

图 2-16 勾选需要添加到展示厅的产品

在打开的页面中,勾选目标展示厅名称,点击"完成"按钮(可同时选择多个展示厅)。

3)在展会上幻灯放映产品

利用精品展示厅中的"幻灯播放精品展示厅"功能,在展会上自动播放在精品展示厅中的产品(展示厅中可放置的产品数量不受合同限制,可放置任意多个),可选择在线播放或离线播放。

(1)在线播放。在"精品展示厅"主菜单中,点击"幻灯播放精品展示厅"二级菜单,如图 2-17 所示。

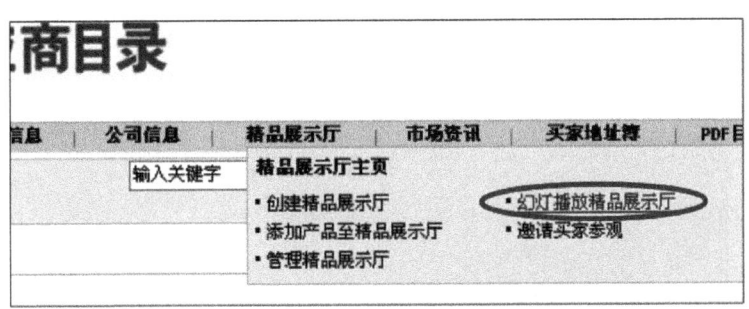

图 2-17 "幻灯播放精品展示厅"二级菜单

在打开的页面中,勾选目标展示厅,点击"播放幻灯片"按钮(可同时勾选多个展示厅),如图 2-18 所示。

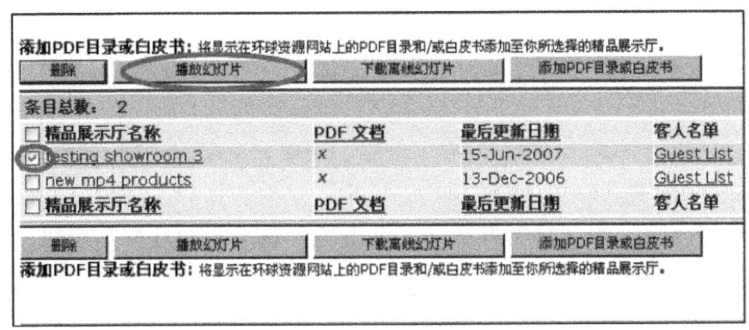

图 2-18 勾选目标展示厅

在打开的页面中,选择合适的版面格式,点击"开始"按钮,如图2-19所示。

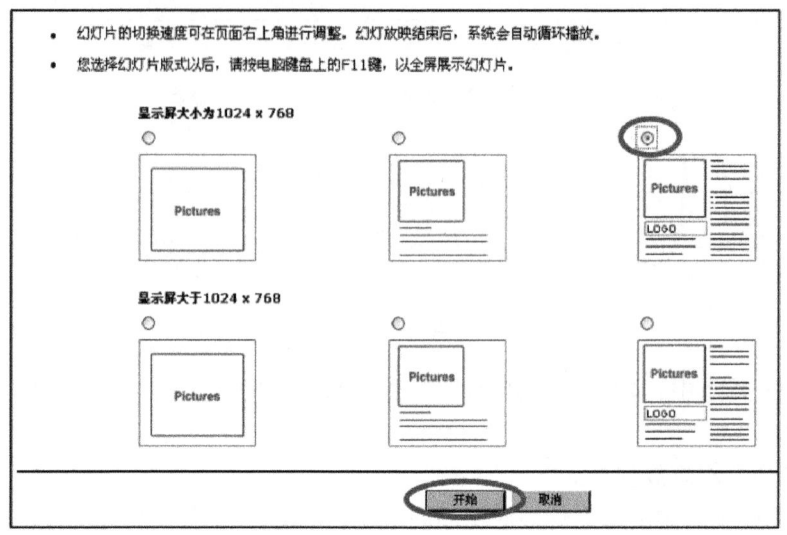

图2-19 选择合适的版面格式

在新窗口中,点击"开始播放"按钮,然后在下一页面中点击"播放"键,幻灯片将立即开始自动播放,你还可以更改右上角的"Speed"选项调整播放节奏,如图2-20所示。

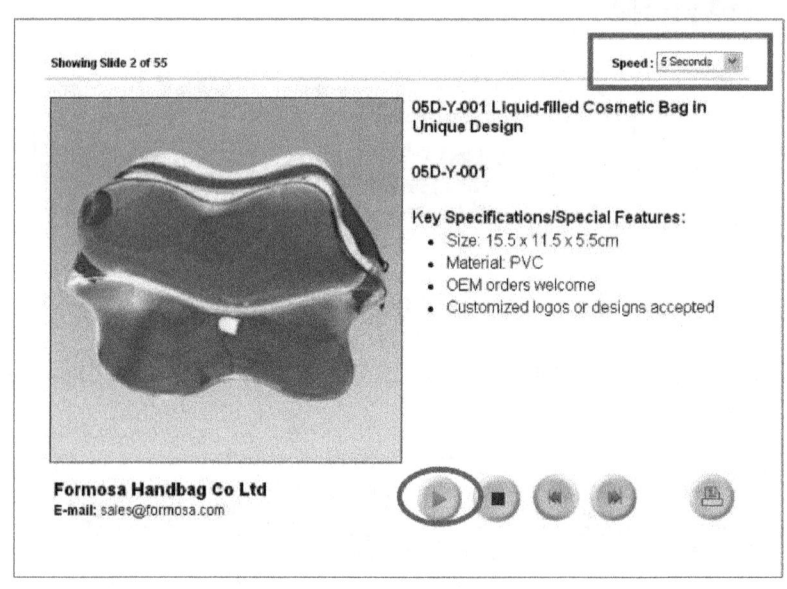

图2-20 播放及调整播放节奏

(2)离线幻灯放映。勾选目标展示厅,点击"下载离线幻灯片"按钮,以及选择合适的版面格式,如图2-21所示。

项目 2　B2B 模式类平台运营

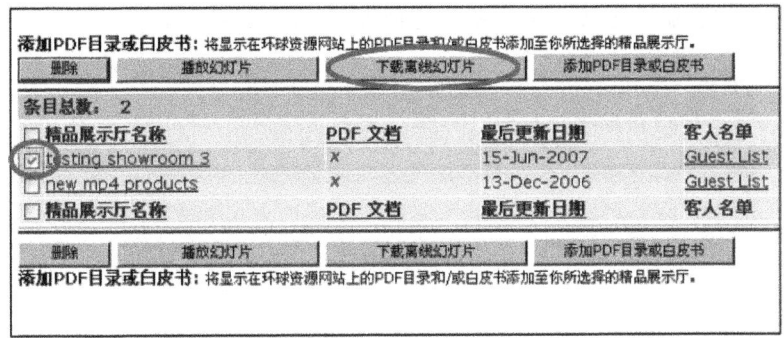

图 2-21　下载离线幻灯片

提交请求后，请检查你的邮箱。你将收到一封标题为 "Private Supplier Catalog-Slideshow Download Notification" 的邮件。点击邮件中的链接，下载一个压缩文件包，如图 2-22 所示。解压该文件包后，点击文件包中的 slideshow.html 文件，即可进行幻灯片放映。

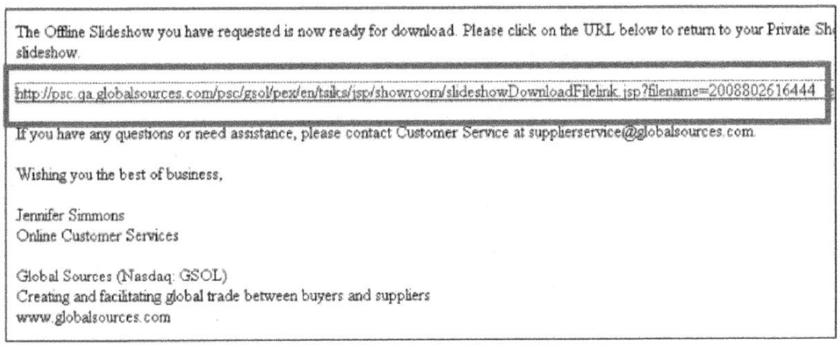

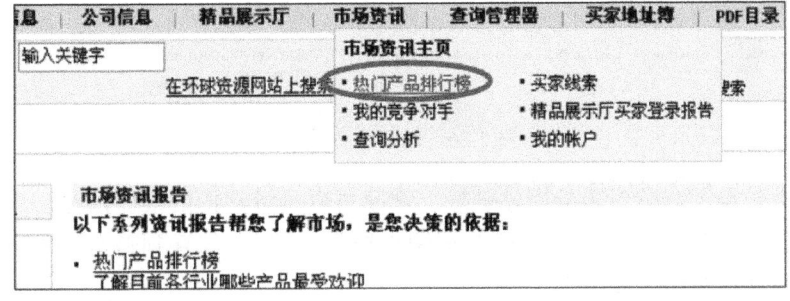

图 2-22　下载链接

5. 提取市场资讯报告，了解市场新动向，为市场推广策略提供依据

环球资源平台还可以利用专用供应商目录中的市场资讯报告，以便及时了解热门产品趋势、竞争对手的新动态和跟踪买家线索。

1）提取买家查询最频繁的热门产品排行榜

在"市场资讯"主菜单中，点击"热门产品排行榜"二级菜单，如图 2-23 所示。

图 2-23　"热门产品排行榜"二级菜单

点击合适的语言版本链接，生成相关的报告，如图 2-24 所示。

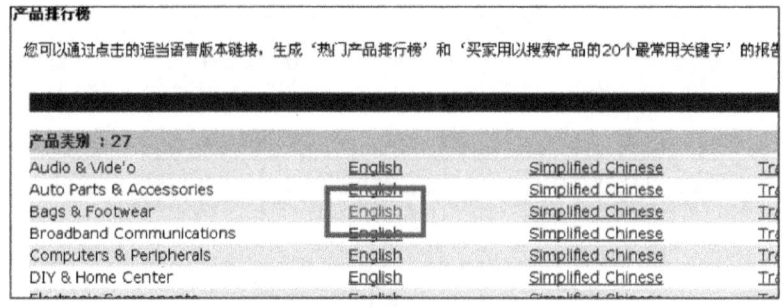

图 2-24　选择语言版本

2）提取竞争对手报告

在"市场资讯"主菜单中，点击"我的竞争对手"二级菜单，如图 2-25 所示。

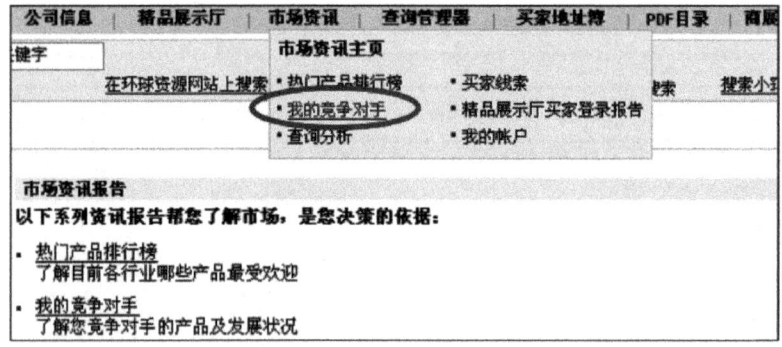

图 2-25　"我的竞争对手"二级菜单

在"产品类别"下拉列表中选择一个产品类别，点击"提交"按钮，了解环球资源网站上都有哪些竞争对手在生产同一类产品，如图 2-26 所示。

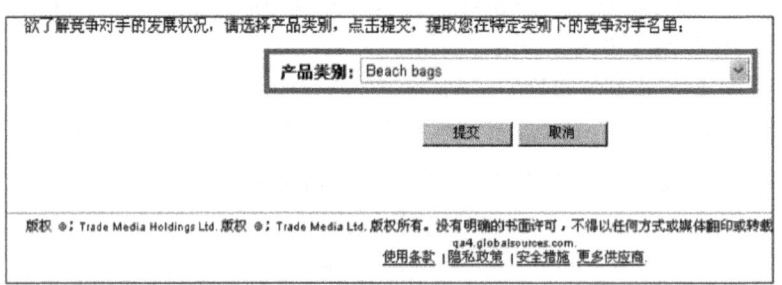

图 2-26　选择产品类型

在报告中包含了竞争对手的网站链接，卖家可以了解它们的推广情况、产品质量、生产能力、管理水平等与自己有什么相同或不同之处。点击"保存到磁盘"按钮可以把报告保存到本地的计算机中，如图 2-27 所示。

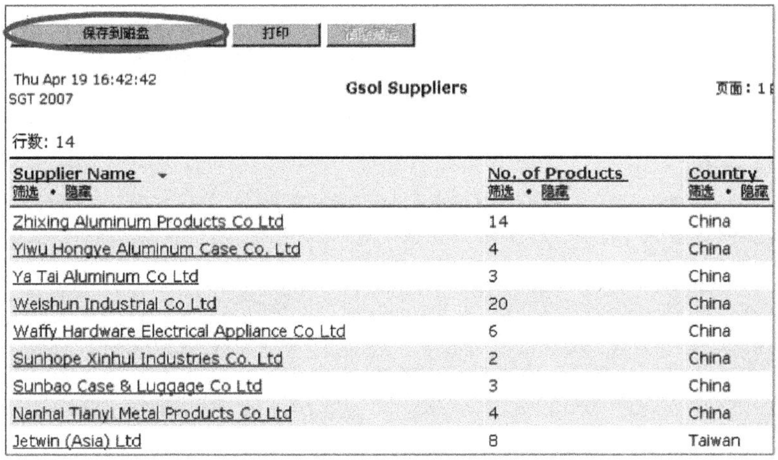

图 2-27 保存

6. 利用查询管理器有效管理你的买家查询

来自环球资源网站的所有买家查询都会备份在专用供应商目录中。卖家可在这里轻松地查看和管理查询。

1）登录查询管理器

在"查询管理器"主菜单栏，点击"浏览查询"二级菜单，如图 2-28 所示。

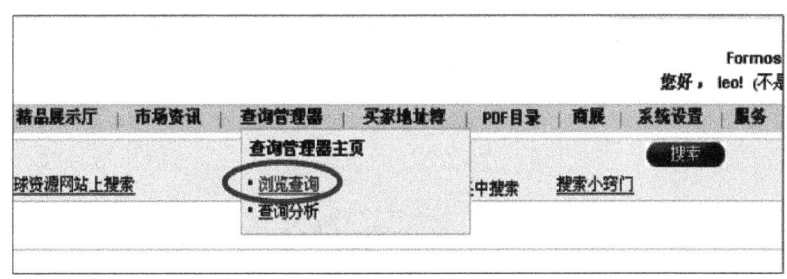

图 2-28 "浏览查询"二级菜单

进入查询管理器后，可查看来自环球资源买家的查询邮件。最新的查询会显示在页面的最前面，每个页面会显示 50 个查询邮件，如图 2-29 所示。点击相关主题查看买家查询的详细内容。

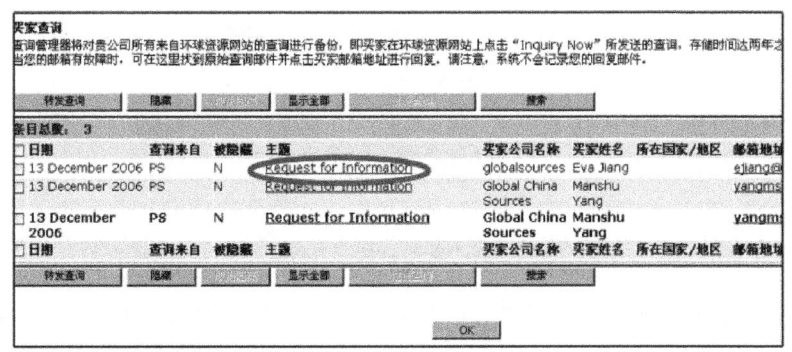

图 2-29 查询邮件

2）转发查询

可将所收到的查询邮件转发给下面的业务员跟进。在"浏览查询"页面，勾选需要转发的查询邮件，点击"转发查询"按钮，如图 2-30 所示。

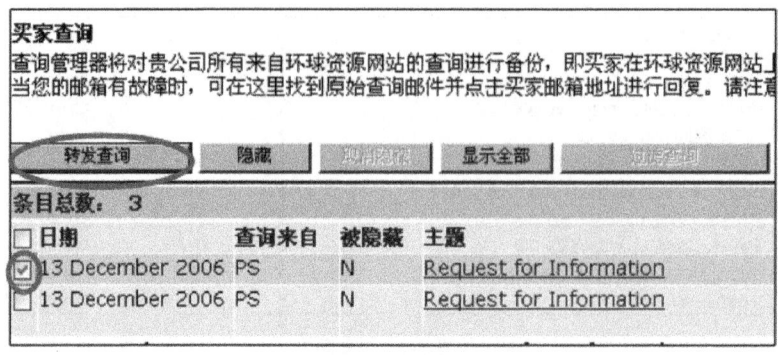

图 2-30　转发查询

在打开的页面中，输入收件人的地址，然后点击"发送"按钮，如图 2-31 所示。

图 2-31　填写收件人地址

3）如何提取查询分析报告

在"查询管理器"主菜单栏中，点击"查询分析"二级菜单，如图 2-32 所示。

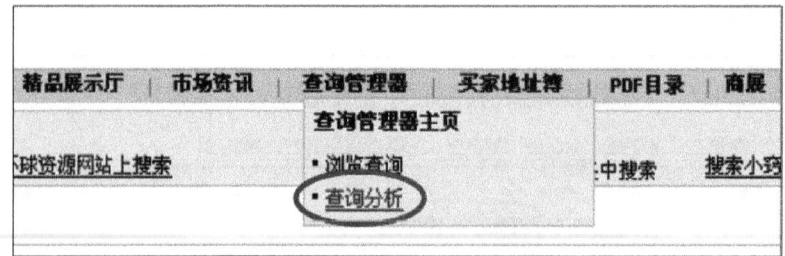

图 2-32　"查询分析"二级菜单

在打开的页面中，选择报告类型及时间，点击"提交"按钮，如图 2-33 所示。

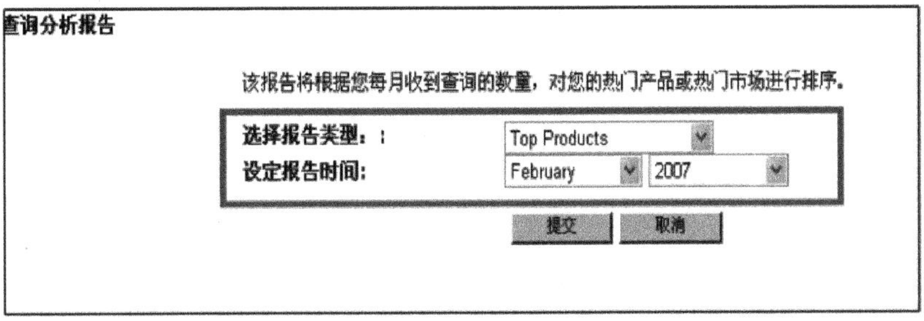

项目 2　B2B 模式类平台运营

图 2-33　选择报告类型及时间

7. 管理买家地址簿

通过平台可以建立买家地址簿，当要发布新产品或邀请买家浏览精品展示厅时，可以轻松从这里勾选买家的邮箱地址。

1）建立买家地址簿

点击主菜单栏中的"买家地址簿"，进入买家地址簿主页，然后点击"添加联系人"按钮，如图 2-34 所示。

图 2-34　"买家地址簿"主菜单

在对应栏目中输入相关内容，点击"保存"按钮，如图 2-35 所示。

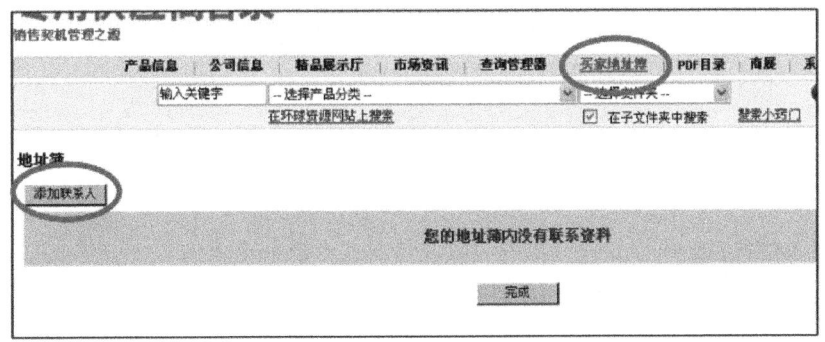

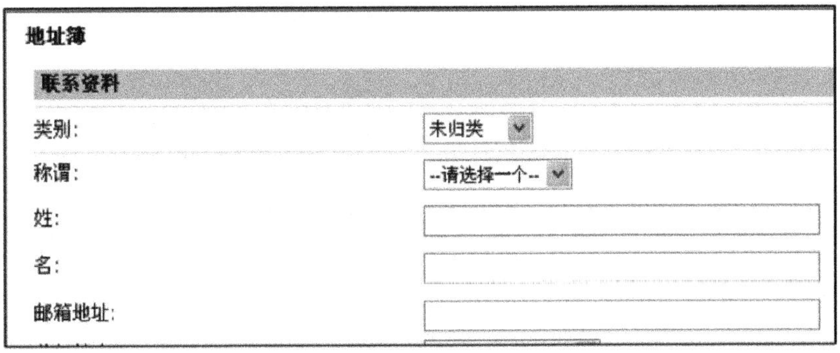

图 2-35　填写买家相关信息

【课堂实训】登录环球资源，注册账号并发布一个产品信息。

2.2.2 敦煌网

1．卖家账号注册

1）注册入口

登录卖家首页（http：//seller.dhgate.com/），点击"轻松注册"或者"轻松开店"，进入注册页面，如图2-36所示。

图2-36 敦煌网首页

2）填写商户信息

请按照页面提示，填写真实的注册信息，如图2-37所示。

图2-37 填写商户信息

3）验证邮箱

在提交信息后你的注册邮箱会收到一封激活邮件，请你登录到你的注册邮箱并打开邮件，点击激活链接，如图2-38和图2-39所示。

项目 2　B2B 模式类平台运营

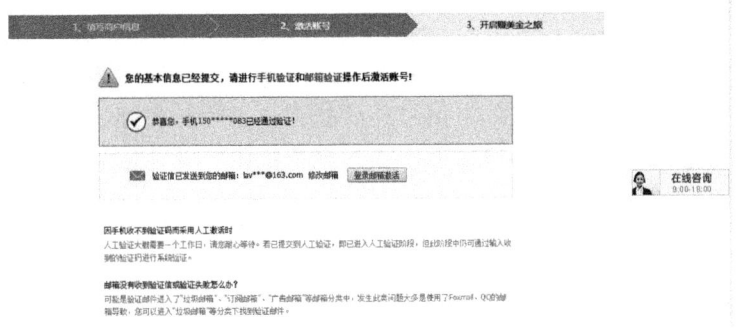

图 2-38　验证邮箱

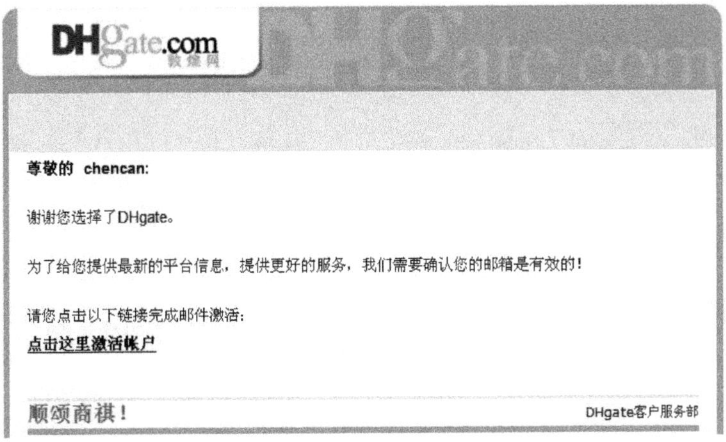

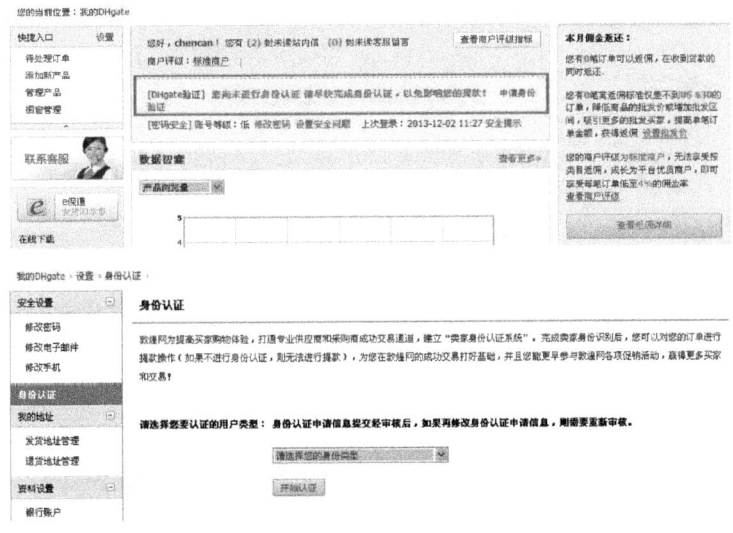

图 2-39　激活账户

在通过手机和邮箱验证后，你成功开启你的赚"外快"之旅，为更好地保障你在网络交易中的安全，防止网络交易欺诈，请根据要认证的身份类型提交对应的身份认证资料。你可以通过如图 2-40 所示方式开始认证。

图 2-40　认证

2. 上传产品

产品信息是由文字和图片组成的,详细的文字描述和清晰的图片可以更多地吸引买家的眼球。上传产品时需要填写如下信息:产品类目、产品名称、产品简短描述、产品属性值、产品信息描述、产品销售信息、我的服务承诺、其他信息。首先登录到"我的DHgate"→"产品"→"添加新产品"→"管理产品组"页面,如图2-41所示。

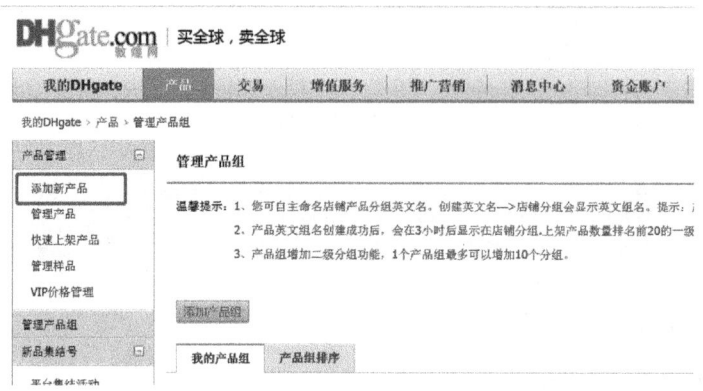

图 2-41 "管理产品组"页面

点击左边模块中的"添加新产品"进入上传产品页面后,就可以根据你的产品填写相关信息了。以下以socks为例详细讲解产品上传的操作流程。

1)选择类目

在"选择类目"栏中,输入想要查找的类目所含的文字(英文),点击"快速查找"按钮,系统会根据你的搜索内容,推荐5个以内的类目,可以根据产品,从中选择你产品的类目,如图2-42所示。

如果通过以上途径,还是没找到满意的产品类目,可以直接手动一一查看并选择类目。

图 2-42 选择类目

选择类目完毕后，点击"立即去发布新产品"按钮即可，如图2-43所示。

图2-43　发布新产品

2）产品基本信息

首先填写产品标题。产品标题要清楚、完整、形象，最多可输入140个字符；建议标题不能设得太短，以60～70字符为宜，标题末端不要出现不相关的词汇，以免干扰系统对关键词的识别，如图2-44所示。

图2-44　设置产品标题

填写完"产品标题"后，开始填写"产品关键词"。关键词是关乎产品曝光量、流量乃至订单量的重要因素，建议结合目前热门搜索词进行设置，如图2-45所示。

图2-45　设置产品关键词

填写完产品关键词后，进入编辑"产品基本属性"步骤，如图2-46所示。

图 2-46 填写产品基本属性

当要上传一个产品时,需要先选择产品的品牌,如图 2-47 所示。

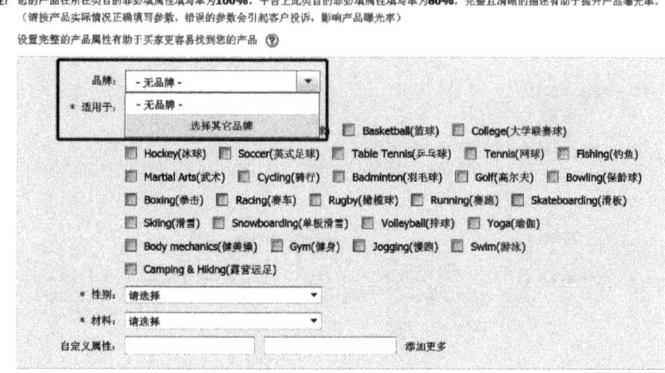

图 2-47 选择产品的品牌

点击图 2-47 中的下拉箭头,就可以从中选择产品品牌了。可以通过在"品牌搜索"栏中输入品牌名称或者直接按照品牌的首字母在索引中进行搜索,从搜索结果中选择品牌即可,如图 2-48 所示。如果产品是没有品牌的,你可以在其中选择"无品牌"。

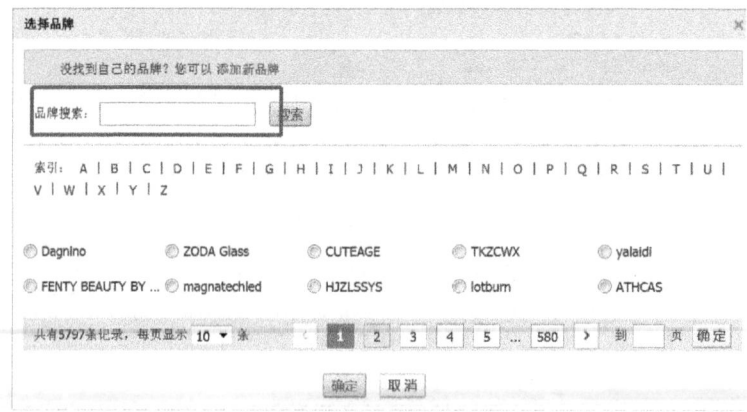

图 2-48 品牌搜索

如果所上传的产品本身是有品牌的,而该品牌在"选择品牌"页面中搜索不到,此时点击"添加新品牌"上传这个品牌信息，待该品牌通过审核后，你才可以引用到产品中。以下为你简单介绍上传新品牌的步骤，如图 2-49 所示。

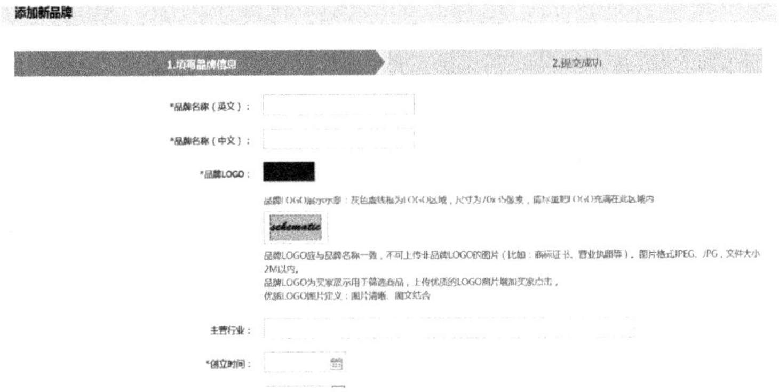

图 2-49 添加新品牌

提交新品牌页面包含：品牌名称（英文）、品牌名称（中文）、创立时间、创立国家、品牌简介、主营行业、品牌 LOGO 图片。其中品牌名称（英文）、品牌名称（中文）、创立时间、创立国家、品牌简介、品牌 LOGO 图片为必填项。填写完毕以上信息后，点击"提交"按钮即可。提交的新品牌将进入平台系统等待审核，该品牌需要审核通过后才能引用到产品中。

除了在上传产品页面能添加新品牌，你还可以在"我的 DHgate"→"产品"→"经营品牌"页面添加新品牌，点击"添加新品牌"按钮后按照页面提示进行操作即可，如图 2-50 所示。

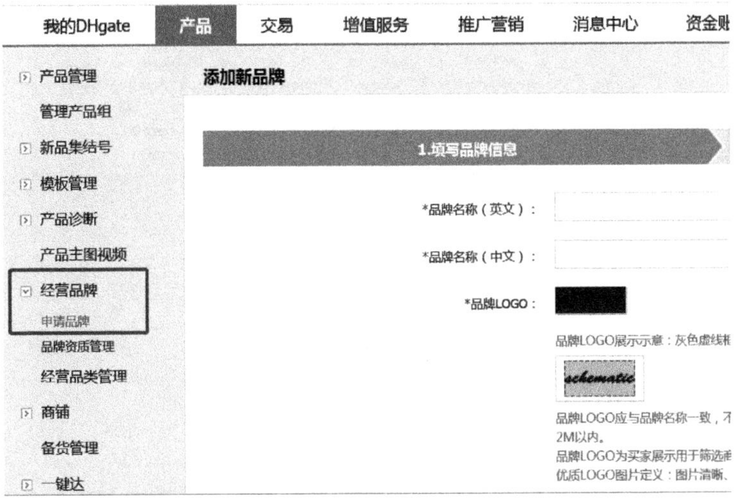

图 2-50 添加新品牌操作

注意：如果正在创建的产品是无品牌信息的，可以点击"无品牌"按钮，则该产品显示无品牌信息。如果产品本身是有品牌的，而选择品牌时候选择了"无品牌"，那么这个产品是无法通过审核的。

品牌选择完毕后，开始填写销售属性及购买属性。

值得提醒的是，平台为了更方便上传产品、让产品能以更多的展现方式出现在买家页面，会根据上传产品的特征，设置与产品相关的多种属性，例如品牌、材料、性别等，如图2-51所示。需要根据你的产品，选择页面所提供的属性选项。填写的属性值将会直接显示在买家页面。如果你所填写的属性值不全，会直接影响到产品是否能通过审核，同时也会对产品在买家页面的展现产生直接的影响。

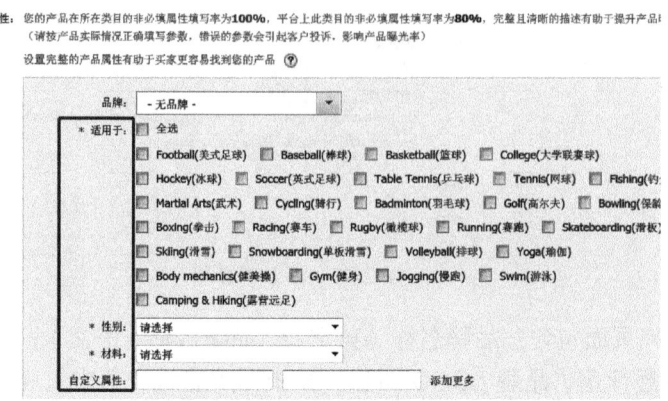

图2-51 填写产品基本属性

如果你希望能在买家页面呈现其他属性（主要指系统未设置的），可以通过"自定义属性"进行自主添加产品所特有的属性，如图2-52所示。

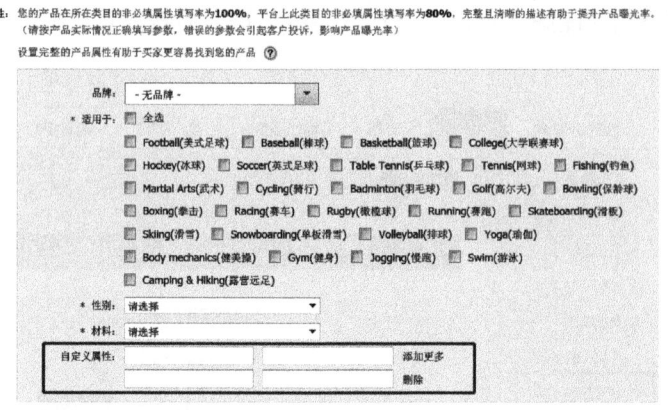

图2-52 自定义属性

最后，选择产品规格，如图2-53所示。

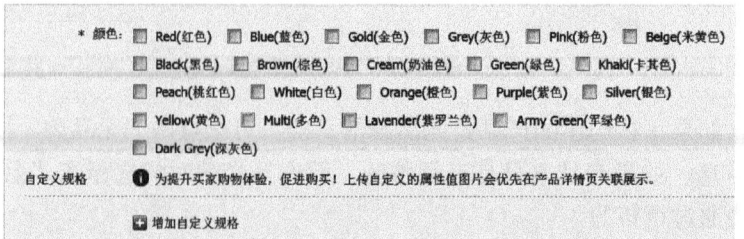

图2-53 选择产品规格

3)产品销售信息

"销售方式"栏目,可以选择按件卖或按包卖,如图 2-54 所示。

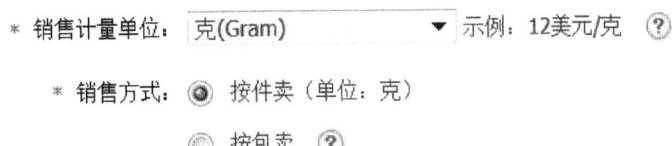

图 2-54　设置销售方式

选择销售单位为"按件卖"时,可以选择双、套、打等单位,如图 2-55 所示。

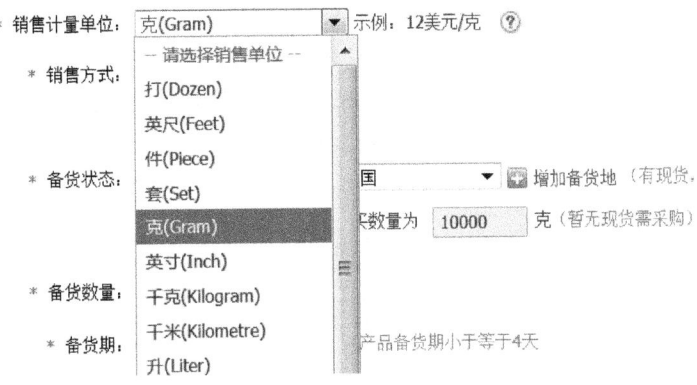

图 2-55　设置销售计量单位

在敦煌网,卖家可以针对同一产品的不同数量区间,分别设置各个数量区间的不同报价和交货期;如果同一产品还有不同的规格,也可以对不同的规格在不同的数量区间设置各自的价格和交货期,如图 2-56 所示。

图 2-56　根据不同数量设置价格区间

添加价格区间,如图 2-57 所示。

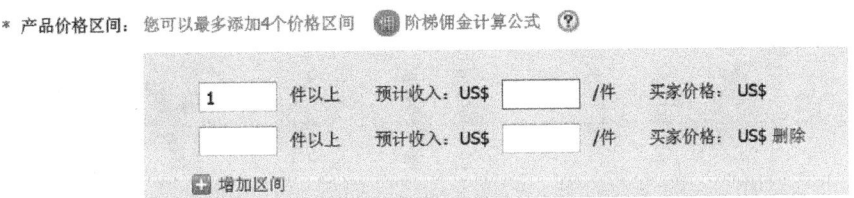

图 2-57　添加价格区间

4)产品内容信息

首先上传产品图片,用生动真实的图片展示产品,上传产品之前要准备好图片。系统会自动生成水印防止其他人盗用。卖家可以从"产品图片"板块中上传图片，如图2-58所示。

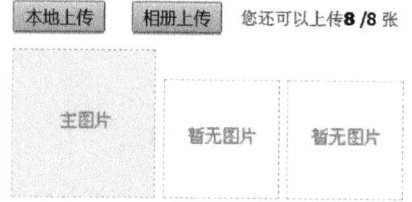

图 2-58　上传产品图片

卖家可以根据意愿采用"相册上传"或者"本地上传"的方式添加图片，这两种方式都较为简单，现在以"相册上传"的方式来介绍上传图片的操作：点击"相册上传"按钮，将进入原先设置好的产品相册中，如图2-59所示。

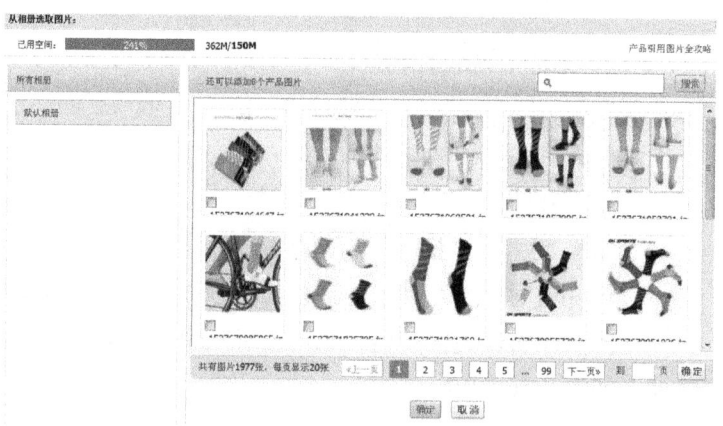

图 2-59　采用"相册上传"方式上传图片

在相应的相册中选择想要的图片，可同时上传所选择的图片，如图2-60所示。

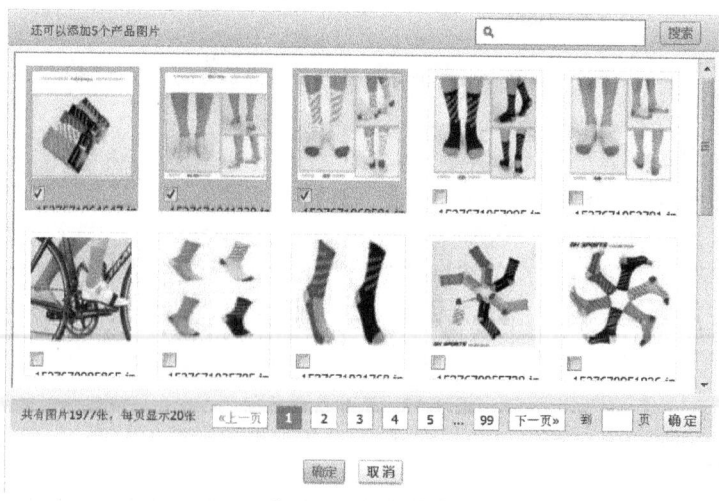

图 2-60　上传图片

图片上传后还可以删除，如图 2-61 所示。

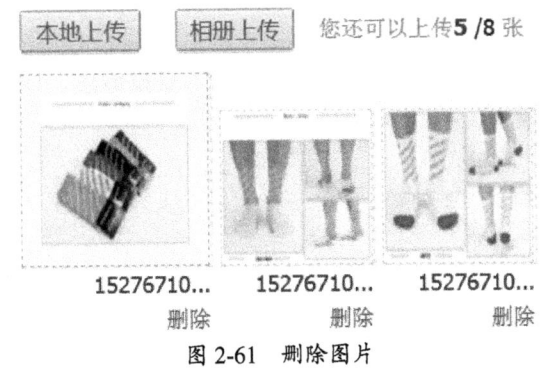

图 2-61　删除图片

上传产品时，在同一产品内容描述中，可以使用 8 张图片展示。建议在上传图片时，尽量从相册中选取，这样可以使产品通过审核的效率更高。

"产品简短描述"栏目部分，建议多填入一些可以让买家在查找物品时会搜索到的词语。输入的中文标点符号，会自动转化成英文标点符号，最多可输入 500 个字符。如图 2-62 所示。

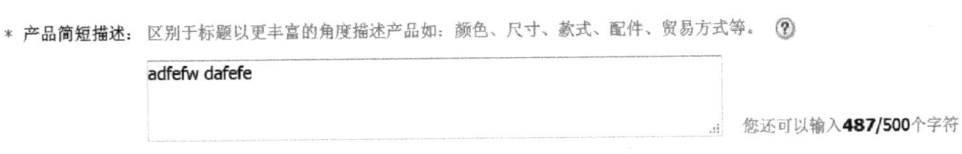

图 2-62　设置产品简短描述

"产品详细描述"栏目需要把在产品名称和规格说明中不能涵盖的产品信息进一步详细地展示给买家，将买家比较关注的产品的特色、功能、服务、包装及运输信息等展示出来，让买家可以一目了然地、尽可能多地了解产品相关信息；可以通过一些个性化的描述展现卖家的专业性，如制作模板、敦煌网相关产品的站内链接，向买家展示更多的相关产品，进行自我促销，引起买家的兴趣，等等。产品详细描述中有 5 万个字符空间，支持 HTML 语言，如图 2-63 所示。

图 2-63　产品详细描述页面

注意：在产品详细描述中不能出现敦煌网以外的链接，禁止出现任何形式的联系方式，如邮箱、公司网址、SKYPE等。考虑到敦煌网面对的都是国外的买家，所以需要卖家使用英文填写产品信息，以便买家在搜索产品时可以准确地了解产品的各种情况。

5）产品包装信息

产品包装重量：在"包装后重量"输入框中输入重量信息，如图2-64所示。

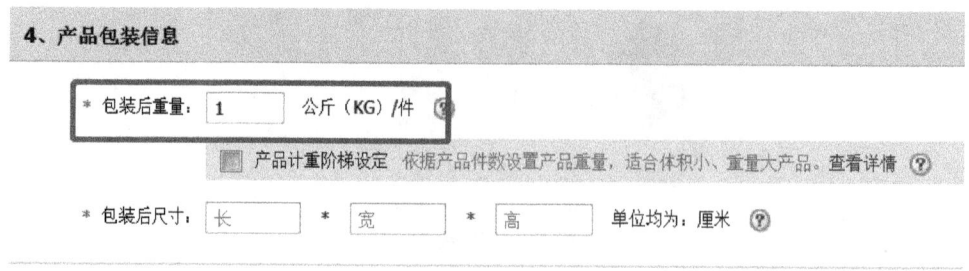

图2-64　产品包装重量

包装尺寸：在"包装后尺寸"文本框中输入长、宽、高的信息（单位为厘米），如图2-65所示。

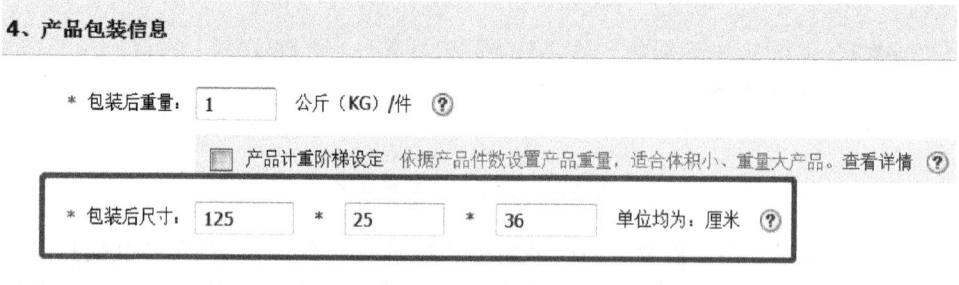

图2-65　包装尺寸

6）设置运费

如果是第一次上传产品，则需要创建一个运费模板，如图2-66所示。

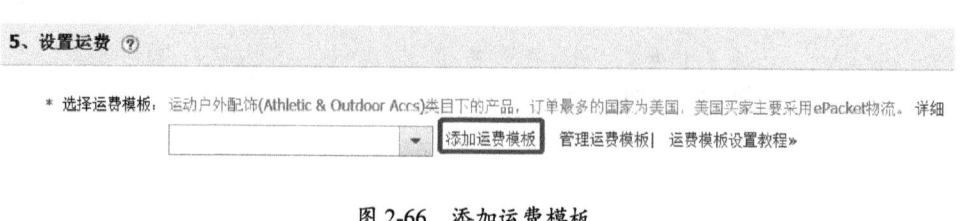

图2-66　添加运费模板

点击"添加运费模板"链接，会在新窗口中打开添加运输模板页面，如图2-67所示。

项目 2　B2B 模式类平台运营

图 2-67　添加运输模板页面

为新的运费模板命名，命名支持中英文输入，比如"服装运费模板"，如图 2-68 所示。

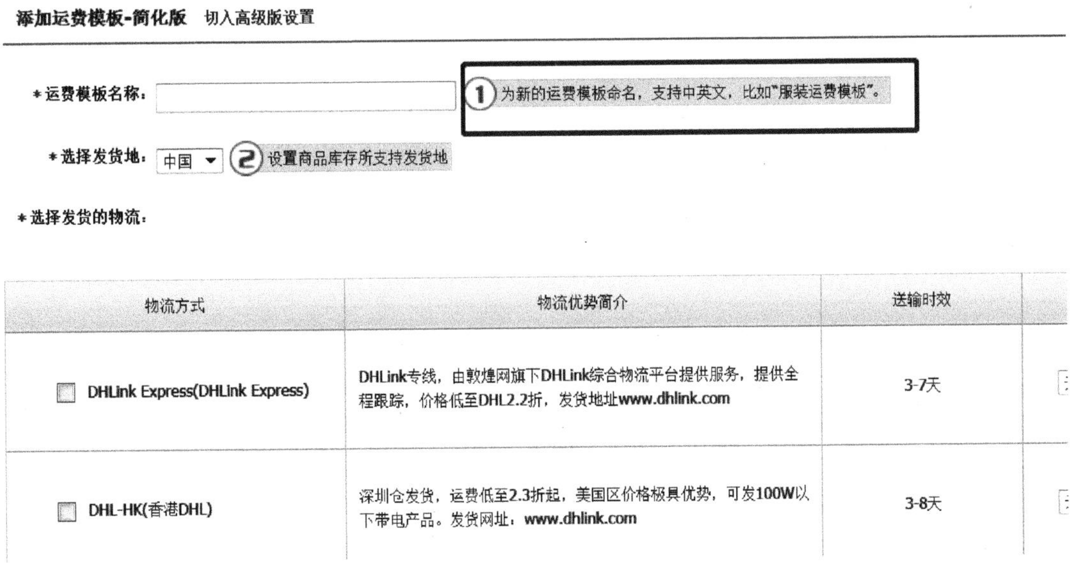

图 2-68　命名运费模板

设置商品库存所支持的发货地，如图 2-69 所示。

图 2-69 选择发货地

然后选择发货的物流,如图 2-70 所示。

图 2-70 选择发货物流

7) 其他信息

填写产品有效期:产品有效期指的是产品成功提交那天起,到你的产品停止在网上展示那天截止的时间段,有效期默认为 90 天,如图 2-71 所示。

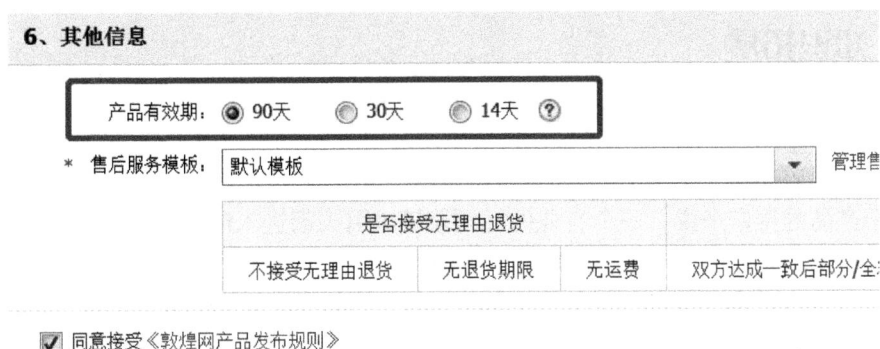

图 2-71　填写产品有效期

再选择售后服务模板，如图 2-72 所示。

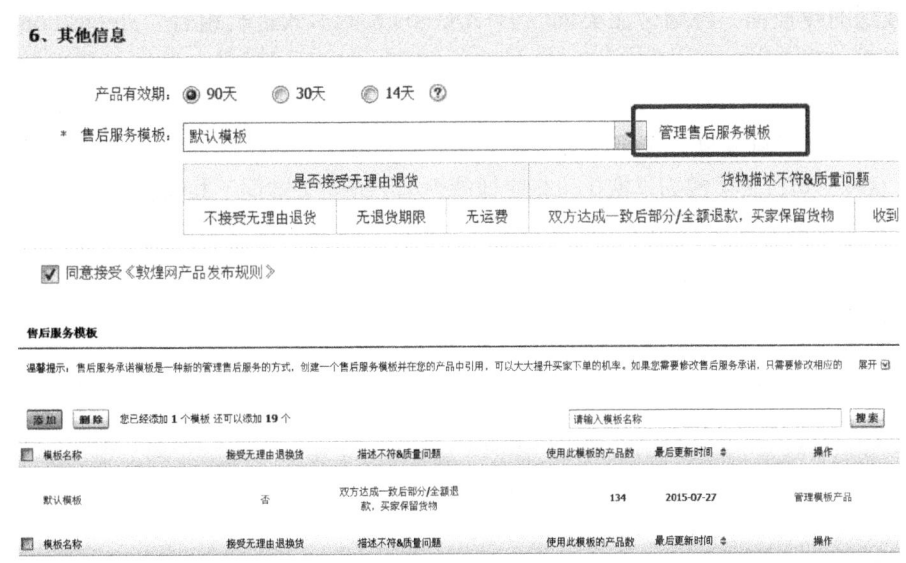

图 2-72　选择售后服务模板

也可以通过点击"管理售后服务模板"按钮来添加新的售后服务模板，如图 2-73 所示。

图 2-73　管理售后服务模板

知识拓展

跨境电商平台流量提升技巧

1. 撰写优质标题

对于产品的推广来说，一个专业的标题能够吸引买家进入产品详情页，同时也是从搜索页面中成千上万的优质产品中脱颖而出的捷径。

首先，产品标题中的字数不宜设得过多，因此产品标题应尽量准确、完整、简洁，尽量使用简单的语法，减小系统理解难度。优质的产品标题应该包含买家最关注的产品属性，能够突出产品的卖点，一个优质的标题应由年份＋产品材质／特点＋季节＋属性词＋热搜词构成。

其次，应把相关度高的关键词融入标题，对于关键词应通过数据纵横中的搜索词分析工具对关键词进行分析。按照自己的行业和类目，找到平台最近7天的热搜词，以T-shirt为例，整理出的热搜词有tops tees、o-neck T-shirt、fashion T-shirt，将上述关键词整合成一个标题：Summer women T-shirt Chinese silk 2016 tops tees women clothing chiffon o-neck fashion women's T-shirts for short sleeve。切记标题不能堆砌，否则会造成搜索排名靠后，影响店铺的流量。

2. 巧设关键词

在速卖通平台进行产品发布时，系统允许可以填写3个关键词，其中，一个必填，两个选填，这里建议应充分填写完整，可增加产品的曝光率。卖家要充分利用平台上数据纵横中的信息，选取"搜索指数"和"搜索人气"相对较高、"竞争指数"相对较低的词汇。

目前主流关键词的填写方法有以下两种。

● 被包含法：产品关键词即主关键词填写品类词，如T-shirt（A）；更多的关键词可以利用已找到的热搜词，再结合品类词以B+A/C+B+A的形式进行组合，如Fashion T-shirt；O-neck fashion T-shirt。

● 关键词丰富法：产品关键词依旧填写品类词，如T-shirt；填写更多关键词时可使用刚挖掘出来但没有用到标题上的词再结合品类词，如Printed casual T-shirt；Street Style T-shirt for women；这样，可以将关键词丰富化，相应地就缩小了同一关键词下共同竞争的店铺数量，同时更为贴近买家的搜索需求，产品的曝光率随之提高，店铺的流量也会随之提高。

项目实训

利用注册账号登录敦煌网，登录后请发布3个产品信息，发布时请注意标题的优化及关键词的设置。

项目3

B2B店铺产品采购

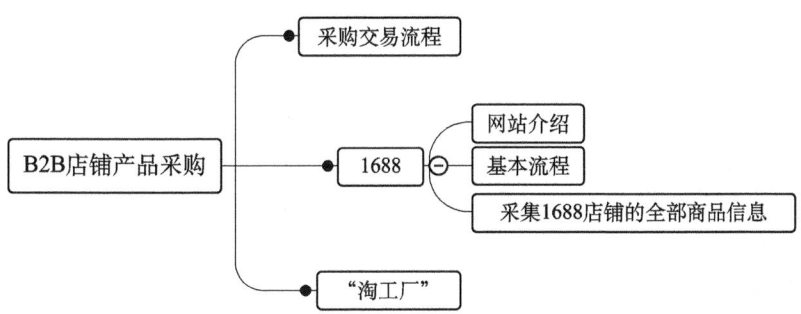

知识目标

- 理解 B2B 的网络采购流程;
- 掌握 1688 网站的主要功能;
- 熟悉常见的 B2B 外贸采购知识。

技能目标

- 能够利用网络采购工具找到合适产品;
- 能够结合企业实际情况制定网络采购方案。

情境导入

小王熟悉了外贸公司的外贸平台后,接到公司任务,要进行店铺产品的采购工作,他想通过自己熟悉的产品采购知识,给企业找到性价比最高的产品。但是,他要先了解在哪些平台上可以快速找到产品厂家,以及如何在厂家中间进行最终选择。

3.1 采购交易流程

3.1.1 采购交易的重要性

采购是企业的一项重要经营活动职能,是任何生产销售循环的起点。企业通过采购活动可以获得原材料、能源、技术、信息或服务等,再经过企业的生产过程输出为产品。因此,采购活动是企业生产活动的先导,采购管理水平的高低,对产品竞争力和企业经营绩效都会产生重大影响。

传统成本管理观念认为降低生产成本就是降低生产消耗,其实对很多企业来说更重要的是降低采购成本。典型企业的采购成本要占总成本的60%,显然采购成本是企业管理成本的主体和核心部分,因此,采购是企业管理中"最有价值"的部分。不同行业的采购成本占总成本的比例是不同的,如表3-1所示。

表3-1 不同行业的采购成本比例表

行业	采购成本占总成本的比例(%)	行业	采购成本占总成本的比例(%)
食品	63	化学	48
烟草产品	27	石油和煤产品	83
服装及纺织品	49	印刷和出版	35
水材和木产品	60	机械	48
家具	48	电气及电子设备	45
纸张及相关产品	54	运输设备	60

在传统制造业中,对外采购货物或服务一般占产品总成本的50%～70%,随着供应链的发展和外包的深入,这一比重还将上升。有统计表明,采购环节节约成本1%,那么企业利润将增加5%～10%。采购环节管理得好坏,已成为企业降低成本,提升运营效益的关键因素。面临"原材料成本上升、市场竞争加剧、利润空间下滑"的重重压力的中国制造企业,尤其应该重视采购环节管理。

3.1.2 采购交易流程

下面以服装商品部采购流程为例进行说明。

1. 采购工作流程

采购工作流程为:前期调研(系统的数据分析)→制订订货计划和货期→订单的自

我评审→公司主管审批→生成最终订单→寻找供货商→询价、比价、议价→从工厂提现货或市场采购或选定生产厂家→签订合同（订制产品）→控制生产加工过程→检测和验收成品→将产品运至仓库→配送至各门店。

2. 制订合理的订货计划和货期

订货计划和货期制订流程为：测算订货总额→测算订货结构（大类）→测算系列结构→测算订货宽度和深度→确定具体的品种单款款式→确定各单款颜色→确定各单色款码数→经销、代销以及订制和现货采购数量的确定→波段上市量和货期的确定→最终生成订单。

现代电子商务得到了广泛应用，而电子采购是电子商务的最重要的部分，它也是基于因特网技术的，通过因特网，借助电子化、信息化通信手段使传统的采购活动更加方便、快捷，实现物流、信息流、资金流的协调同步，提高企业的运作效率，降低采购成本。

 1688

3.2.1　网站介绍

1688是中国领先的小小企业国内贸易电子商务平台，是阿里巴巴集团旗下的子公司，以批发和采购业务为核心，目前已覆盖原材料、工业品、服装服饰、家居百货、小商品等16个行业大类，提供原料采购、生产加工、现货批发等一系列的供应服务。截至2018年3月底，近50万家中小企业通过1688跨境平台，为速卖通、亚马逊、Wish、eBay、Lazada等平台提供服务，遍布全球220个国家和地区。1688网站首页如图3-1所示。

图 3-1　1688 网站首页

3.2.2 基本流程

阿里巴巴 1688 采购平台操作的基本流程是：账号注册及认证→设置子账号权限→发布询价信息→选择供应商→下单操作→提取付款单→付款操作→收取发票→确认收货及售后事宜→邀约既有供应商。

1. 阿里巴巴账号的注册及认证

1）账号注册

点击阿里巴巴首页（www.1688.com）顶部的"免费注册"，如图 3-2 所示。跳转到注册页面，填写注册信息，点击"同意条款并注册"，如图 3-3 所示。

图 3-2　免费注册

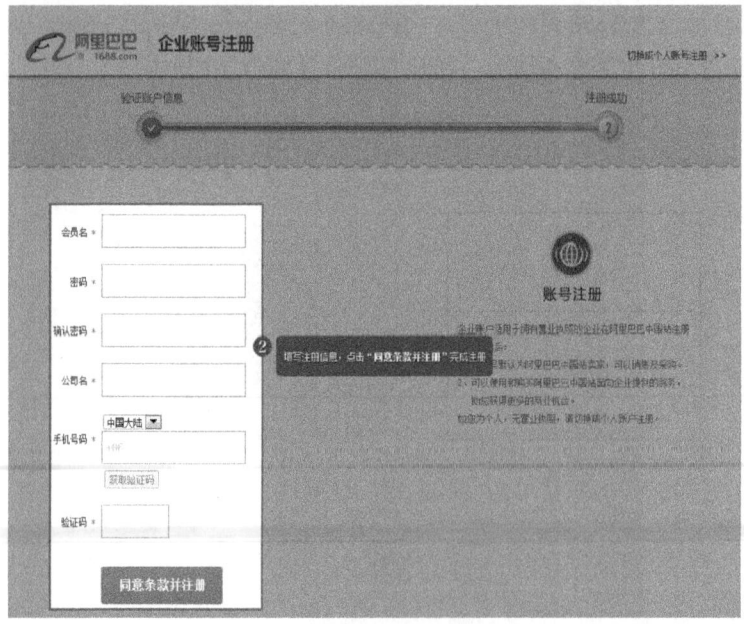

图 3-3　1688 网站注册页面

注意：会员账号是作为子（分）公司后期采购后台的管理账号使用的，"会员名"输入支持字母、数字、汉字，建议使用公司全称注册为会员登录名。

2）账号认证

登录1688首页后，点击右上角的"我的阿里"进入用户信息界面，然后点击"公司未认证"如图3-4所示，进入认证界面，如图3-5所示。根据自身需求选择认证类目。

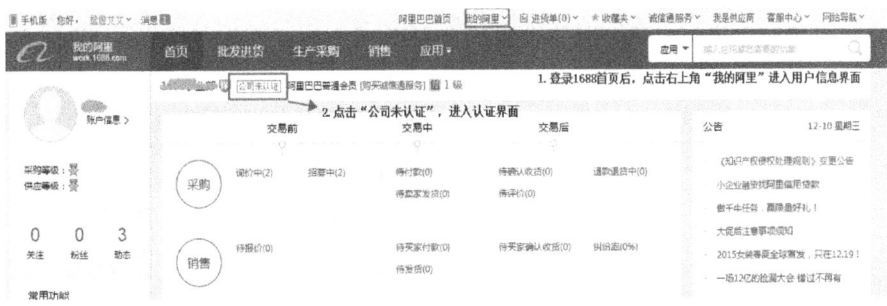

图 3-4　认证界面1

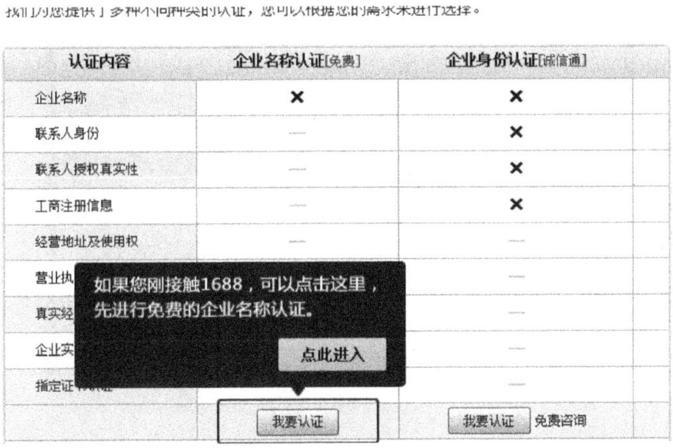

（a）

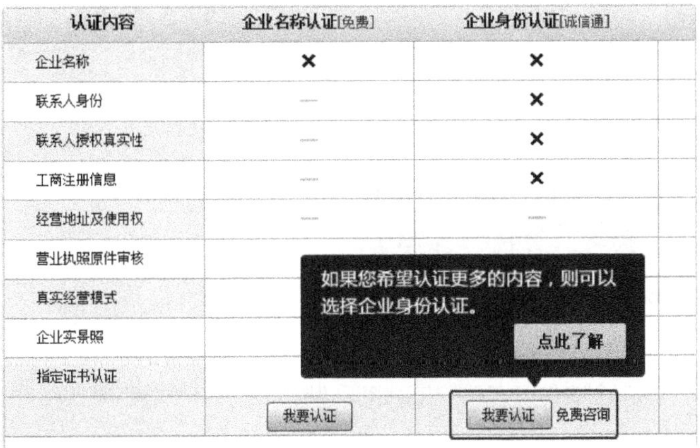

（b）

图 3-5　认证界面2

接着点击"我要认证"按钮进入企业名称认证界面,填写相关信息,如图3-6所示。

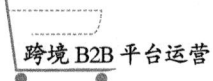

(a)

(b)

(c)

图3-6 认证界面3

认证信息提交后,等待阿里巴巴向对公账号打款,如图3-7所示。

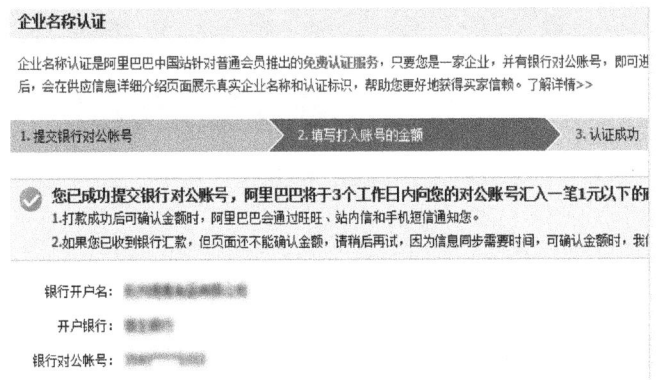

图 3-7　认证界面 4

到对公账号中查看打款金额并在"打款金额"文本框中输入,点击"确认"按钮,完成认证,如图 3-8 所示。

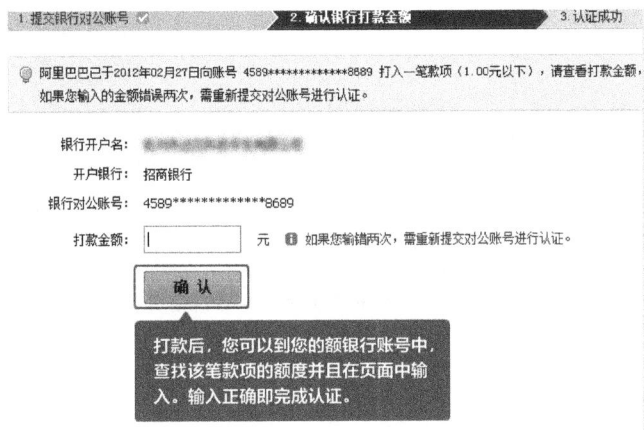

图 3-8　认证界面 5

2. 支付宝账户的注册及认证

1）支付宝账户注册

在浏览器的地址栏中输入网址 www.alipay.com,进入支付宝首页,点击"免费注册",如图 3-9 所示。

在打开的页面中,点击"企业账户",填入电子邮箱和验证码（企业账户只能通过邮箱注册）,点击"下一步"按钮,如图 3-10 所示。

图 3-9　支付宝首页

图 3-10 支付宝账户注册步骤 1

在打开的页面中点击"立即查收邮件",进入邮箱,如图 3-11 所示。

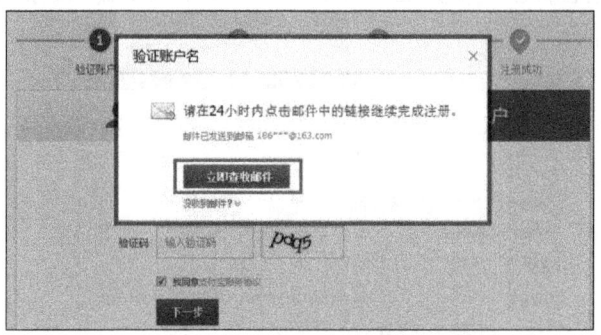

图 3-11 支付宝账户注册步骤 2

在您的邮箱中会收到一封激活支付宝账户的邮件,点击"请激活您的支付宝账户!"链接,如图 3-12 所示。

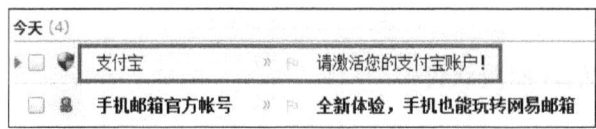

图 3-12 支付宝账户注册步骤 3

回到注册页面点击"继续注册"按钮,如图 3-13 所示。

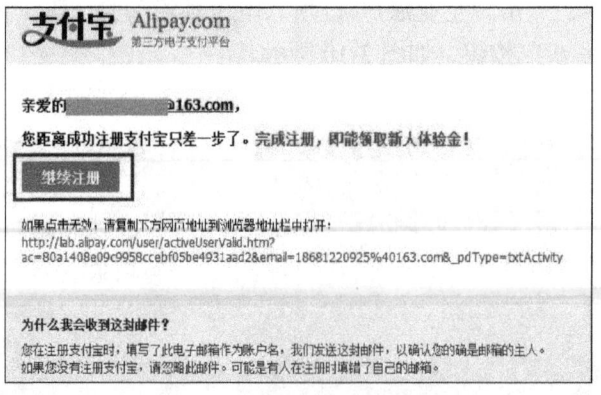

图 3-13 支付宝账户注册步骤 4

在打开的页面中填写相关信息,点击"下一步"按钮,如图 3-14 所示,在打开的页面中填写相关信息后,点击"确定"按钮。

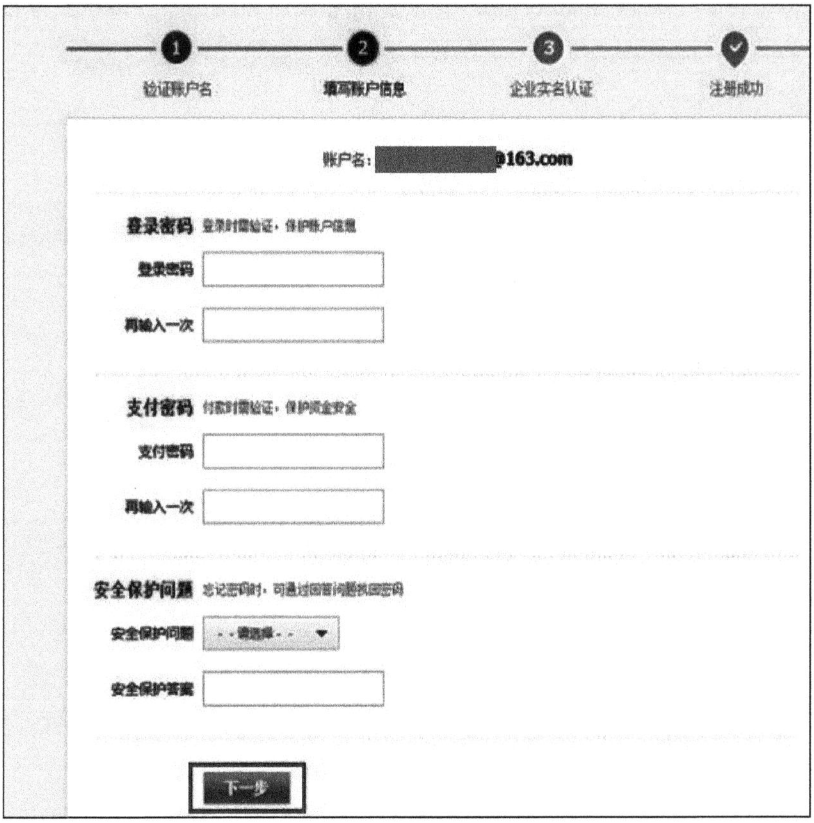

图 3-14　支付宝账户注册步骤 5

2)支付宝账户认证

申请公司类型的支付宝账户,需进行支付宝实名认证,点击"立即申请"按钮,如图 3-15 所示。

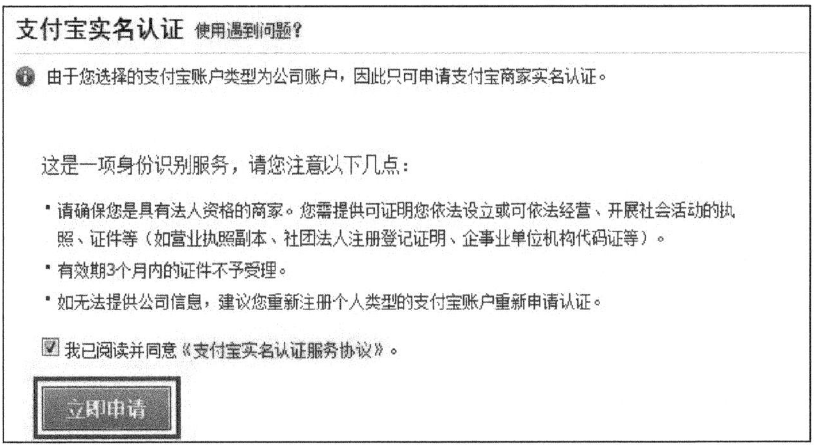

图 3-15　支付宝账户注册步骤 6

如果你还没有准备好公司认证的相关资料，走到这一步说明你的支付宝账户已经注册成功，可以登录支付宝账户，进行网上购物的操作。

打开支付宝首页（www.alipay.com），登录支付宝账户，点击"立即点此申请！"，如图3-16所示。

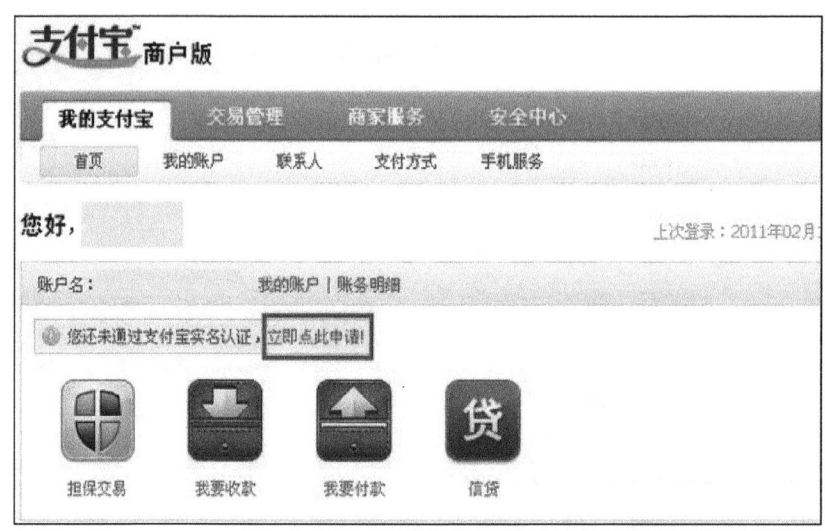

图3-16　支付宝账户注册步骤7

在打开的页面中点击"立即申请"按钮，如图3-17所示。

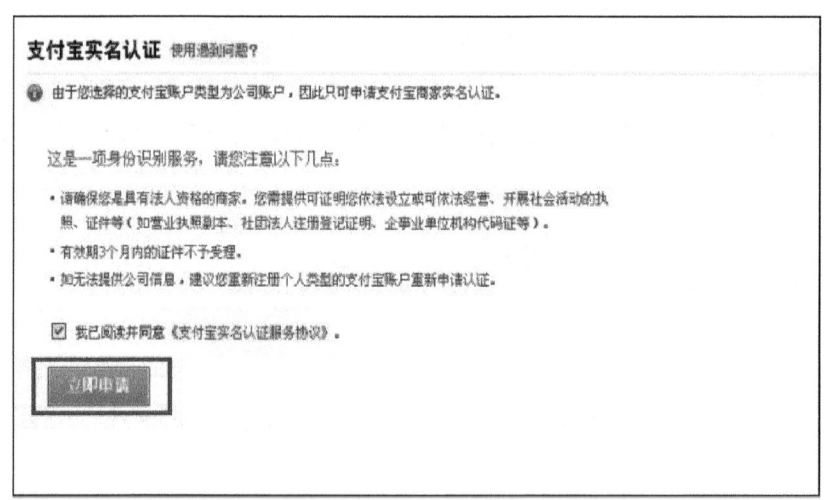

图3-17　支付宝账户注册步骤8

根据你的实际情况（是法定代表人还是代理人）在法定代表人或代理人这一列，点击"立即申请"按钮，如图3-18所示。

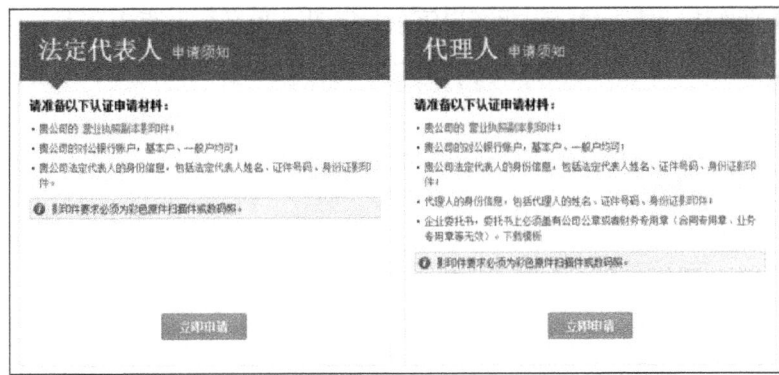

图 3-18　支付宝账户注册步骤 9

在打开的页面中，填写企业基本信息，再上传营业执照，如图 3-19 所示，之后点击"下一步"按钮。

图 3-19　支付宝账户注册步骤 10

在打开的页面中,填写对公银行账户信息,如图 3-20 所示,点击"下一步"按钮。

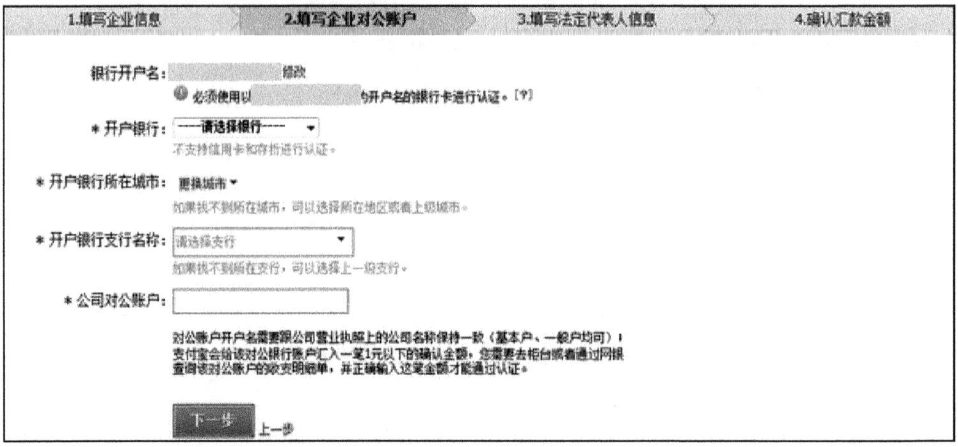

图 3-20　支付宝账户注册步骤 11

在打开的页面中,填写法定代表人或代理人信息,上传法人(或代理人)证件图片(注:手机号码仅支持 11 位数字,且以 13/14/15/18 开头),如图 3-21 和图 3-22 所示,之后点击"下一步"按钮。

图 3-21　支付宝账户注册步骤 12

图 3-22　支付宝账户注册步骤 13

等待认证（平台会审核营业执照、代理人身份证图片、法人证件图片，时间为 2 天），如图 3-23 所示。

图 3-23　支付宝账户注册步骤 14

审核成功后，还要等待银行卡给公司对公银行账户打款，如图 3-24 所示。

图 3-24　支付宝账户注册步骤 15

确认银行打款金额，如图3-25所示，然后点击"确认"按钮，认证成功如图3-26所示。

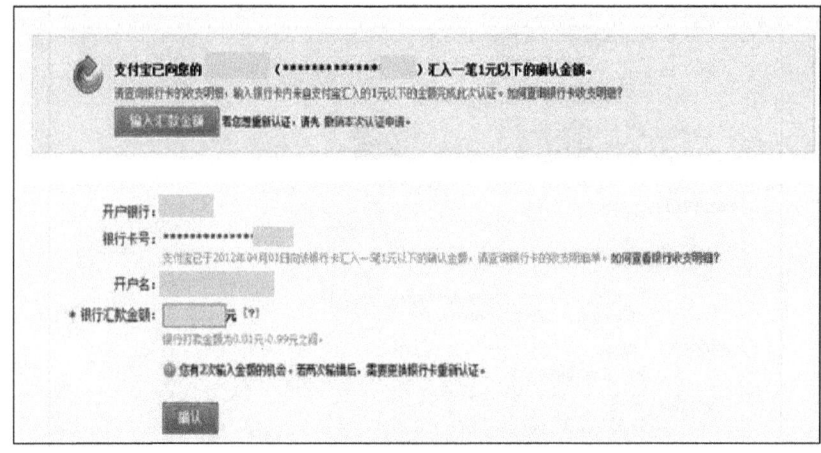

图3-25　支付宝账户注册步骤16

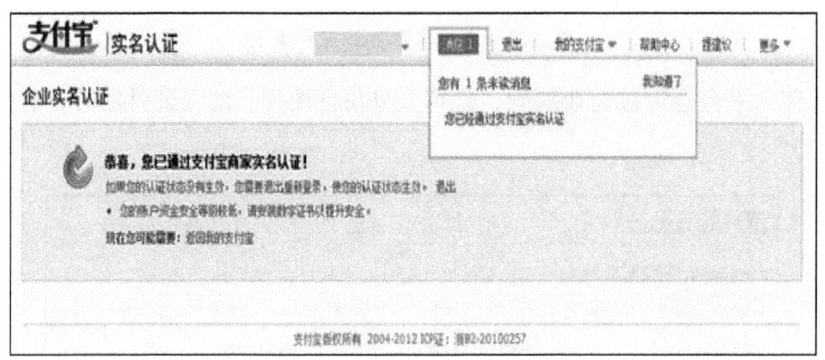

图3-26　支付宝账户注册步骤17

注意：此打款账号作为该子（分）公司下的供应商收款账号，请妥善记录。

若法定代表人或代理人身份信息未通过审核，可以重新输入法定代表人或代理人信息或者提交证件进行人工审核，如图3-27所示。

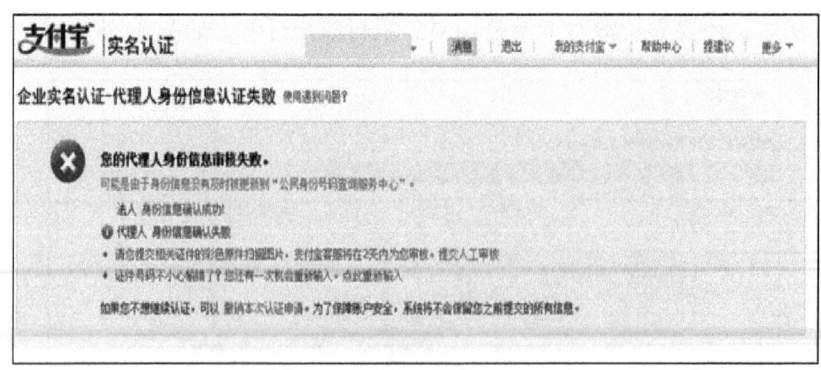

图3-27　支付宝账户注册步骤18

3)绑定支付宝

接下来的操作是绑定支付宝。在"我的阿里"中找到并进入"账号管理"应用,点击"账户信息",如图 3-28 所示,在"已有支付宝账户"栏目下,勾选"已阅读并同意《支付宝绑定协议》"后,再点击"登录支付宝账户"按钮,如图 3-29 所示。

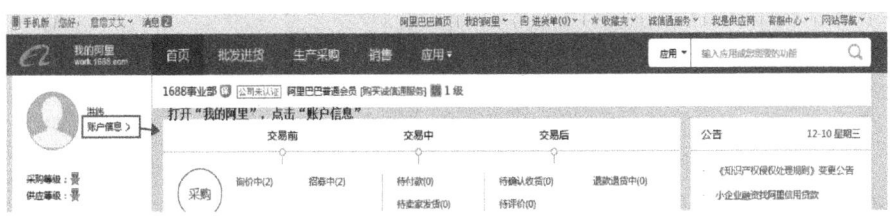

图 3-28　支付宝账户注册步骤 19

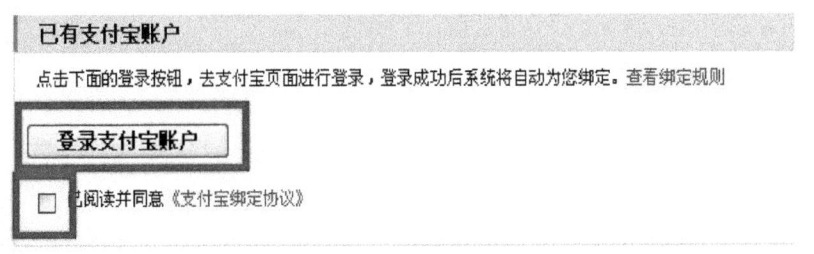

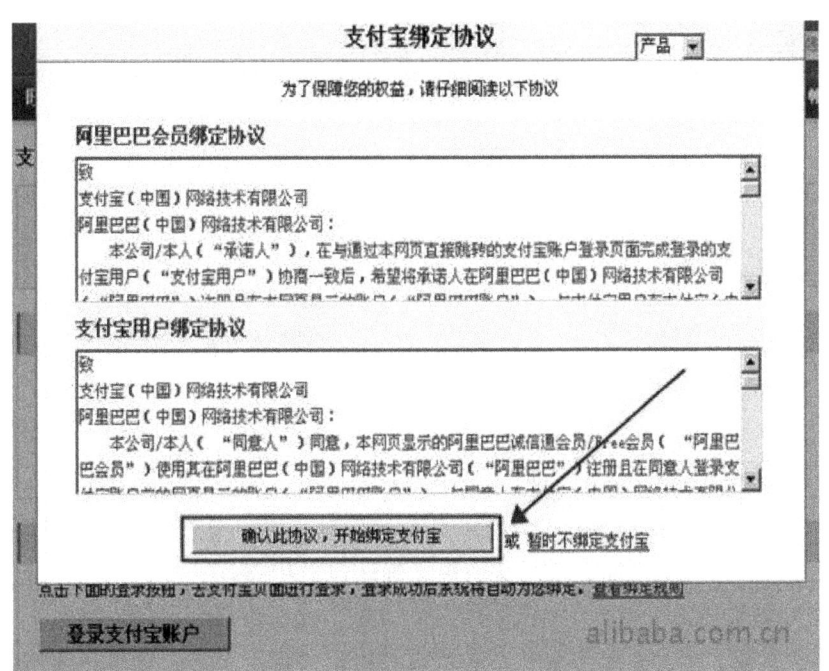

图 3-29　支付宝账户注册步骤 20

在打开的页面中输入支付宝账户名和登录密码,再点击"登录"按钮,如图 3-30 所示。

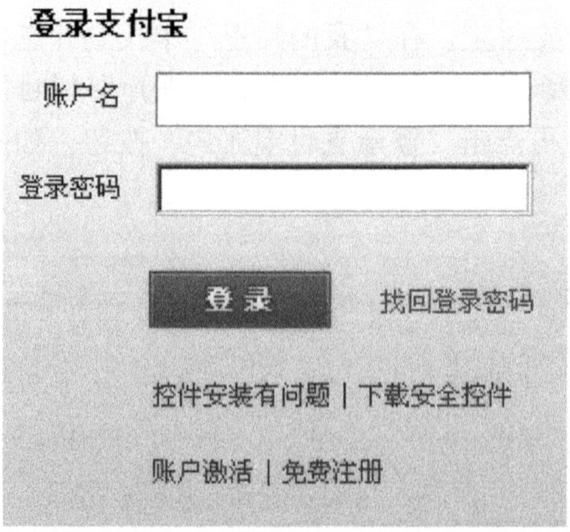

图 3-30　支付宝账户注册步骤 21

最终完成绑定的状态界面如图 3-31 所示。

图 3-31　支付宝账户注册界面 22

3. 子账号权限设置

项目经理部向子（分）公司申请使用分配的账号并进行登录。该账号具备发布询价、显示各厂家报价、付款的功能，不具备下单、确认付款功能。

1）设置子账号权限

由于新注册的子（分）公司账号不是诚信通用户，也不是名企账号，此时需要与阿里巴巴客服取得联系，开通子账号权限。

登录系统后，点击"我的阿里"→"服务"→"子账号管理"，如图 3-32 所示。找不到这一服务的话，可以点击"我的服务"左上角的"编辑"，添加"子账号管理"功能到常用服务中。

项目 3　B2B 店铺产品采购

图 3-32　子账号登录界面图

子账号管理页面如图 3-33 所示。登录此页面系统会发送手机验证码以保证安全，在此还可以创建组织架构。

图 3-33　子账号管理页面

2）创建组织架构

点击上方的选项卡切换至"员工管理"页面，再点击"部门"→"新建"创建一级部门——"项目部"，再点击"新建子部门"创建多级部门。点击"新手操作指引"按钮可以查看更详细的说明。

3）按照部门查看子账号

平台允许按照部门、角色、状态查看来了账号。

平台支持子账号批量更换部门，其操作为：勾选需要批量更换部门的子账号，再点击"更换部门至"按钮，然后选择需要更换的新部门。

创建新角色"项目部"，再设置该角色具有发布和查看询价单、部门订单以及付款的权限。

角色权限只需设置一次，设置好后，再新建项目部账号，直接把角色设置成"项目部"即可，角色权限可以随时修改。

4. 发布询价信息

各项目部在网上采购二、三类材料（一类材料，主要指构成实体的主要材料，如钢材、水泥、砂石料等；二、三类材料主要指辅材、周转料等）及办公用品，均需通过发布询价信息来确定供应商。发布询价信息的操作为：项目部相关人员登录阿里巴巴平台，点击"我的阿里"，在系统内点击"发布询价"即可发布相应二、三类材料及办公用品询价信息。发布网络竞价采购时需要注意以下事项。

1）标题

发布询价单时标题应统一命名格式为：中铁十七局××公司××项目—××询价采购信息，如图 3-34 所示。

图 3-34　询价单标题图

2）询价产品

尽量按照不同的物资分类发布询价，避免供应商因缺少某种材料无法进行报价。

在产品描述中请将规格型号、品牌要求（如果需要）、国标/非标、材质要求等尽可能详细填写，避免因供应商报价悬殊太大而无法选择供应商，如图 3-35 所示。

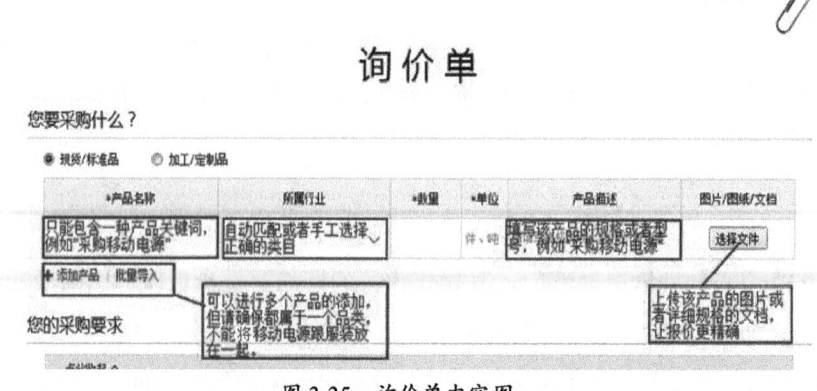

图 3-35　询价单内容图

3）采购要求

"报价截止时间"应尽量选择3天，如加急或者订制品可根据项目具体情况适当延长或者缩短报价时间。

"期望收货日期"可以依据项目要求自定，一般设置7～9天的收货时间较为合理。

在"报价要求"中必须勾选"需要报含税价"。

在"对供应商要求"栏目中"交易方式"选择默认的"支付宝担保交易"，严禁使用线下交易；"发票要求"选择"普通发票"即可；"经营地址"可根据项目实际进行填写；"注册资金"可根据产品特殊性选择填写；"证照要求"，尽量只选择"营业执照"、"税务登记证"和"组织机构代码证"，特殊情况另行考虑；"需供应商签署保密协议才能查看详情、报价了解详情"，可根据项目上传的任何附件或详细说明中是否包含商业保密信息进行勾选，如图3-36所示。

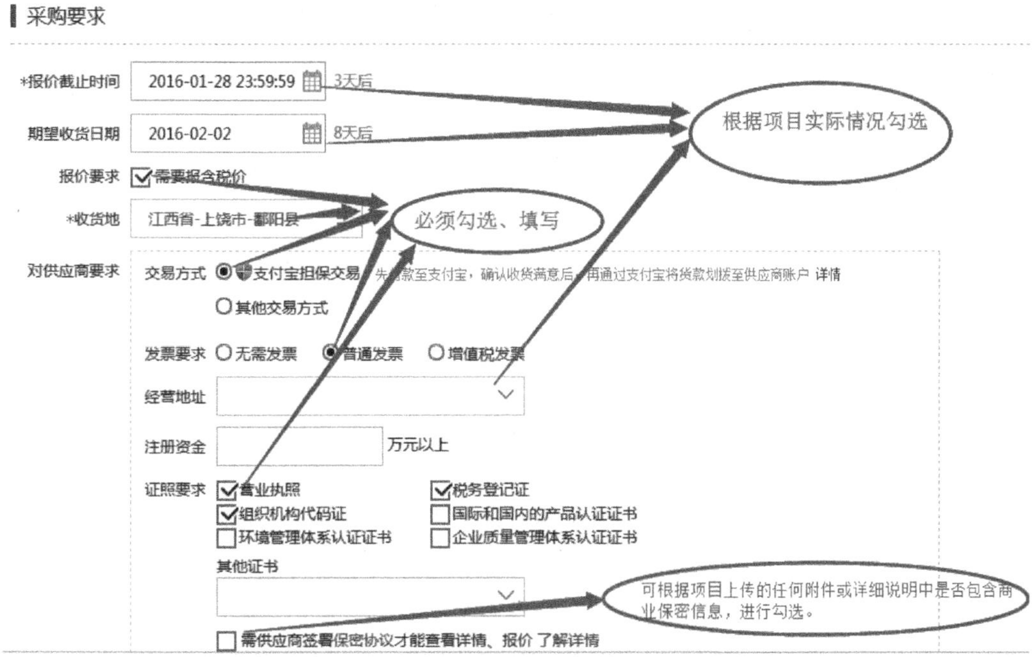

图3-36 采购要求填写图

4）询价方式及隐私设置

"询价方式"选择默认的"广泛征集供应商报价"；"采购门户"选择默认的"公布到我的采购门户"；为了防范风险，杜绝报价泄露，"报价查看要求"必须勾选"报价截止时间到期后才能查看报价单"；为了保护各自隐私，"联系方式"请选择"报价后可见"，如图3-37所示。

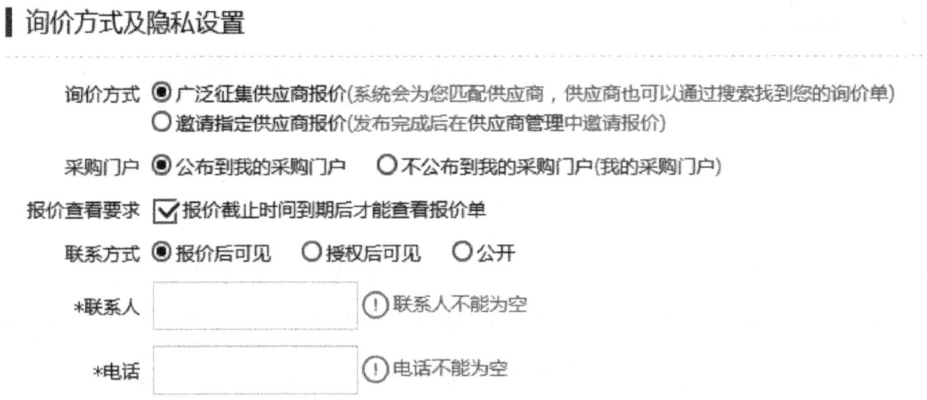

询价方式及隐私设置

询价方式 ◉ 广泛征集供应商报价(系统会为您匹配供应商,供应商也可以通过搜索找到您的询价单)
　　　　 ○ 邀请指定供应商报价(发布完成后在供应商管理中邀请报价)
采购门户 ◉ 公布到我的采购门户　○ 不公布到我的采购门户(我的采购门户)
报价查看要求 ☑ 报价截止时间到期后才能查看报价单
联系方式 ◉ 报价后可见　○ 授权后可见　○ 公开

*联系人 [　　　　　] ⓘ 联系人不能为空

*电话　 [　　　　　] ⓘ 电话不能为空

图 3-37　询价方式设置图

5）联系工具

物资人员与供应商沟通时应尽可能选用聊天工具——千牛工作台,如与供应商有扯皮现象可以通过千牛佐证。该软件下载地址为 http://qianniu.1688.com/?spm=a260o.148891.0.0.ygdxZy&tracelog=youqn20141113。

6）收货相关信息

收货的相关信息如下。

- 收货地址：××省××市××县/区××镇/路（具体位置），后面写上收货联系人、联系电话。
- 收货条件：例如，填写符合××××国家标准，以及以下提到的相关技术要求。不达标准将退货处理，所有损失由卖方承担。
- 收货日期：××年××月××日。
- 技术要求：1、……；2、……；3、……；……，包括材质、品种、型号、规格、图纸、参数、承重、重量、样品、其他。

7）报价要求

供应商可多次报价/调整报价,但以最后的一次报价为准。要提醒的是,这里的报价为交货价,填写的报价单价应为包含运杂费、卸车费、税费等计算后的结算单价,结算采用一票制。货物的送货地址必须具体填写,若不能请勿报价。

为防止恶意报价,不能按报价单执行供应的供应商,将限制其在"大企业采购"专区对自己公司的交易行为。

8）供应要求

货发到现场后,随货应附企业资质、产品质量保证书、合格证明、检验报告、送货清单。经验收发现数量、质量存在问题的,供应商要承诺给予解决并承担相应费用。

9）发票要求

在实行"营改增"前,项目部索要的发票为普通机打发票或增值税普通发票（税率为17%、13%、3%）,发票抬头为各项目所要求开具的名称；实行"营改增"后,项目部需向供应商索要增值税专用发票（税率为17%、13%、3%）,如供应商开具的增值税专用发票为低税率发票,物资人员需与供应商协商在单价上让出税费差额。

10）结算要求

货到工地验收合格后由支付宝账号付款，不接受预付款等任何形式的结算方式。

11）对供应商的要求

存在特殊需求时，可对供应商要求提供样品图片、规格参数等才能报价。
- 条件不让步：信息发布规则和信息发布规范中的各项条件必须满足。
- 报价有效性：供应商一旦报价，此报价会被视为响应需求，报价有效。

5. 选择供应商

我们应实时查看供应商的报价，对满足条件的供应商，可点击报价单中的"在线洽谈"模块，和供应商建立联系，及时取得供应商反馈的信息。

网上洽谈是买卖双方在线沟通的主要方式，买卖双方可以对整个网上交易流程中双方所享有的权利；所承担的义务；对所购买商品的种类、数量、价格、交货期、交易方式和运输方式，以及违约和索赔等细节进行谈判。

原则上应选择报价最低的供应商，项目部与供应商沟通后，如果由于报价最低价的供应商不能按要求开具合法有效票据、不能供应符合要求的货物，项目部有权选择价格顺位第 2 的供应商，以此类推。

采购金额在 50 万元（含 50 万元）以上的，各采购项目必须与成交供应商签订线下协议。

填写网络竞价采购付款申请书：项目部选好供应商后，应填写网络竞价采购付款申请书（模板见本小节的拓展知识部分），再提交至子分公司物资部审核，子分公司物资部审核通过后，项目部方可在财务系统上提交付款单。

6. 下单操作

双方达成一致意见后，由项目部物资人员向子分公司提交网络竞价采购付款申请书，子分公司相关物资人员可根据网络竞价采购付款申请单登录阿里巴巴平台进行下单操作。具体操作如下所述。

点击"我的阿里"，进入"询价管理"页面，选择"报价已截止"，如图 3-38 所示。

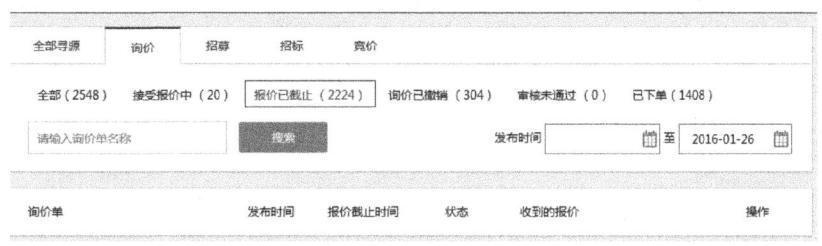

图 3-38 询价管理

在打开的页面中选择相应的询价单，点击"查看报价"，如图 3-39 所示。

图 3-39 查看报价

在打开的页面中查看供应商的报价,选择相应供应商,点击"查看报价详情",如图 3-40 所示。

图 3-40　报价单详情

在打开的页面中,确认报价等信息,确认后点击"立即订购"按钮,提交订单,完成下单流程,如图 3-41 所示。

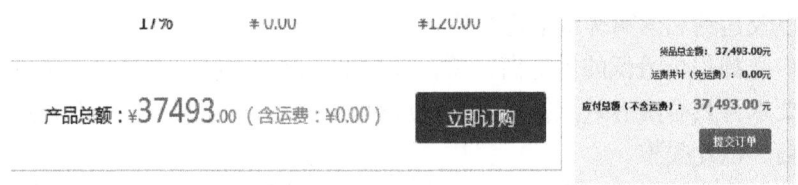

图 3-41　提交订单

注意:所确定的"产品总额"为包含运费等其他费用后的最终交易金额,无特殊情况不得随意修改成交金额。

7. 提取付款单

在 IE 浏览器中输入财务共享系统网址(http：//ssc.crcc.cn：8003/),输入用户名、密码及验证码后点击"登录"按钮,进入主界面。选择上方的"报账系统",并双击"付款申请单",打开付款申请单页面,如图 3-42 所示。

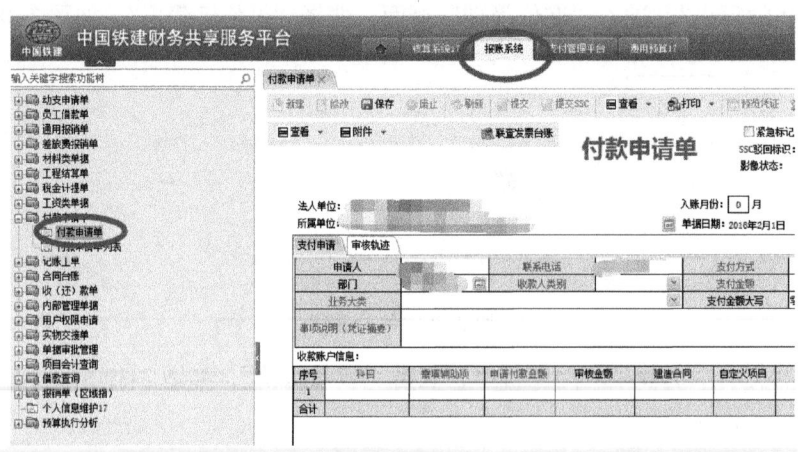

图 3-42　付款申请单页面

填写付款申请单上的相关信息,如图 3-43 所示,"支付方式"填写"0107 第三方电子平台支付","收款人类别"填写"供应商","业务大类"填写"预付账款类的支付","科目"填写"预付账款\预付购货款","供应商"填写网络订单的发货供应商,"申请付款金额"处填写的金额需和订单金额一致。

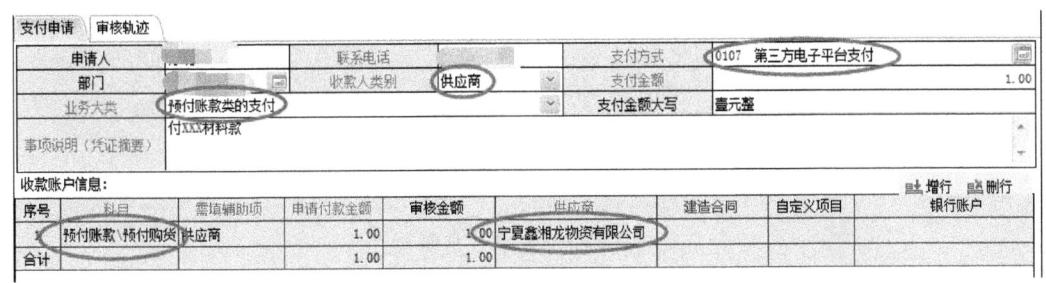

图 3-43　填写付款申请单

收款账户信息填写如图 3-44 所示。"银行账号"填写阿里巴巴交易订单号,"收款人户名"填写订单供应商全称,"账户类别"、"银行大类"、"收款省份"、"收款地市"和"收款行名称"均可不填写。

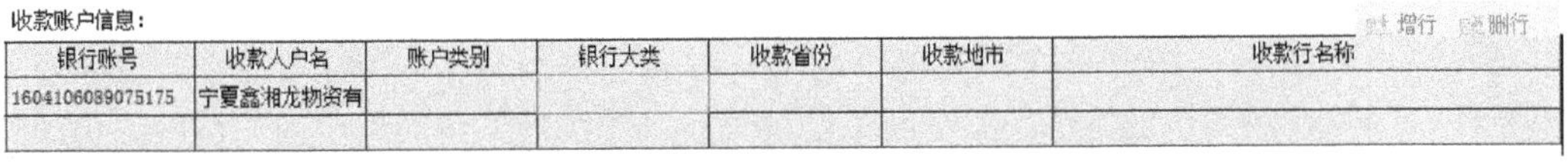

图 3-44　收款账户信息填写

随后填写附件张数及付款行信息,保存提交即可。扫描时需附上以下资料作为单据附件:
- 子分公司审批通过的网络竞价采购付款申请书。
- 阿里巴巴平台上打印出的订单详情。

注意:仅限于网络采购付款单可以一个付款单支付多笔订单;仅限于网络采购付款单预付款不需附承诺函;仅限于网络采购付款单不需引用采购合同。

8. 付款操作

目前支持支付宝的企业网银银行有:中国工商银行、中国建设银行、中国农业银行、招商银行、中国银行、浦发银行 6 家银行,支付限额以银行设置的限额为准。

在公司物资部下单后,由项目财务部在财务共享中心提交付款申请单,待付款申请单审批通过后,项目财务部登录阿里巴巴账号,对该订单进行付款。

项目部开户行不是上述六大行的,需根据付款申请单付款到公司本级账户,再由公司本级财务人员登录阿里巴巴账号,然后进行付款。具体付款操作流程如下:

在"我的阿里"下的"已买到货品"中找到订单,点击"付款"按钮,如图 3-45 所示。

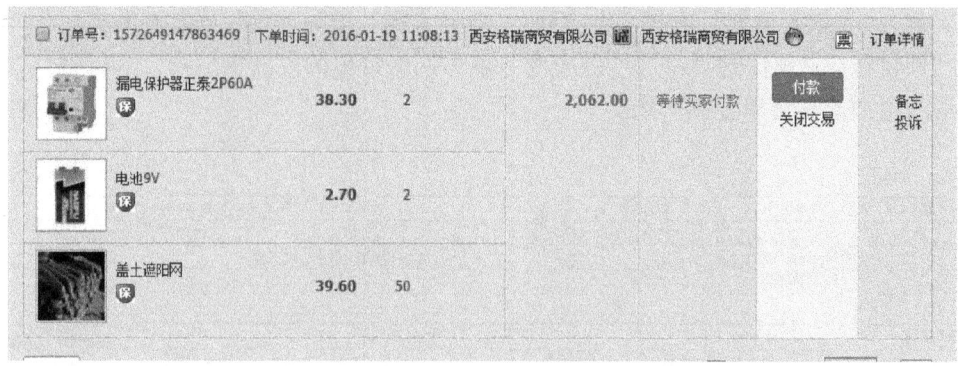

图 3-45　付款操作步骤 1

在打开的支付界面中选择"使用企业网银"并选择银行，再点击"登录到网上银行付款"按钮，如图 3-46 所示。

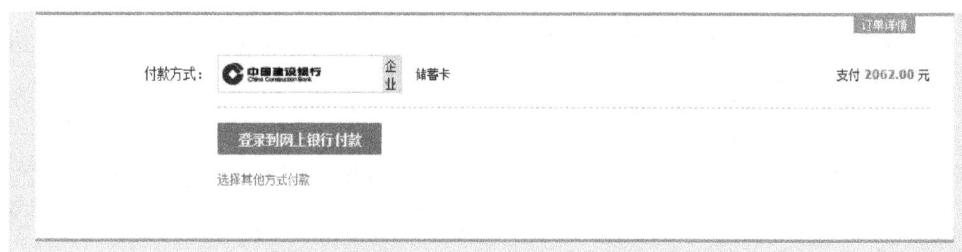

图 3-46　付款操作步骤 2

在打开的界面中输入客户识别号，如图 3-47 所示（注：客户识别号是网银端登录的号码），然后点击"确定"按钮。确认信息无误后，点击"立即支付"按钮，如图 3-48 所示。

图 3-47　付款操作步骤 3

项目3 B2B店铺产品采购

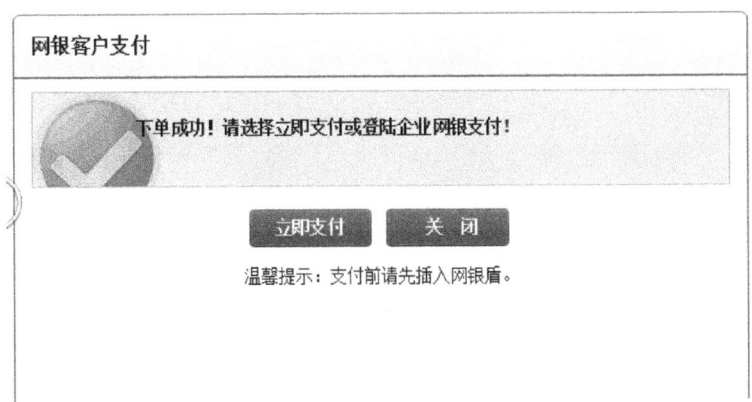

图 3-48　付款操作步骤 4

支付时要登录网上银行 B2B 系统，如图 3-49 所示。输入客户识别号、操作员代码及登录密码后，点击"登录"按钮。

图 3-49　付款操作步骤 5

在打开的页面中的"电子商务"→"网上支付"→"网上支付制单"下进行操作（见图 3-50），若订单内容正确，点击"确定"按钮进行制单，若不正确，点击"删除该笔单据"按钮，重新制单，如图 3-51 所示。点击"确定"按钮后，制单成功，如图 3-52 所示。

图 3-50　付款操作步骤 6

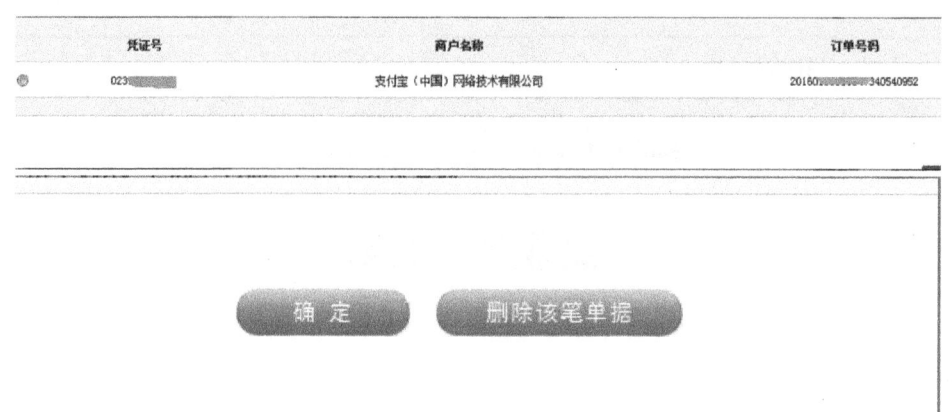

图 3-51　付款操作步骤 7

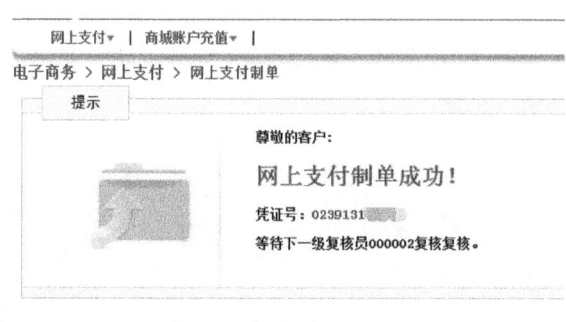

图 3-52　付款操作步骤 8

复核员登录网上银行 B2B 系统，在"电子商务"→"网上支付"→"网上支付复核"下选择订单复核。

复核员核对信息无误，复核通过，则支付过程结束，网上支付完成；若信息有误，则复核不通过，应通知公司财务部重新制单，如图 3-53 所示。

图 3-53　付款操作步骤 9

9. 发票的收取

项目相关人员应联系供应商索要合法有效的票据并附上相应发货清单。

（1）"营改增"前可收取的发票有：税率为17%的增值税普通发票、税率为13%的增值税普通发票、税率为3%的增值税普通发票、通用机打发票。

（2）"营改增"后可收取的发票有：税率为17%的增值税普通发票（发票联和抵扣联）、税率为13%的增值税普通发票（发票联和抵扣联）、税率为3%的增值税普通发票（发票联和抵扣联）。

注意事项：
- 如果发票票面不能打印全部物资明细，应附上相应发票清单。
- 请项目人员准确填写所在单位的发票信息，专票需填写企业名称、税号、地址和开户行信息。
- 实行"营改增"前收取低税率增值税普通机打发票可以降低采购成本；实行"营改增"后应尽量收取税率为17%的增值税专用发票，增值税普通发票和其他税率的专用发票会减少公司可抵扣进项，无形中增加采购成本。
- 实行"营改增"后，如项目部在询价单注明需开具税率为17%的增值税专用发票并且后期与供应商协商确定开具税率为17%的增值税专用发票而供应商无法开具相应发票的情况，项目部应与供应商协商退回税差，降低采购成本。

10. 确认收货及售后事宜

货到现场后，项目部现场业务人员应及时验货，确认数量、质量，填写物资验收记录。如发现与订单不符或有数量、质量问题的，要在物资验收记录中标明清楚，及时和供应商沟通、协商处理，并同时通知子分公司物资部进行网上退货并申请退款处理。

1）确认收货

在"我的阿里"下的"已买到的货品"中，对订单进行"确认收货"和"申请退款"等操作。

确认收货操作时，可点击"确认收货"按钮，如图3-54所示，此时会跳转到支付宝的输入支付密码页面。由子分公司物资部核实后进行付款确认。

图3-54　确认收货图

2）售后事宜

申请退款操作时，可点击"申请退款"，根据实际情况选择退款货品，如图3-55所示，并提供相应的凭证进行退款，如图3-56所示。

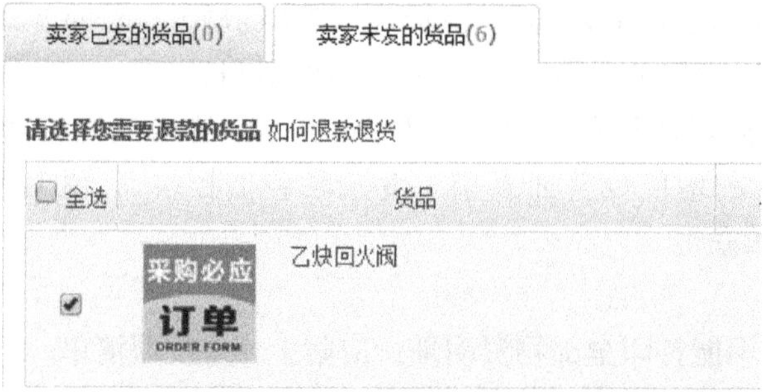

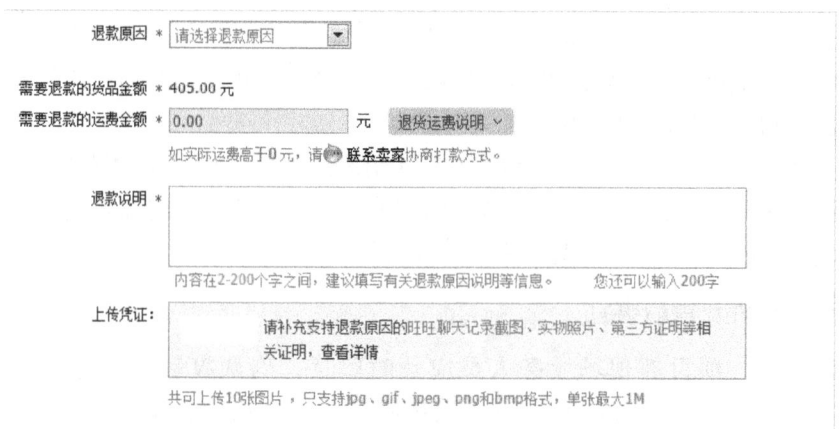

图 3-55 选择退款货品

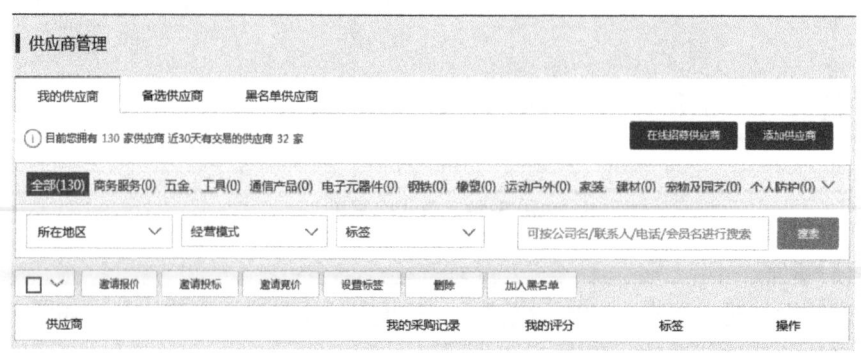

图 3-56 申请退款图

注意：在项目退款或退货前需与供应商沟通协商并达成一致后，方可实施操作；如遇到纠纷无法解决，可在提交退款或退货申请后，请阿里巴巴客服介入协调处理。

11. 邀约既有供应商

为满足发布规则"需求信息在线上完成采购"的要求，可邀请既有线下供应商参与网络采购报价。在"采购管理"中选择"供应商管理"，在打开的"供应商管理"页面中（见图 3-57），对供应商进行报价邀请。供应商一旦报价，该报价就会被视为响应需求，报价有效。

图 3-57 "供应商管理"页面

注意事项:
- 既有供应商必须注册阿里巴巴免费账号,并且注册企业支付宝。
- 注册好后点击"添加供应商"按钮,然后就可以定向发送询价单了。

 **知识拓展**

××项目网络竞价采购付款申请书

<u>× ×</u> 公司:

我单位<u>(项目或单位名称)</u><u>(物资品种)</u>网络竞价采购,20× × 年 × 月 × 日已报价结束,已确定供应商,为由低到高报价排名第 × 名的<u>(供应商名称)</u>,总价(不是最低价的供应商需在此注明原因),请审批。

发票信息(各单位视自己情况选择填写):

名　　称

纳税人识别号

地址、电话

开户行及账号

审批结果(子分公司填写):

审批通过　　　　　　　　　审批不通过

订单号:　　　　　原因为:

子(分)公司物资部公章　　　子(分)公司物资部公章

×× × ×年 × 月 × 日

3.2.3 采集1688店铺的全部商品信息

这里介绍使用八爪鱼采集1688某店铺全部商品信息的方法。八爪鱼是一个拥有70万用户的网页数据采集器。其特点有:

- 操作简单,无须技术背景,会上网就能使用,流程完全可视化。
- 功能强大,任何网站都可以采集。对于点击、登录、翻页、识别验证码、瀑布流、Ajax 脚本异步加载数据的网页,均可经过简单设置进行采集。
- 云采集,设备关机也可以采集。配置好采集任务后可关机,任务可在云端执行。庞大云采集集群 7×24 小时不间断运行,不用担心 IP 被封,网络中断。
- 功能免费+增值服务,可按需选择。八爪鱼免费版具备所有功能,能够满足用户的基本采集需求。同时设置了一些增值服务(如私有云),满足高端付费企业用户的需要。

1. 采集网站

需要采集的网站的网址为 https://hooozen.1688.com/page/offerlist_63753737.htm?spm=a2615.2177701.0.0.35688ae8LEOoIT。

使用的功能点有：
- 分页列表信息采集，网址为 http：//www.bazhuayu.com/tutorial/fylb-70.aspx?t=1。
- Xpath，网址为 http：//www.bazhuayu.com/search?query=XPath。
- Ajax 点击和翻页，网址为 http：//www.bazhuayu.com/tutorial/ajaxdjfy_7.aspx?t=1。

2. 采集步骤

步骤 1：创建采集任务

进入主界面，选择"自定义采集"模式，点击"立即使用"按钮，如图 3-58 所示。

图 3-58　选择"自定义采集"模式

然后，将要采集的网址复制粘贴到网站输入框中，点击"保存网址"按钮即可，如图 3-59 所示。

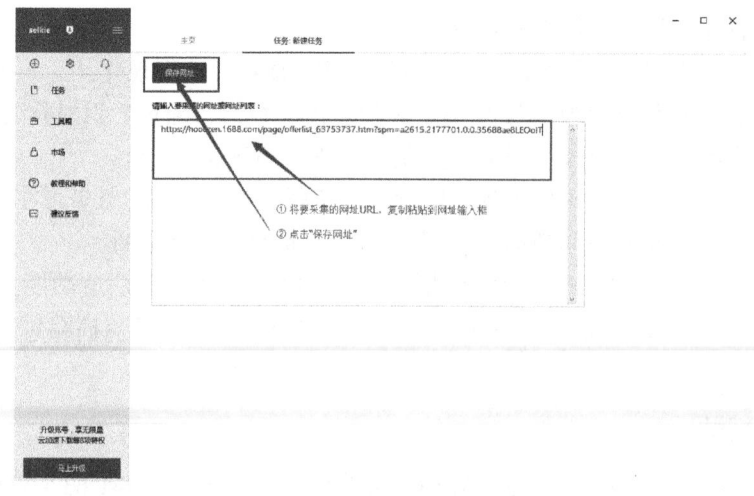

图 3-59　复制粘贴网址

步骤2：创建翻页循环

在页面的右上角，点击"流程"，以展现出"流程设计器"和"定制当前操作"两个板块。将页面下拉到底部，点击"下一页"按钮，在右侧的操作提示框中，选择"循环点击下一页"，以建立一个翻页循环，如图3-60所示。

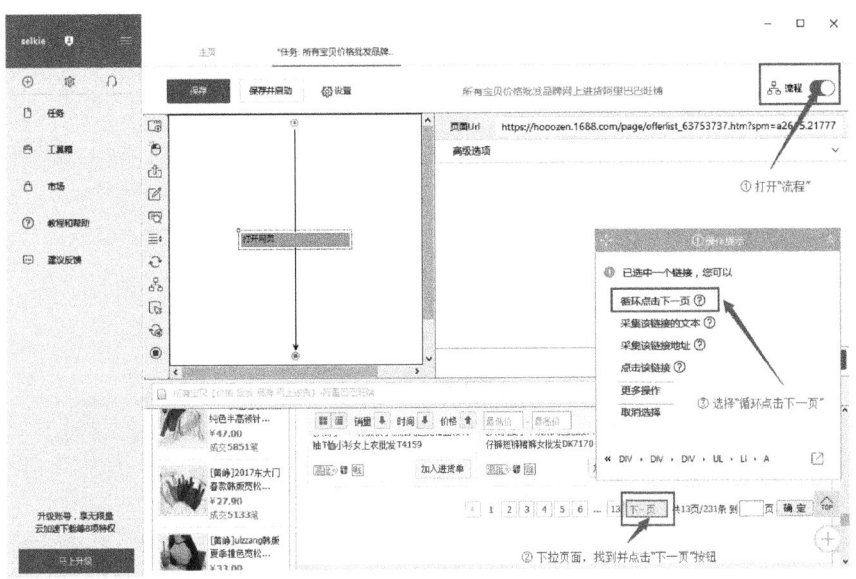

图 3-60　创建翻页循环

步骤3：创建列表循环并提取数据

（1）移动鼠标，选中页面中的第一条商品信息的区块。系统会识别此区块中的子元素，在操作提示框中，选择"选中子元素"，如图3-61所示。

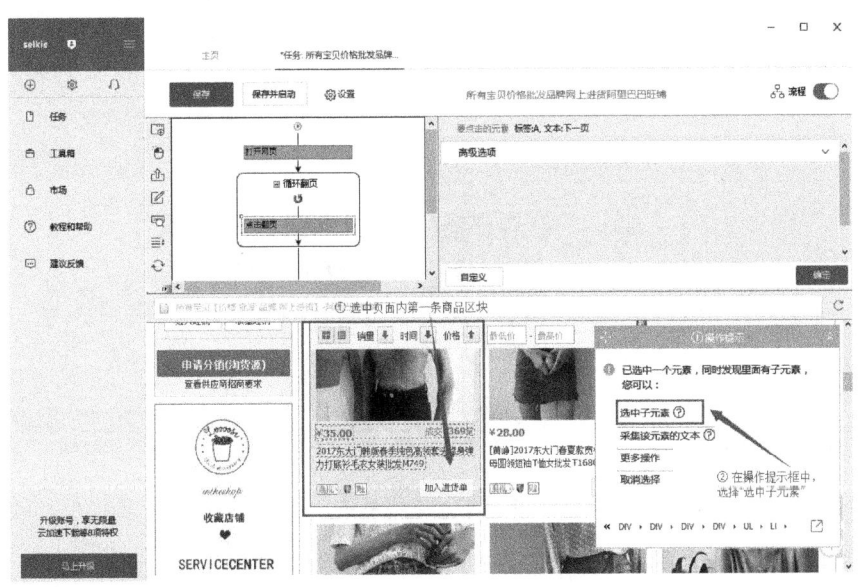

图 3-61　识别第一条商品信息

（2）系统会自动识别出页面中的其他同类元素，在操作提示框中，选择"选中全部"，以建立一个列表循环,如图3-62所示。

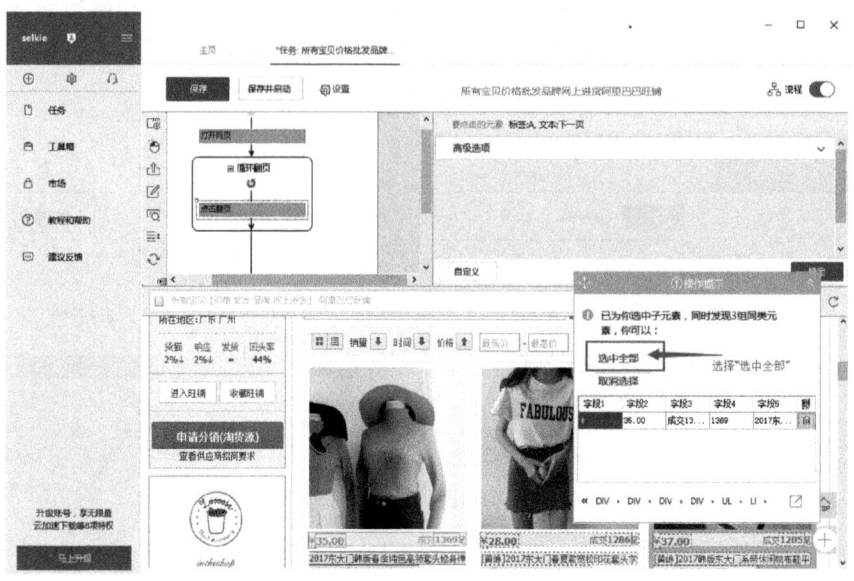

图3-62 建立列表循环

(3)我们可以看到,页面中企业信息区块中的所有元素均被选中,并变为绿色。在右侧的操作提示框中,出现字段预览表,将鼠标移到表头,点击垃圾桶图标,可删除不需要的字段。字段选择完成后,点击"采集以下数据"按钮,如图3-63所示。

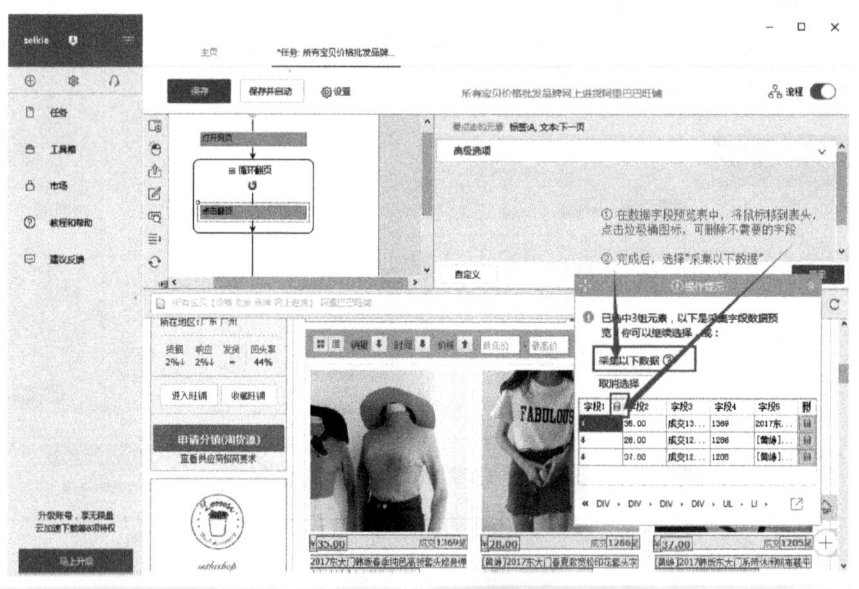

图3-63 采集数据

(4)字段选择完成后,选中相应的字段,可以对字段进行自定义命名,如图3-64所示。

项目3　B2B店铺产品采购

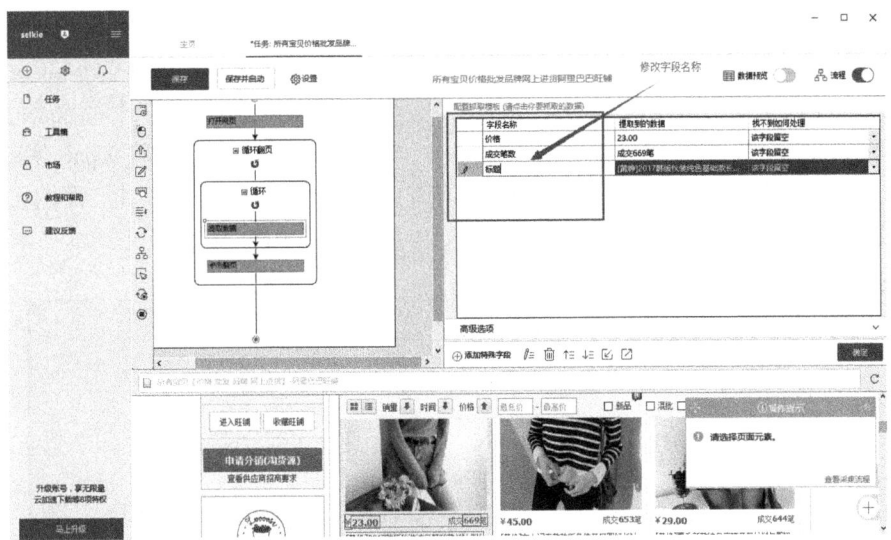

图 3-64　字段命名

步骤 4：修改 Xpath

(1) 我们继续观察，在"列表循环"步骤中，我们想要建立的是整个页面 18 个商品链接的循环。选中整个"循环步骤"，打开"高级选项"，在固定元素列表中的 Xpath 为：//DIV[@id='wp-all-offer-tab']/DIV[1]/DIV[2]/DIV[1]/DIV[1]/DIV[1]/UL[1]/LI，对应的只有 3 个循环项。将此条 Xpath 复制粘贴到火狐浏览器中的相应位置，如图 3-65 所示。

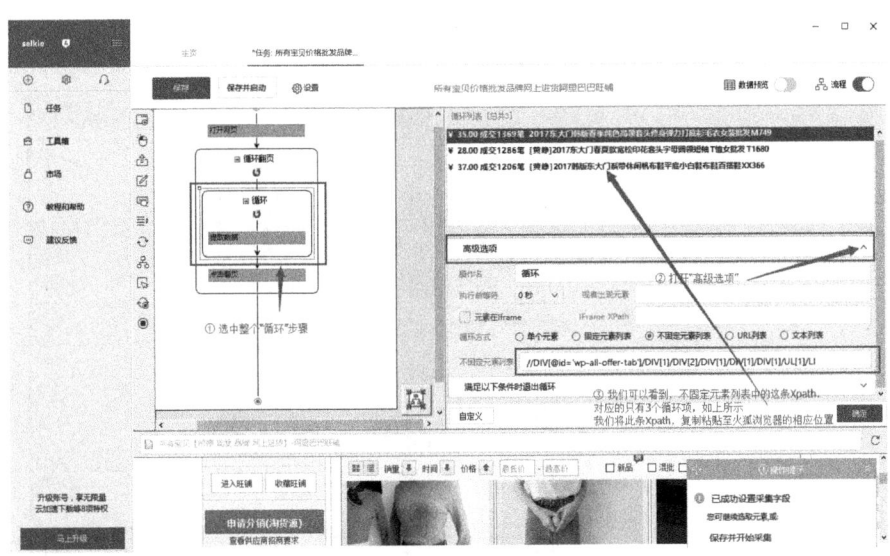

图 3-65　修改 Xpath（1）

Xpath 是一种路径查询语言，简单地说就是利用一个路径表达式找到我们需要的数据位置。

Xpath 是在 XML 中沿着路径查找数据用的，但是八爪鱼采集器内部有一套针对

HTML 的 Xpath 引擎，使得直接用 Xpath 就能精准地查找和定位网页中的数据。

（2）在火狐浏览器中，我们发现，通过这条 Xpath（//DIV[@id='wp-all-offer-tab']/DIV[1]/DIV[2]/DIV[1]/DIV[1]/DIV[1]/UL[1]/LI），页面中被定位的是 3 个商品信息区块。而我们需要的是，本页中 18 个商品信息区块，如图 3-66 所示，因此将 Xpath 修改为：//DIV[@id='wp-all-offer-tab']/DIV[1]/DIV[2]/DIV[1]/DIV[1]/DIV[1]/UL/LI，我们发现页面中所有要采集的 18 个商品信息区块，均被选中了，如图 3-67 所示。

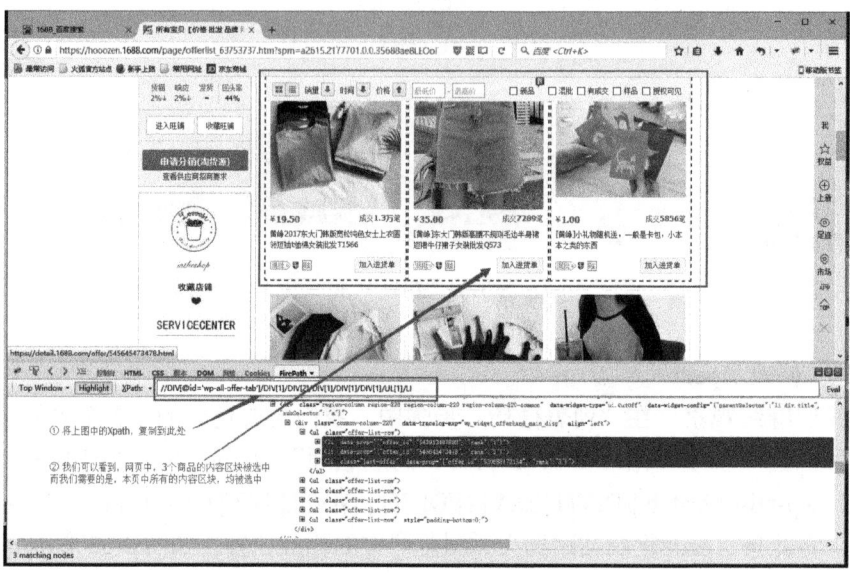

图 3-66　修改 Xpath（2）

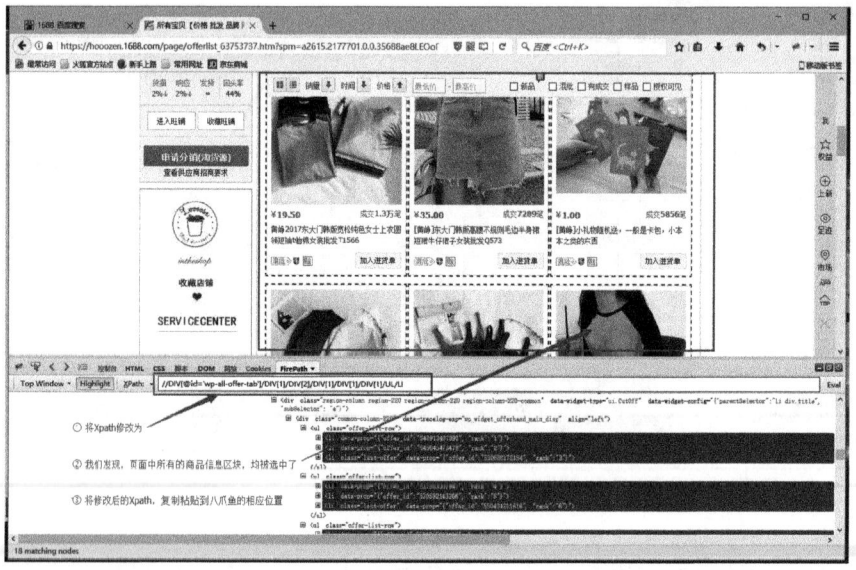

图 3-67　修改 Xpath（3）

（3）将修改后的 Xpath（//DIV[@id='wp-all-offer-tab']/DIV[1]/DIV[2]/DIV[1]/DIV[1]/DIV[1]/

项目3　B2B店铺产品采购

UL/LI），复制粘贴到图 3-68 中所示的位置，然后点击"确定"按钮。

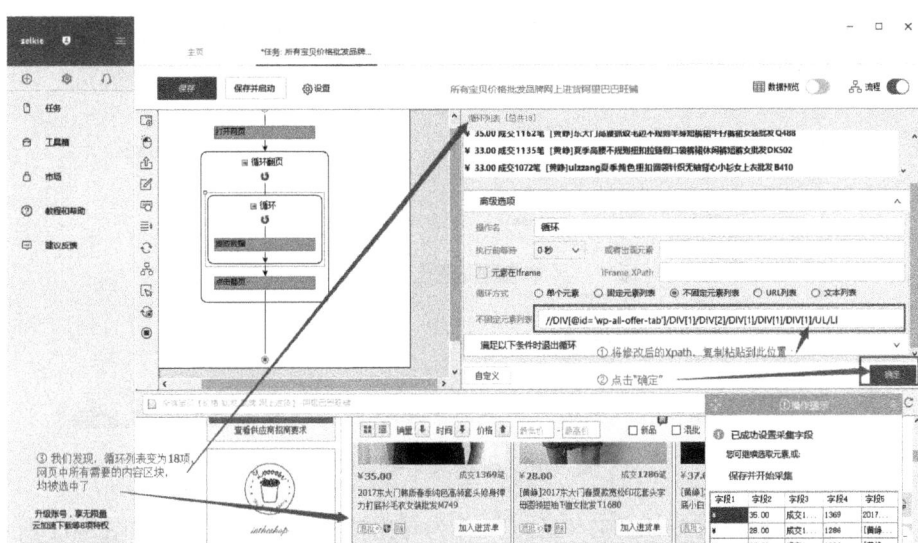

图 3-68　修改 Xpath（4）

（4）点击左上角的"保存并启动"按钮，再选择"启动本地采集"，如图 3-69 所示。

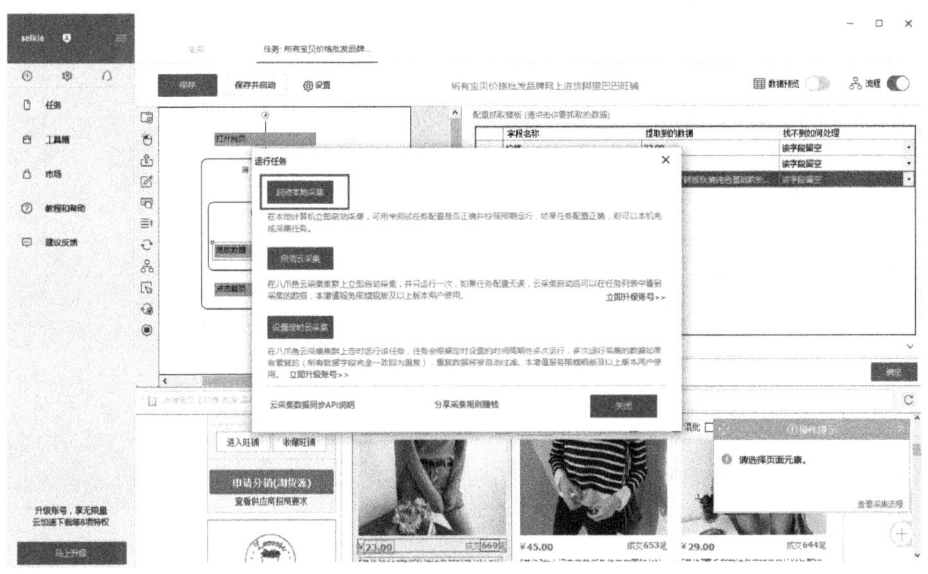

图 3-69　保存并启动本地采集

步骤 5：数据采集及导出

（1）采集完成后，会跳出提示，点击"导出数据"按钮，在弹出页面的"请选择导出方式"中选择合适的导出方式，将采集好的数据导出，如图 3-70 所示。

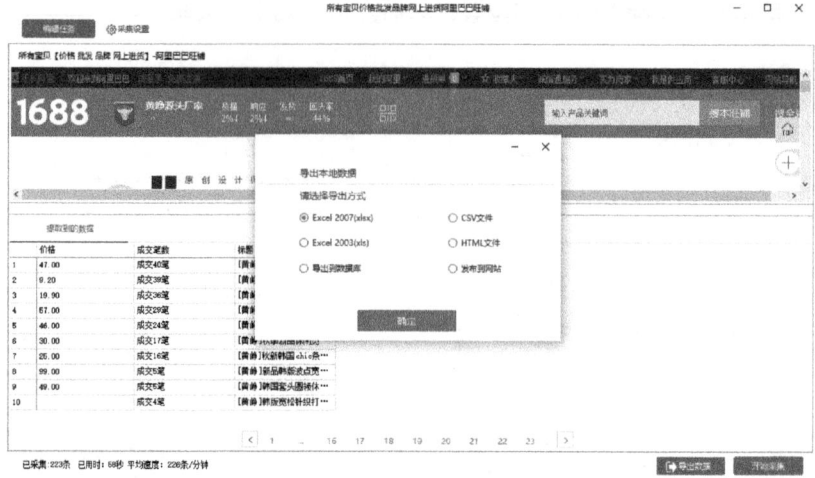

图 3-70 数据采集并导出

（2）这里我们选择"Excel 2007（xlsx）"作为导出格式，导出的数据如图 3-71 所示。

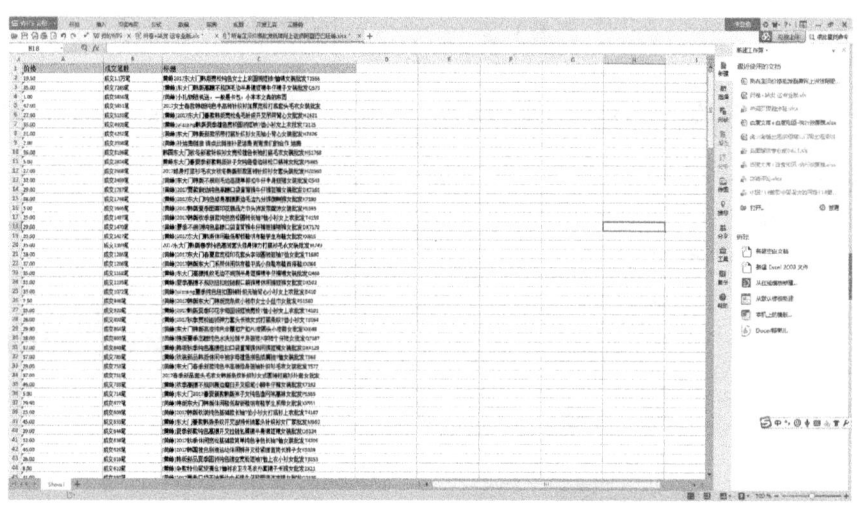

图 3-71 导出的数据

【课堂实训】选择一店铺，使用八爪鱼软件，采集全部商品信息。

3.3 淘工厂

淘工厂是阿里巴巴旗下 1688 事业部上线的一个平台，是由阿里巴巴搭建的电商卖家与优质工厂的桥梁,旨在帮助工厂实现电商化转型,打造贯通整个线上供应链的生态体系。连接电商卖家和工厂,将懂电商但不懂供应链的电商卖家,和懂供应链但不懂电商的工厂撮合起来。

淘工厂通过聚合海量工厂,覆盖消费品行业类目,帮助电商卖家解决找工厂难、小单试单难、翻单备料难、新品开发难的问题。其主要通过以下5个方面来解决:

(1)邀请工厂入驻,将线下工厂数据化搬到线上,并对提供的工厂信息进行第三方验厂(工商注册、产能、擅长品类、擅长工艺、工人数、开发能力、生产线、设备、车间等)。

(2)让工厂将产能商品化,开放最近30天空闲档期。让电商卖家快速搜索到与档期匹配的工厂。档期表示工厂有接单意愿,如果工厂没有空闲档期,则搜索会默认过滤掉。

(3)柔性化程度高的工厂将被优先推荐。如工厂能提供的最低起订量、打样周期、生产周期、7天内可供面料,电商卖家可以通过频道搜索快速找到柔性化最适合的工厂。

(4)金融授信加担保交易解决交易难题。淘宝卖家支付货款可以使用阿里授信额度,大笔交易全款支付,不用再担心资金问题。工厂也不再担心买家会耍单、跑路、欠款的问题,只要双方达成交易,买方确认收货后,工厂即可凭信用证收回全款。如果发生买家店铺倒闭事件,则由阿里金融承担损失,并向买家追偿。

(5)交易规则保障。入驻淘工厂平台的工厂需要交纳一笔生产保障金,以保障买家成品的质量和避免交期出现问题,如果发生交易纠纷,依据合同条款和平台规则,平台会介入处理。

淘工厂最大的特点在于生产上将更加符合淘宝卖家的需求,淘宝卖家可以尝试小批量试单,并快速翻单。阿里巴巴要求入驻的代工厂为淘宝卖家免费打样、提供报价、提供档期,并且接受30件起订、7天内生产、信用凭证担保交易等协定。

同时,阿里巴巴将通过金融授信加担保交易解决交易的资金缺乏和资金安全的问题。淘宝卖家在支付货款时可使用阿里巴巴的授信额度。工厂可凭信用证收回全款,如果买家失信,阿里巴巴将会补上这份金额给工厂。阿里巴巴淘工厂首页如图3-72所示。

图3-72 阿里巴巴淘工厂首页

【课堂实训】选择一店铺产品，收集其生产厂家信息。

 知识拓展

伙拼

1. 什么是伙拼？

伙拼，旨在帮助小买家找到"百里挑一、价廉物美"的好货源，是用拼单的方式聚合买家采购需求的交易中心服务。

2. 买家如何团购伙拼上的产品？

浏览→下单→卖家发货→买家确认→交易成功。

3. "72 小时发货"是指我下单后的 72 小时内卖家发货吗？

72 小时发货是指买家支付伙拼订单成功后起 72 小时内发货。

4. 如果我采购的产品质量有问题，需要维权，我该联系谁呢？流程是什么？

您可以按照以下步骤发起投诉：①在"我的阿里"中找到并进入"投诉举报"应用页面；②点击"我要投诉"→"交易纠纷投诉"下的"我要投诉"按钮；③点击"选择要投诉的订单"按钮；若没有订单号，请点击"请点这里投诉"，并按照页面提示填写相关投诉信息再进行提交；④进入交易订单页面，点击对应订单右侧的"投诉"按钮，按照页面提示提交投诉内容。

温馨提醒：投诉提交成功后，工作人员会在 5 个工作日内联系您。

5. 伙拼拍下商品需要多少时间内付款？

买家需在拍下商品后半小时内支付伙拼货款，超时订单自动取消。

6. 卖家的报名流程是什么？

缴纳保证金→产品报名→签署合同→寄样（如需）→上活动。

7. 对卖家报名伙拼的产品有哪些要求？

● 报名的产品价格须低于近一个月旺铺成交最低价（与阿里巴巴另有约定的除外）。

● 报名产品的库存数量及产品销量须符合相关品类要求。

● 品牌产品应提供该品牌的《商标注册证书》或《品牌商标授权书》或《正品进货渠道凭证》等。

"厂商直供"和"疯狂夜惠"等活动专场另有要求的从其要求。

8. 报名伙拼产品后，需要多久时间才能上活动页面？

根据卖家选择的产品活动时间，平台会提前 4 个工作日通知初审结果。展示时间一般为 2～3 天，具体活动时间以系统通知为准。

9. 伙拼的产品中哪些产品需要寄样？

● 如阿里巴巴要求寄样的，则卖家应在产品初审通过后的 3 天内寄样到指定地址。

● 如不要求寄样则无须寄样，具体需根据产品和活动情况确定。

10. 之前参加过伙拼活动，为什么不能报名了呢？

同一个卖家主体（指卖家身份，而非账号 ID 或店铺，下同）一个月报名参与伙拼的次数"不得超过 6 次"（其中"单品团"的不超过 4 次，"厂商直供"的不超过 2 次），且同一个卖家主体的同个产品一个月只能参加一次伙拼活动（大型活动除外，卖家参加"疯狂夜惠"专场活动不计入前述疲劳度）。

11. 在伙拼活动上线前，发现库存不足了，怎么办？

卖家签订《伙拼活动服务协议》并排期确认后，不允许退出。如卖家强行退出，卖家须根据《伙拼 - 买家规则》相关违规处理的规定向阿里巴巴承担相应违约责任。

12. 哪些产品不能报名参加伙拼？

除伙拼招商计划中公布的产品，其他产品均不能报名，详情参照招商页面。

13. 伙拼报名审核未通过，还能报名吗？

根据审核不通过的原因在优化报名产品后仍可提交报名，卖家的其他商品也可报名。

14. 卖家报名伙拼一次可以上多少产品？

同一个卖家主体报名伙拼"单品团"的一次只能报名 1 款产品，伙拼"厂商直供"的一次可报名 4～12 款产品。且同个卖家主体的同个产品一个月只能参加一次伙拼活动（大型活动除外，卖家参加"疯狂夜惠"专场活动不计入前述疲劳度）。

15. 新开诚信通可以报名参加伙拼吗？

诚信通开通 3 个月以上的卖家可以报名参加伙拼（实力商家除外）。

16. 为何报名时会显示风险评估未通过？

风险评估是指系统根据卖家是否符合《伙拼 - 卖家规则》及阿里巴巴网站规则等给予的自动评估，主要包括以下几点规则：

● 卖家违规累计扣分低于 36 分且无重复侵权扣分情形（扣分查询超链接 http：//levit.1688.com/punish/illegalManager/illegal_list.htm）。

● 卖家店铺近 90 天的纠纷率低于 0.01%，且纠纷笔数小于 2 笔（纠纷笔数只有 1 笔的除外）。

● 同一个卖家主体（指卖家身份，而非账号 ID 或店铺，下同）一个月报名参加"伙拼"不得超过 6 次（其中"单品团"不超过 4 次，"厂商直供"不超过 2 次），且同个卖家主体的同个产品一个月只能参加一次伙拼活动（大型活动除外，卖家参加"疯狂夜惠"专场活动不计入前述疲劳度）。

17. 报名伙拼时的样品还会寄回吗？

报名伙拼后不可以退出，报名参加伙拼的商品审核通过后不可以更换商品。如需回寄商品请提前告知阿里巴巴工作人员样品需回寄，否则默认无须回寄。

项目实训

在 1688、淘工厂及伙拼上查询同款手机的价格信息。

项目4

B2B客户开发

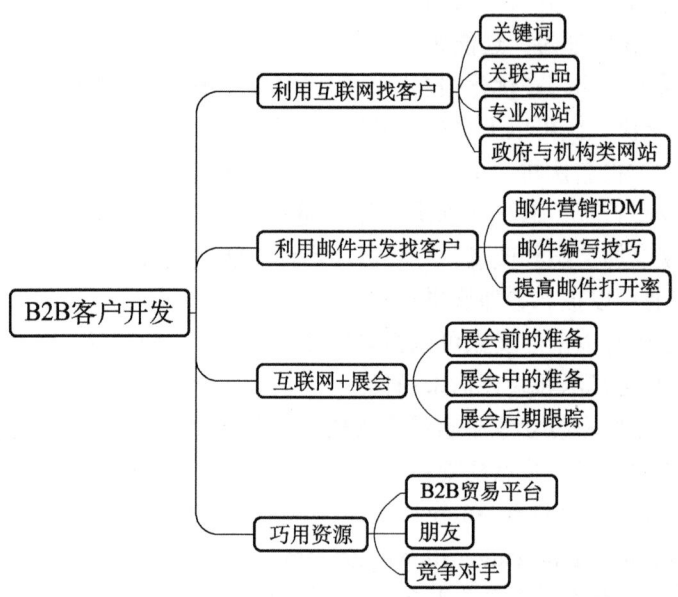

知识目标

- 掌握利用互联网找客户的技巧；
- 掌握利用邮件开发客户的技巧；
- 掌握利用展会开发客户的技巧；
- 了解利用其他资源开发客户。

技能目标

- 能够综合运用现有的各种资源开发客户；
- 能够结合企业实际情况制订客户开发方案。

情境导入

小王是外贸公司的新手业务员，没有积累多少客户资源，那么他应该通过哪些途径来开发自己的客户呢？公司对于新员工可以给的资源有限，小王应该如何充分利用现有的资源快速开发客户呢？

 利用互联网找客户

互联网的高速发展导致信息传播速度加快，在改变了人们生活方式的同时也改变了企业的经营方式。利用互联网获取信息并迅速找到目标客户对于企业来说是非常重要的，企业应该把有限的时间放在与客户的沟通和交流上，以提高新客户的成交速度和客户满意度。

只要你的潜在客户在互联网上留下任何痕迹（如建有自身的网站、发布过相关信息、已加入行业协会或行业网站），那么搜索引擎就可以100%搜索得到。目前，主流搜索引擎有Google、Yahoo、Bing、Aol、Search等。

利用搜索引擎搜索潜在客户的方法主要有以下几种。

4.1.1 关键词

1. 利用产品名称搜索

打开搜索引擎主页，在文本框中输入"产品名称+importers"，或者"产品名称+distributor"，这样搜索出来的结果往往是很多商贸网站、公司网站目录。可以看看这些目录中是否有买家信息，是否有最新的求购商机。

以太阳镜为例，查询的结果如图4-1所示。

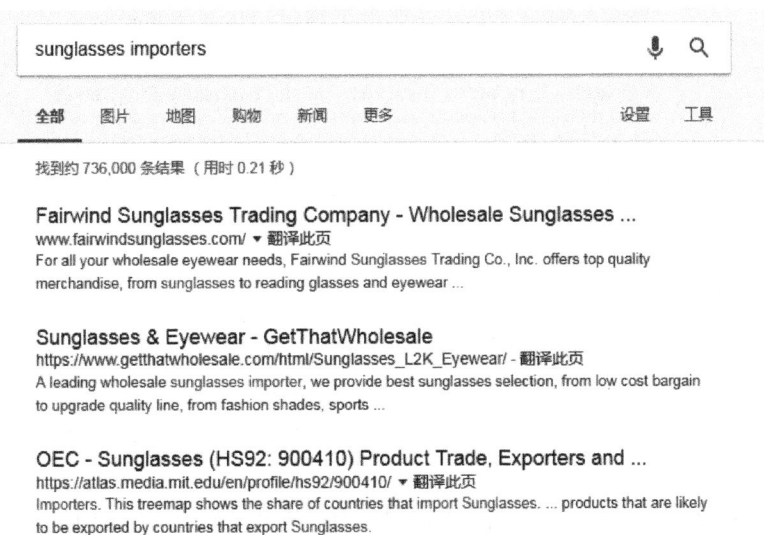

图4-1 利用产品名称搜索结果

2. 关键词加引号

为了得到除商贸网站以外的客户信息源，还可以考虑把产品和 importer 联结起来进行原样搜索，即在搜索引擎页面的文本框中输入""product-A importer""或者""product-A importers""，也就是在输入时将引号一起输入。由于这种方式能够保障在搜索出来的网页中，我们输入的关键词是连接在一起的，不像上面提到的那种搜索方式，输入的关键词可能是分开的，这样搜索出来的结果虽然数量上大大减少，但是准确性必然大大提高。

再以太阳镜为例，查询的结果如图 4-2 所示。

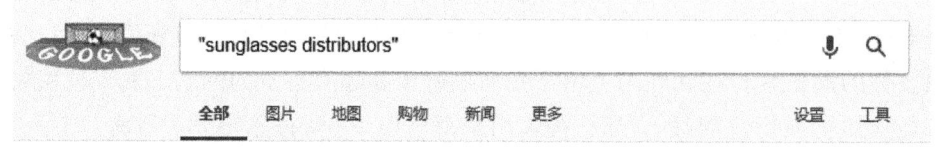

图 4-2　利用关键词加引号搜索结果

3. 使用同义词或近义词

由于中文词汇丰富，因此选择关键词的时候，不妨用同义词或者近义词。此外，涉及行业的，还要注意英文中的行业属性，以及外国商人对这一产品最喜欢的表达方式。例如"菠萝"一般用 pineapple，但也有不少外国商人喜欢用 ananas 这个单词。多了解一些相关的行业英文，有助于搜索信息。

判断几个同义词中哪一个更受国外客户喜爱，有个常用的小窍门，即分别去 Google 搜索，看哪一个得到的网页数量更多——特别是专业网站的网页更多。这不但可以为以后搜索信息做参考，也同样可以成为日后与外商交流时用词的参考。

4. 搜索关键词的其他语言

针对非英语国家，还可以采用搜索关键词的其他语言写法。随着"一带一路"倡议的不断发展，俄语、法语、阿拉伯语等国家的客户会逐渐增多。如果能够把搜索的关键词转换成对应的市场所使用的词汇，那么我们就如同用英语搜索欧美国家的目标客户一样，能够发现更多的其他市场的客户。

在使用此类方法时可以借助一些在线翻译工具来帮忙查找。

5. 国家名称限制

如果目标市场非常明确地限定在某个或某几个国家，还可以在前面搜索的基础上计入国家名称限制。这种方法有利于过滤出自己感兴趣的市场信息。以 distributors 为例，加上 USA 或者 Japan 这样的区域限定词，搜索结果如图 4-3 所示。

图 4-3　利用国家名称限制搜索结果

如图 4-3 所示，搜索结果中有时还会出现公司名称、地址、联系方式等信息，这样有助于更好地与客户沟通联系。

不同的时间搜索引擎针对同样的关键词搜索的结果可能不太一样，因为很多搜索引擎都是根据网站的受欢迎程度和内容变化来动态排序的，但是短期内变化不会很大，只要掌握了方法，无论什么产品都可以适用这一方法。

【课堂实训】请根据本节所学知识搜索益智玩具类产品的潜在美国客户。

4.1.2 关联产品

1. 相关产品

一般情况下，每种产品都有销售上的相关产品。假如进口商进口的产品英文名为"Product A"，那么很大程度上他还会进口"Product B"或者"Product C"，则"Product B"和"Product C"称为"Product A"客户的关联产品。例如，你经营的产品英文名为 bidet（浴盆），如果某个进口商进口 bidet（浴盆），那么他还很可能会进口 wash basin（脸盆），那么尝试在搜索引擎中输入"bidet wash basin"（实际输入时，不用引号），这时的搜索结果相关性往往会大大增强。搜索的结果往往是一些目标客户网站和行业网站，这时候我们可以把这些网站分门别类地记录下来。同时客户的相关产品，还可以定位为 A 的不同型号产品、同系列产品等。

这种方法的原理是：如果某个网页提到一系列相关产品，那么这个网页可以成为该产品强相关的网页，它通常就是经营、生产或者研究这类产品的公司网页。这类网页很值得关注，一般都存在较多的客户信息。

例如，搜索 bidet 和它的客户关联产品 wash basin，结果如图 4-4 所示。

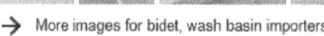

图 4-4 利用相关产品搜索结果

2. 产品目录

例如，针对鞋子的卖家，在输入"product list shoe"或者"catalog shoe"后，结果的网页通常就是某个鞋子经营者的网页。如果他卖鞋子，并且不是生产商的话，毫无疑问他极有可能就是一个目标客户。

【课堂实训】请根据本节所学知识搜索五金卫浴类产品的潜在客户。

4.1.3 专业网站

1. 网址目录

注重在网络上宣传自己的公司往往会将自己登录到 Yahoo.com 和 Dmoz.org 这两个世界上最有名的网址目录中。因此我们也可以到这两个网址目录中去寻找一些客户信息。一般来说，凡是登录到这两个网址中的客户一般都是比较有实力的企业。Yahoo 网站首页如图 4-5 所示。

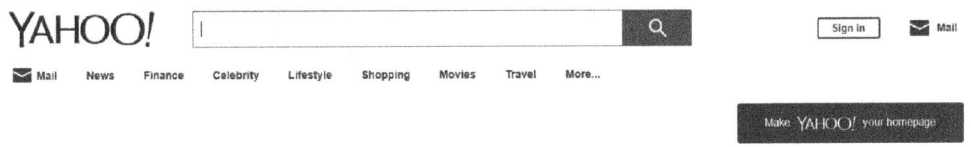

图 4-5 Yahoo 网站首页

2. 企业名录网站

全球有一些专门提供买家名录的公司和网址，其中较为有名的有 Kompass（http：//www.Kompass.com）和 Thomas Gloal Trgister（http：//www.tgrnet.com）。我们可以从这两个网站提供的名录中找到很多潜在的客户信息。Kompass 网站首页如图 4-6 所示。

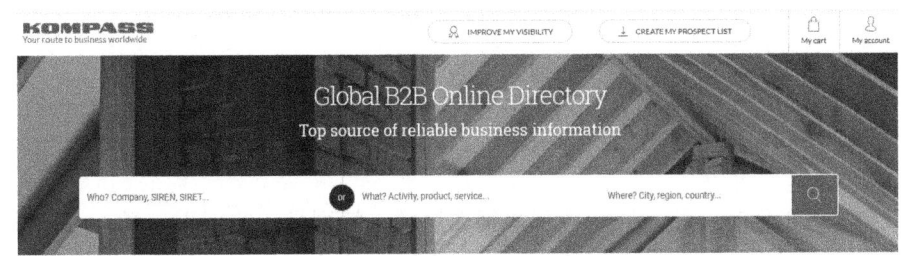

Company Focus

图 4-6 Kompass 网站首页

3. 进口商与分销商名录网站

一方面可以请同事、业内朋友推荐相关网站，另一方面也可以通过互联网查询，如在 Google 上通过搜索 "importers directory" 或 "distributors directory" 得到进口商与分销商名录网站，如图 4-7 所示。

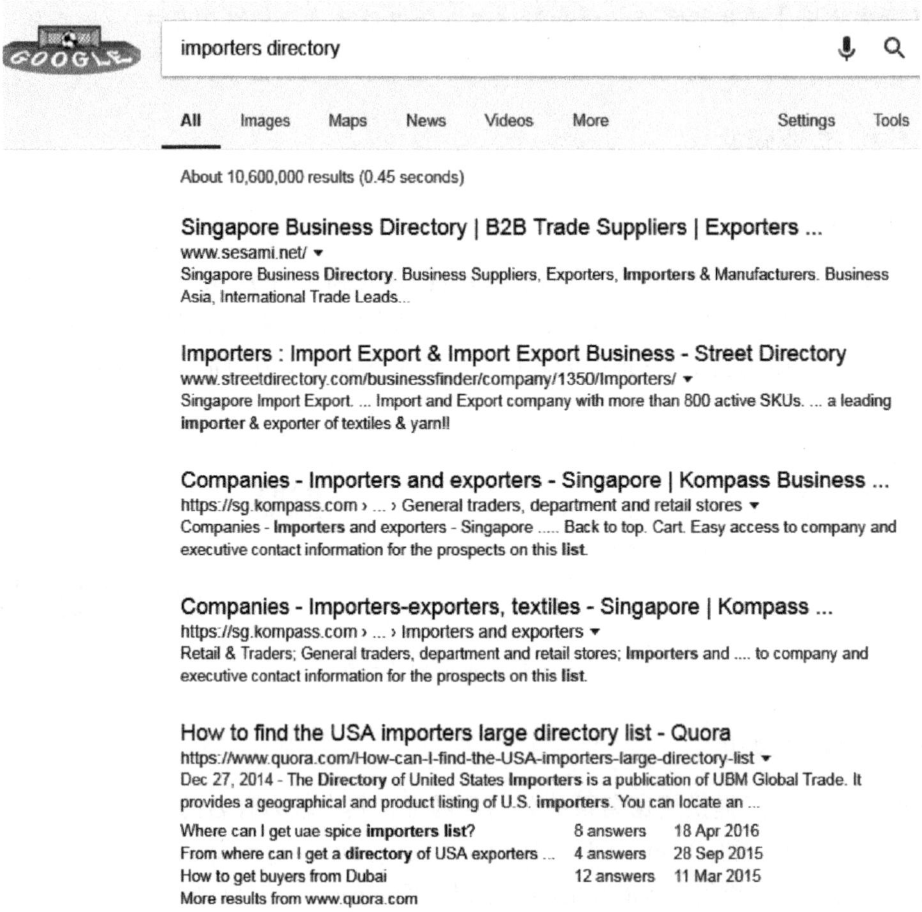

图 4-7　利用进口商与分销商名录搜索结果

这里有很多目录，我们可以选取自己感兴趣的进行挖掘。

4. 黄页网站

在研究区域市场时，该区域的黄页是很有用的。特别是一些新兴市场，由于没有很好的互联网资源，所以黄页就是不错的选择。每个国家的黄页，可以到龙之向导网站（http://www.dragon-guide.net/wuzhousjie.htm）查询（见图 4-8）。

项目 4　B2B 客户开发

五洲各国黄页及商会（Yellowpages）				
亚洲(Asia)	欧洲(Europe)	美洲(America)	大洋洲(Oceania)	非洲(Africa)

图 4-8　利用龙之向导网站搜索黄页信息

龙之向导是一个专业的外贸网站，除了能提供各国的黄页信息，还汇总了很多在各个国家、地区中比较有名的常用 B2B 网站，以及各国常用的搜索引擎、行业协会等信息，因此，可以通过这些汇总信息来寻找目标客户。

【课堂实训】请根据本节所学知识寻找女鞋类产品的潜在客户信息。

4.1.4　政府与机构类网站

1. 商务部世界买家网

中国商务部以世界进口商名录数据库为依托，收集了 210 个国家及地区的 57 万多家进口商的信息，并免费对中国出口商开放。世界买家网（http：//win.mofcom.gov.cn）（见图 4-9），个人与企业均可以注册。其中临时注册用户可以免费查询 5 家世界进口商信息；而以企业名义注册的正式用户在提交相关资料后，每月可免费查询 300 家世界进口商信息。

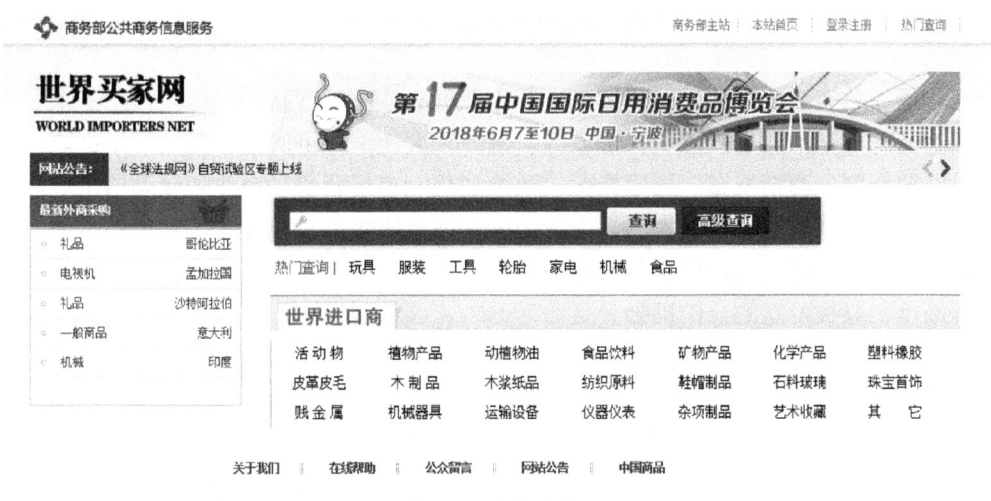

图 4-9　世界买家网

2. 商务部驻外机构

如果你对某个国家的进口商资料或者该国黄页感兴趣，也可以向中国商务部驻外机构索取或者请求他们帮助你获得目标市场有用的资料。商务部驻外机构的信息在这里（http://www.mofcom.gov.cn/mofcom/guobiebaogao.shtml）可以查询到，如图 4-10 所示。

图 4-10　商务部驻外经商机构（部分）

在这里一共有 226 个驻外经商机构，其中亚洲有 44 个、西亚非洲地区有 69 个、美洲大洋洲地区有 50 个、欧洲地区有 41 个等。每一个大使馆经济商务参赞处网站都能够为企业提供经贸新闻、商情发布、国家概况、政策法规、市场调研、企业名录等信息。以中国驻美国大使馆经济参赞处网站为例，可以提供的信息如图 4-11 所示。

通过参考商务部提供的信息及其他免费资料，我们可以比较方便地找到各个国家的主要商务站点，寻找可能的合作机会。

图 4-11　中国驻美国大使馆经济商务参赞处

3. 各国行业协会

通过行业协会，我们能了解到一些该行业的制造商、经销商和用户的情况，对我们进一步搞清楚区域市场非常有帮助。行业协会的搜索方法为，在搜索引擎中输入行业名称+association，如 sunglasses association，结果如图 4-12 所示。

Taiwan sunglasses,Sport Sunglasses,Poalrized Sunglasses,Military ...
www.taiwansunglasses.com/front/bin/cglist.phtml?Category=180938 ▼
Asian **Sunglasses** Association (A.S.A). 5.) Sunsight Glasses Co., Ltd. (F.D.A Reg.No.8020627). 6.)
Shan Shui Spectacles Ind.Co., Ltd. (F.D.A Reg.No.8020526).

File:Asian Sunglasses Association Logo Company asa.jpg ...
https://commons.wikimedia.org/.../File:Asian_Sunglasses_Association_Logo_Compan... ▼
Jan 23, 2016 - ... Email a linkto this file Informationabout reusing. File:Asian **Sunglasses** Association
Logo Company asa.jpg. No higher resolution available.

(ITA) European Sunglasses Association, conclusa la 9a Yearly ...
www.wmido.com › What's new ▼
(ITA) European **Sunglasses Association**, conclusa la 9a Yearly Conference. Sorry, this entry is only
available in Italian. Sharing. Twitter0; Facebook0; Google +0 ...

图 4-12 利用行业协会搜索

一般来说，某国的行业协会都会包含相关的制造商、经销商信息。部分协会在网站上就公布了成员名单，我们可以和他们联系，来获取相关信息。

【课堂实训】请根据本节所学的搜索方式来寻找购买太阳镜的潜在客户。

 4.2 利用邮件开发找客户

B2B 营销邮件与 B2C 营销邮件有很大的不同。B2C 营销邮件很看中行动率，比如购买率、参与率等，即看中直接的转化；但是在 B2B 贸易中，几乎很少有人只通过一封邮件就做出采购计划的，B2B 营销邮件更看中关系的维护。所以，在 B2B 营销邮件中要提供足够的信息，帮助采购负责人完成和购买决策者及购买影响者的沟通。

4.2.1 邮件营销 EDM

邮件营销 EDM 的全称是 Email Direct Marketing，是利用邮件进行一对一的邮件发送的营销方式，能让客户感觉到受到尊重，并且感觉到这是为他所建立的独享的沟通方式。

电子邮箱本身也能提供信息。假如你收到一封客户邮件，其邮箱为 a@aa.com，那么，aa.com 可能是某个提供免费电子邮箱服务网站，但更可能是客户自己的网站。如果是后者，直接访问 http：//www.aa.com，你就能直接查看客户的背景信息了。反过来，除了 aa.com 这个后缀名，国外贸易商很喜欢用 info、buy、sales、market 等作前缀名。因此，当你看到一个客户的网站 aa.com，上面并没有提供具体联系邮件的话，不妨尝试发邮件给 info@aa.com、buy@aa.com、sales@aa.com，或者 market@aa.com。

4.2.2 邮件编写技巧

欧美国家用户的邮件使用率很高,大家都习惯于用邮件进行沟通,所以邮件营销是很好的营销渠道。

1. 邮件标题

邮件标题是一块敲门砖,一个好标题会让你的邮件在客户的收件箱中脱颖而出。只有让它吸引客户的兴趣,客户才会点开邮件来阅读。以下是几种邮件标题优化的方法:

(1)标题的广告性不要太浓。最好的标题能告诉订阅者邮件的相关内容,不要让用户一看主题就知道这是一封广告邮件,商业味越重,邮件被打开的可能性就越小。

(2)避免标题设得太长或太短,行文应简洁明了,容易阅读。

(3)标题包含数据或者是促销信息的邮件通常打开率会比较高。

(4)把重要的词放在标题前面。因为标题在收件箱中显示的内容有限,可能后半部分无法显示。

(5)尝试在标题中使用个性化信息,比如个性化称呼。

(6)不要包含敏感词或者违禁词。垃圾单词比如"免税""廉价",一定要排除在外。

2. 邮件内容

只有真正对用户有价值的邮件内容才能引起关注,让用户产生购买欲望,有好的内容才能留住用户。通过邮件内容优化达到更好的营销效果,可以从以下几点出发。

1)内容与邮件标题相关

当用户看到邮件标题满怀兴趣打开邮件时,会希望在邮件的最上部看到和标题内容紧密相关的信息。

2)注重排版格式

适合阅读的排版让用户能轻松读、乐意读,为了实现良好的阅读体验,可以在排版上注意:①段落清晰;②使用小标题,并且将小标题加粗;③善用图文结合排版。

3)引起共鸣

在邮件中不时地鼓励用户深入对邮件内容进行了解,为其构建一个强烈的行动召唤(Call To Action)情境,让用户产生共鸣。鼓励方式有:让用户看到你的产品服务与众不同之处,用户采取行动后可获得什么好处,或指出同类产品的不足并说明你的产品是如何克服的。在邮件中应尽量激发用户的兴趣与好奇,鼓励其点击网站链接继续了解更多的产品信息,同时价格刺激、免费礼品也是促进用户点击链接的一个好方式。用户产生了共鸣,就会认同你所说的观点,执行你想要的行动,给你带来更大的效益。

> **课外拓展：开发信常犯错误**
> - 邮件内容写得过长。
> - 没有明确的主题。
> - 长篇大论的公司或工厂介绍。
> - 爱炫耀英文水平。
> - 喜欢用奇奇怪怪的字体。
> - 主动语态用得太多。中国人喜欢说"We'll send you the samples tomorrow"，但是老外通常会这样写"Samples will be sent to you tomorrow"。
> - 经常会问一些毫无意义的话。比如 Do you want our products？
> - 喜欢用附件和图片。附件和图片并不是说不好，但是第一次发开发信的时候如果有附件或者插入了图片，很容易被国外的服务器拦截。
> - 语气过于生硬。"Please give me reply today."如果改成"Could you please help to give me reply today？"用的是疑问句，加上 could、help 这样的字眼显得十分委婉，但是又明确表达了你希望今天得到答复的准确意愿。

4.2.3 提高邮件打开率

考核邮件营销效果有很重要的三个指标：到达率（也叫发送成功率）、打开率、点击率。

1. 到达率

到达率是指到达客户收件箱（相对于进入垃圾邮件箱或是"收件人不详"黑洞）的邮件数除以邮件发送总数得到的百分比。影响到达率的因素通常有两个：①邮件列表的质量。如果你的邮件列表中的地址都是经过用户许可的邮件地址，并且是近期收集的"新鲜"数据，到达率会较高；②邮件营销服务商的实力。如果你选择的邮件营销服务商和各平台都签署了友好合作协议，邮件平台不会屏蔽你的邮件营销服务商所发送过去的邮件。

2. 打开率

打开率＝打开邮件的人数/收到邮件的人数，打开率高就意味着你发送的营销邮件被客户看到并且产生了兴趣。客户只有打开邮件才会产生后续的咨询和购买行为，所以打开率直接影响你在计算营销成本时的单客成本。以下几种方法可以有效提高打开率。

1）定期做邮件数据清理

邮件列表中无效的电子邮件地址（拼写错误、过期账户等）越多，被标记为潜在垃圾邮件的概率就越大。虽然我们手上拿到了经过用户许可的邮件地址数据，但是随着时间的推移，个别数据背后会发生很多变化，比如邮箱被弃用了，用户的需求改变了等。如果在你发送了若干次邮件后，某些邮箱从来没有被打开过，这些邮箱就是可以被清洗掉的。邮件列表的清理和优化可以让你的收件人列表保持"优质"。

2）寻找有吸引力的标题

一般来说，可以采用对比测试的方法筛选出优秀的标题。在大量发送邮件之前，可以先选出少量邮件地址进行测试，把这部分测试邮件地址分成两组，然后对这两组地址发送同样的邮件内容，但是使用不同的邮件标题。通常一天后两组测试地址会呈现出不同的打开率，选择打开率较高的标题进行正式的邮件营销。

在测试时要注意两点：一是用来测试的邮件地址数量不可以太少，数量太少得到的数据是不准确的；二是两个测试组无论是在邮件内容还是在邮件地址性质方面都应该完全相同，避免因其他因素影响测试的真实性。

3）优化邮件模板

推荐使用 AB 测试方法，也就是迭代测试的一种。每次对邮件模板进行一处小的改动，其余的不进行太大的变化，然后进行邮件的询盘率、打开率和点击率等指标的监控，进行逐步的修改调整，找到最佳的邮件模板。

4）找准邮件推送的最佳时间和发送频率

通常情况下，周一至周四 8 点至 16 点所发送的营销邮件会有较高的打开率。在这个工作时间段大家通常对着计算机，收到邮件后可以很方便地打开阅读。而据统计，23.6% 的用户会在收到邮件 1 小时内打开邮件，之后打开量逐渐下降。因此，要寻找一个对你的目标客户来说最佳的推送时间，提前一小时发送邮件，会获得较高的邮件打开率。

随着智能手机的出现，越来越多的人可以随时访问他们的电子邮件。也可以试着在一些非常规时间发送电子邮件，检查邮件的打开率是否提高了。

你不能用邮件"轰炸"你的客户，也不能忽视他们。根据人们查收邮件的频率，可以将你的收件人分为不同的几组，注意将结果记录下来，以便以后探清收件人的模式，从而改善你的方法。

3. 点击率

点击率是指点击数除以邮件打开数（注意不是发信总数）得到的百分比。不同的公司以不同的方式来衡量点击率。这个参数非常重要，因为邮件营销的最终目的就是吸引客户访问你的着陆页或网站。

B2B 营销邮件应注重所提供的内容，包括产品和优惠政策的更多内容。既然营销邮件无法让客户产生立刻购买的行为，那么就给接收邮件的客户提供更多可参考的信息，为未来的成交做铺垫。

知识拓展

新客户难找？这里有 5 个最新的 B2B 客户开发工具

对于企业而言，维护现有客户很重要，开发潜在客户也很重要。企业需要有可行的客户开发策略，才能获得有合作意愿的客户。

邮件是网上开发潜在客户最有效的方法之一，不过你也需要丰富客户开发策略。

以下是 5 个 B2B 客户开发工具，可以帮助你挖掘更多潜在客户。

1. Text Request

Text Request 是一款允许用户利用电话号码发送和接收文本消息的移动 App。Text Request 可以改善客户参与度、团队协作和联系管理能力。

Text Request 两项主要功能为：

• 沟通管理。你可以在有空的时候更直接地给潜在客户发消息，以提高客户转化率。

• 反馈收集。根据 Text Request 提供的报告，你可以知道客户想要什么，还能看到统计信息、关键词和其他有用数据。

这款 App 的用户界面非常人性化。文本和数据也可以防篡改，因为它们不能被删除。另外，它还支持多人同时登录。

2. LeadBerry

LeadBerry 是一个基于 Web 的 B2B 客户开发 App，由 Google Analytics 提供技术支持。如果一个企业访问了你的网站，LeadBerry 会通知你，并附上关于该企业有价值的综合报告，比如该企业的联系人、销售额等数据。

LeadBerry 两项主要功能为：

• 访客追踪。你会知道哪些公司和个人浏览了你的网站，这样你就可以进行用户定位。

• 数据收集。LeadBerry 会自动为你收集客户数据，从 LinkedIn、Facebook 到 Twitter 个人档案数据等。借助此功能，你可以很容易地与潜在客户取得联系。

LeadBerry 非常简单易用，没有专业的术语和不必要的复杂选项，用户可以根据喜好进行个性化设置。

3. Find that Lead

Find that Lead 是一款谷歌浏览器插件，可以帮助你从 LinkedIn 或 Twitter 上获得成千上万潜在客户的邮箱地址。

Find that Lead 两项主要功能为：

• 社交媒体数据整合。Find that Lead 会自动通过 LinkedIn 和 Twitter 搜索潜在客户邮箱地址。它也可以搜索任何域名的电子邮件地址，你只需打开插件并点击"find mail"即可。

• 导出联系列表。你可以把电子邮件地址导出到 Find that Lead 上，几秒钟内你就会得到一个邮件联系列表。

Find that Lead 还有对潜在客户进行筛选和客户支持等功能。根据功能的不同，Find that Lead 既有免费版，也有最高月费 399 美元的付费版。

4. Gmelius

如果潜在客户的邮件没回复，Gmelius 会在特定的时间给你提示；这也可以让你在保护隐私的同时与他人合作。Gmelius 甚至允许用户进行收件箱个性化设置来满足每个人的个性需求。此外，Gmelius 还可以定时发送邮件。

Gmelius 两项主要功能为：

• 电子邮件分析。Gmelius 可以分析电子邮件并检查其中的内容。每个电子邮件类型都有各自的图标，这样你就可以了解附件的类型。

• 邮件定时发送。你可以设置邮件想要发送的日期和具体时间。如果你总是很忙，或需要与另一个时区的人交流，这个功能就很适合你。

Gmelius 与 Gmail 以及各种 CRMs（客户关系管理系统）都能良好地进行整合。Gmelius 使创建工作流库和营销模板变得更加容易。你甚至可以在几秒钟内对邮件做好安排。

5. TARS

TARS 是一个自动化工具，可以改善客户和企业之间的交流沟通。TARS 构建了一个聊天机器人来帮助你拓宽交际网络，并获得更多潜在客户。

凭借 TARS 的帮助，产品 LOGO 贴纸定制企业 StyleDiem 的客户转化率提高了 25%，在线育儿社区 BabyChakra 潜在客户增长了三倍。

TARS 两项主要功能为：

- 通知。当 TARS 得到访客回应时，用户都将收到通知，这可以让用户实时收集数据。
- 无限制回复。你可以借助 TARS 设置任意数量的自动智能回复。

TARS 的用户输入界面非常整洁，简单的设计也可以使 TARS 更具人性化。你所要做的就是输入一个经过深思熟虑的消息脚本，聊天机器人就会对客户做出聪明的回复。

——摘自雨果网 http://www.cifnews.com/article/34351

【课堂实训】请从 B2B 平台找一个购买男装的潜在客户，并给他写一封开发邮件。

4.3 互联网+展会

参加展会是最传统的找客户的方法之一。展会可以在最短的时间内，找到最专业的客户。参加展会，一定要做好展会前的准备，才能顺利地参展，参展后要及时地跟进，从而确保展会的效果。

在这个信息发达的时代，国外展会的网上服务平台汇集了从展会信息查询、展位申请、成交统计到布展施工、在线租赁等筹展和参展过程中所需办理的各项业务，大大节省了企业的时间和成本。此外，参展企业甚至还可以在线"邀请客户"，在向新老买家直接发送参会邀请的同时，也可宣传推介公司的形象与实力。

4.3.1 展会前的准备

1. 申请展位

首先，借助互联网了解所要参加展会的相关信息，找到你要参加的展会。例如国际展会导航（http://www.showguide.cn/service/）就是一个专注国外展会的会展服务网站。现在很多国外的展会，都可以采取网上直接申请的形式，很多展会都设有网上报名的通道，资料审核方便、迅速，所有的参展商都可以自己申请展会，方便快捷。

此外，企业还可以通过会展服务公司申请展位。根据公司的具体情况和所经营的产品与市场选择相应的会展服务公司。通过会展服务公司，可以很好地节约展览申请、准备和布展的时间。

2. 展会邀请函的发送

一般来说，业务员应该在参展一个月前给自己的老客户和新搜索目标客户发送展会邀请函，告知他们展会的时间、地点和展位号。邀请函模板如下：

INVITATION

Dear XXX,

You are warmly welcome to visit our product show about XXX on Oct. 20th – 23rd in Hong Kong.

The fair details are as following:

Fair name:
China Sourcing Fair: Gifts & Home Products

Address: AsiaWorld-Expo, Hong Kong
Booth No.: 1C17

Date and Opening hours:
October 20 - 22, 2017 (Saturday - Monday): 9:30am - 6:00pm daily

October 23, 2017 (Tuesday): 9:30am - 5:00pm daily

Contact Person: Michelle Liu
Email: market@abc.cn

To guide you to go to there, I have attached both Booth Map and MTR System Map for your reference.

Hope to meet you in Hong Kong!
Yours sincerely,

Michelle Liu

ABC CO., LTD.
Tel: +86 12345678
Fax: +86 12345678
E-mail: market@abc.cn

随着信息化的进一步提升，现在发送邀请函不再局限于邮件、传真这两种单一的渠道，还可以将参展信息更新在 LinkedIn、Facebook、Google 的公司主页中，尽可能地让更多客户知道你即将参展的消息。

3. 参展准备

展位申请成功后，还应该进行以下几个方面的准备：参展商品、参展文件、参展工具、参展知识等。

1）参展商品

参赛商品涉及样品的准备、展台装修等。

海外展会，样品的准备是一个非常复杂的过程，大型设备和一些体积较大的产品不建议采用实物，可以录制一些生产的视频，还可以将整个制造的全过程拍摄下来，配以电子版相关证书等。这样可以最大化地节省样品的运输成本和时间成本。若准备带样品参展，则需要注意以下几点：

- 样品的选择要有代表性，选择有特色的产品，或是新款产品以吸引客户的注意。
- 所有样品上都要打上产品的型号，另外再准备一些额外的样品，展会上损坏的话可以及时替补。
- 样品送出去前，对所有的样品都要拍照并整理好，作为客人下订单的参考。
- 样品的质量外观和功能都要反复检验，如果样品有问题，会大大降低客户对你的信任度。
- 每一个样品箱外都要贴上详细的产品型号清单，然后自己再备份一份，这样在展会的时候方便拆箱。
- 关于样品的运输：如果需要托运样品，建议用大会指定的运输商，因为他们有进入会场的优先权。国外尤其是发达国家，这些工作都有很严格的部署，车是不能随便乱进的。不过指定的运输商一般服务报价都很贵。
- 样本册：随着时代的发展，样本册做得越来越薄，在海外展会，厚重的样本册已经不再受欢迎。因此国外展会样本册一定要设计得小巧精致。可以将产品信息、公司介绍等都做成一个CD，这样不仅节省样本册运输的成本，还能给客户留下更好的印象。

国外展会的装修简洁大方就好，要以吸引眼球为重点。这说明了展台的设计尤为重要，不光是颜色要和产品有对比，所用的材料也要使用环保材料。如果条件允许，一定要借助多媒体的良好效果，以多媒体和数字化技术作为展示技术，以各类新颖的技术吸引参观者，实现人机交互方式的展厅形式。

2）参展文件

展会期间，应该准备好所带商品的价格表、主要产品的装箱尺寸、空白发票等。此外还要准备好所有参展人员的名片。以前的名片上仅仅有电话、邮箱、网址，如今，各种免费的聊天工具的账号也要印到名片上，比如：LinkedIn、Facebook、Skype等。

3）参展工具

参展工具主要用于布置展台。在想好展台装修后，应该同时准备好展台装修所需的工具，如：剪刀、胶带纸、订书机等。

4）参展知识

参加展会的人员必须熟悉参展商品的相关知识，如产品的报价、规格等。在与客户交流的过程中必须熟练，这样才能体现出专业性。此外，对于参展商品的产品知识也要尽可能充实一下。来咨询商品的客商极可能是经营该类商品多年的厂商，他们随口询问的专业问题很可能就成为你们交易成功与否的"导火索"。所以,业务员对参展产品越熟悉越好,这是业务员专业水平的体现。

4.3.2 展会中的准备

1. 人员安排

对于重要客户,最好由负责跟进该客户的业务员与其直接交流。如果该业务员无法参展,一定要请一个思路清晰、冷静而且很有礼貌的业务员负责与该客户沟通。去之前先把要跟客户谈的重点记录下来,展会期间,带上谈好的内容,一点一点地与客户沟通。老客户非常重要,可以极大地节约公司的成本,提高成功率。

对于接待新客户的业务员,比接待老客户的业务员的要求更高。要求业务员要有激情、自信,且善于微笑。有一些客户情景式的问题回答必须提前草拟并背诵,事先要预想一些可能的突发问题。

2. 客户交流注意事项

(1)事先准备好谈话内容。在与客户交谈的时候可以将准备的内容拿出来,看着谈,不要遗漏任何一点。另外,最好有一个交谈计划,因为展会现场场面比较混乱,在交谈过程中可能会因各种事情而导致谈话中断,有个计划可以随时记录,以防遗漏。

(2)主动出击,保持良好的心态。备齐所有资料,包括谈话资料、产品介绍、生产性的图片、公司图片等,也可以多准备几份产品目录。在与客户交流的过程中,要善于微笑、保持自信,这能为你赢得新客户的信任。

(3)不要以貌取人。展会期间参展单位的工作人员一般会穿着比较正式,但是参展的客户则不一定。有些客户会穿着比较随意,如牛仔裤、运动衫和便裤等。不要因为顾客穿着随意就低眼看人。

3. 客户分类

展会期间会接待大量的客户,交易意愿不同的客商表现出来的态度也会有所不同。有些客商询问非常专业、详细,甚至会谈及交易的具体条件;也有些客商不过是走马观花,随便问问。根据客户的态度,成交可能性由低到高有这么几种,如图4-13所示。

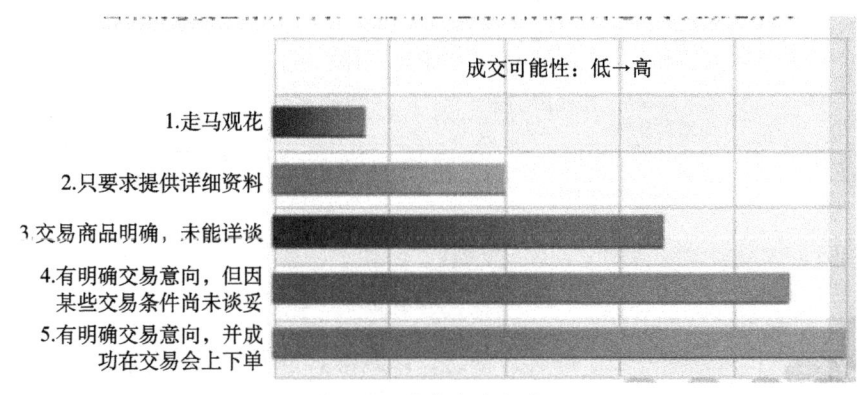

图4-13 展会客户分类

第一类，走马观花的客商，这类客商很多，成交可能性也低。

第二类，只要求提供详细资料的客商。这些客商有一定的购买意向，但是还未最终确定合作厂家，只是希望通过资料进行比较，再来挑选合适的厂家。

第三类，交易商品明确，却未能在展会上详细洽谈的客商。如某客户对产品非常感兴趣，但是因为他的展会时间有限，未能详细沟通。

第四类，有明确交易意向，但因某些交易条件不能洽谈一致而未能下单的客商。如某客户对产品的检验要求非常严格。

第五类，有明确交易意向，并成功在展会上下单的客商。

4.3.3 展会后期跟踪

展会结束后，应该尽快对展会积累的客户资源进行梳理及跟踪处理。应该尽快地把展会和客户谈的内容总结后发给客户，让他核对记录是否有需要补充的地方，以免遗漏。下了订单的客户可以催正式订单，没下订单的客户则要引导其下样品单或者订单。

1. 资料整理与安排

在展会期间收集到的资料和信息可能非常繁杂，重要程度也各不相同。因此，需要分门别类地进行整理。一方面便于将来查找，另一方面也有利于提高使用效率。

展会期间获得的名片有很多，在短时间内不可能把所有的客户都联系到，因此要分清彼此，重点客户优先进行联系。同时，根据产品的类型，安排相应的业务员进行联系。有效的分工可以提高联系的效率和专业性，同时由于相对回复比较及时，也可以提高客户对我们的满意度。

2. 客户跟进

对于客户的反馈情况要做出相应的记录，对重点客户要进行重点跟踪。根据展会期间对客户的分类，可以进行有区别的跟进，如图 4-14 所示。

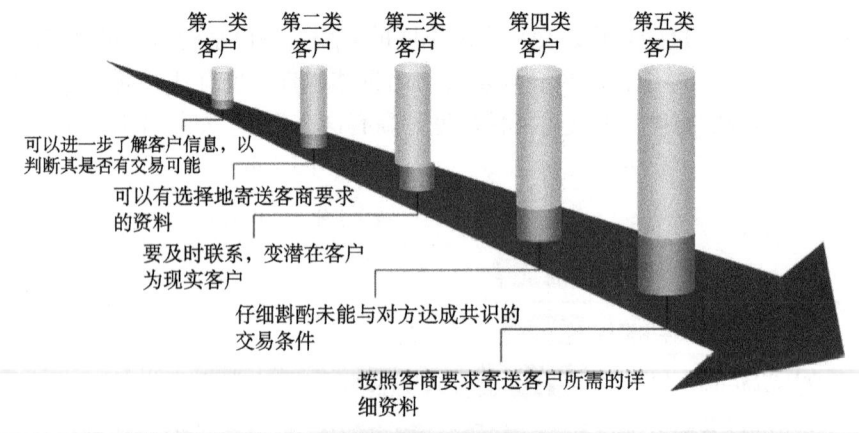

图 4-14 展会后客户跟进

第一类客户：可以进一步了解客户信息，以判断其是否有交易可能。

第二类客户：可以有选择地寄送客商要求的资料。

第三类客户：要及时联系，变潜在客户为现实客户。这类客户是展会上到会客商的主流，大多数客商在展会上广泛比较同类产品与供应商，再有选择地询价或洽谈。对于这类客商要保持联系，即便该笔业务无法达成，他也始终是你的潜在客户。

第四类客户：仔细斟酌未能与对方达成共识的交易条件。如果确定该交易条件可以接受，可以致函对方，但建议不要立刻表明态度，也许客商也已经考虑接受我方的交易条件了。试探性的询问是个很好的过渡处理方式。

第五类客户：按照客商要求寄送客户所需的详细资料。将资料寄出后，请客户查收，并催促其支付预付款，以便尽早开始合同的履约。

作为业务员，要及时跟进客户，即便未收到客户回复，也应该定期给客户发送邮件。除非他回复说让你不要再发邮件给他，即便收到这样的邮件，也要向客户咨询具体原因。除了发邮件，还可以直接打电话沟通，电话沟通之后也要想办法继续跟进客户。还可以通过 SNS 的各种社交平台与客户互动，以便跟客户保持良好的沟通和联系。虽然目前邮件、电话、传真都还在使用，但是新的一些社交平台和免费聊天工具，无疑是跟进客户的新选择。

【课堂实训】假设你公司要去香港参加玩具类展会，请指定一个参展计划及展会后期跟进安排。

4.4 巧用资源

在跨境电商、互联网+迅速发展的今天，作为新外贸人，应该能更好地利用今天的资源，整合一切可以整合的资源，利用一切可以利用的渠道，开辟外贸的新征程。

4.4.1 B2B 贸易平台

1. B2B 贸易平台介绍

B2B（Business to Business）贸易平台，是指互联网上专供国际买卖双方发布各自供求信息，以促进合作的网站，是国际商人聚会的大本营。目前国内外的 B2B 平台有上千家，其中良莠不齐，较为知名的如图 4-15 所示。

中国制造网 MADE-IN-CHINA	http://www.made-in-china.com
阿里巴巴 BLIBABA	http://www.alibaba.com
环球资源网 GLOBALSOURCES	http://www.globalsources.com
韩国 EC21	http://www.ec21.com
韩国 ECPLAZA	http://www.ecplaza.net
北美	http://www.soldouteasy.com
卖完啦	http://www.maiwaila.com

图 4-15 国内外知名 B2B 平台

亿市路：中国	http: //ethrough.cn
亿市路：美国	http: //ethrough.us
亿市路的另一个域名	http: //www.isloo.cn
沙特 TradeKey	http: //www.tradeKey.com
美国 Importers	http: //www.importers.com
美国 Fuzing	http: //www.fuzing.com
中国台湾 ttnet	http: //www.ttnet.net
Free-b2b	http: //free-b2b.net
Thomasnet	http: //www.thomasnet.com

图 4-15　国内外知名 B2B 平台（续）

2. B2B 贸易平台客户开发操作

尽管各 B2B 平台的运营和推广方式上有所不同，但在具体操作上有很多类似的地方。

1）注册

想要通过 B2B 平台搜索潜在客户，首先必须要注册成为该平台的会员。目前的 B2B 平台一般都包括付费会员和免费会员两种模式。

注册要准备的相关资料一般有：公司介绍（成立时间、年产量、年销售额、出口额、员工人数等）和产品概述；公司的联系方式；单个主推产品的详细描述等。

2）发布信息

公司注册成为会员之后，就可以在平台上发布产品信息。一般免费会员的产品发布有数量限制，而付费会员则没有。产品信息发布一般包括产品英文描述、认证信息、价格和图片等。

发布信息要注意更新的周期和关键词的设定。一般来说，对于免费会员，平台允许更新的时间会有较多限制，如每天，每三天或者每周允许更新一次。而关键词的设定，最好和发布信息的主题一致。另外，关键词一般允许有多个，建议排列的顺序为范围由小到大，如：全棉面料、面料、纺织品……因为从搜索习惯来看，一般人都会从具体到泛泛地看。

发布信息时一定要注意尽可能完善资料，信息要精练、完整。涉及图片信息时，图片要清晰且有吸引力。有些潜在的客户会通过公司发布的产品信息主动与公司业务员联系。

3）搜索客户

利用本项目 4.1.1 和 4.1.2 中介绍的关键词法以及关联产品法，在相关搜索页面搜索潜在的客户。

搜索要注意的几个因素为：第一是关键词，与信息发布一样，搜索范围也应该是从小到大，这样会提高匹配性，同时也节约了时间；第二是选择搜索的类别（Type），我们要找的是买家（Buyer）；第三是时间，时间应从近到远，从最新的信息开始收集。

4）查找客户

有些 B2B 平台可以搜索到客户的详细信息例如 E-mail、传真、电话和网站，我们可以做好记录，主动联系客户。

有的平台不公布客户的联系信息，只能通过平台来发送邮件。这时需要注意该平台是把客户反馈的邮件发到你们登录会员时登记的邮箱还是平台里的收件箱。有些平台比较人性化，如中国制造（made-in-China），它会把你通过平台发送给客户的邮件拷贝一份发到你的邮箱；如果收到客户的询价或者反馈，也可以直接发到邮箱，直接回复时收件人的地址就是客户的 E-mail 地址。也有些平台把询价都存在平台的账户里，必须登录才可以看到。为了避免错过客户的询价，最好看清楚网站的说明，做好记录，定时打开平台的收件箱。

B2B 平台给了业务员无限的开发空间，而外贸企业使用 B2B 平台首先要考虑的是性价比。公司必须根据费用、效果和操作难易度选择性地放弃一些网站。如果公司刚起步或者实力不强，可以先从一些免费网站做起，看产品适合哪个国家、市场，就首先把产品发布到相应的那个市场所关注的 B2B 平台。在此基础上，在免费的网站上多注册几个账号，尽可能多发布一些产品信息，这样在一定程度上可以提高自己企业的知名度。

知识拓展

B2B 企业如何在社交平台上挖掘到潜在客户呢

1. 社交平台活动的运营

博客、Facebook、Twitter 等平台，都可以作为 B2B 企业的营销渠道。在这些平台上，B2B 企业可以设立自己的主页，详细地介绍公司，并为它们的顾客提供商业支持。在主页中加入 CTA 按钮，并搜集客户购买某种产品或服务的可能性的数据以方便商务开展后续对接。

创建公司主页，并举办活动，是 B2B 企业常常采取的线上营销方式。

比如美国运通公司经营的 OPEN 论坛，就是通过 Facebook Page 主页定期来举办相关活动的，以吸引合作伙伴参加。

我们可以为中小型企业举办一个竞赛，并给予一定的奖励。提供的奖励机制应尽量符合商业需求，比如说试用产品、参观企业总部、获得一对一改造大行动等。在这里以 Facebook 为例，详细介绍一下如何在主页上创建活动。点击主页时间线上的 Offer → Event+ → Event，如图 4-16 所示。然后在打开如图 4-17 所示页面中添加如下信息。

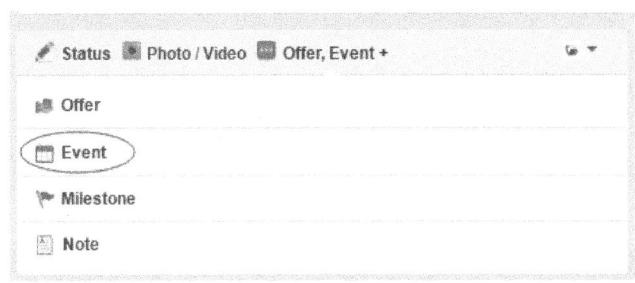

图 4-16　创建活动

- 活动图片：突出活动特点，图片会在动态消息中显示。图片最佳像素为 1920px×1080px，比例 16∶9，尽量少出现文字。

- 活动名称：尽量简短，文字过长会在动态消息中被裁剪，尤其在移动端，也会得到较低的回应度；避免重复时间、地点等信息；名称只可修改三次。
- 举办时间、地点：提醒观众合理安排时间参加活动。
- 产品品类：选择最相关的品类，以推荐给潜在感兴趣的参与用户。
- 活动描述：撰写容易理解的描述，先用一句话概括，再添加细节。

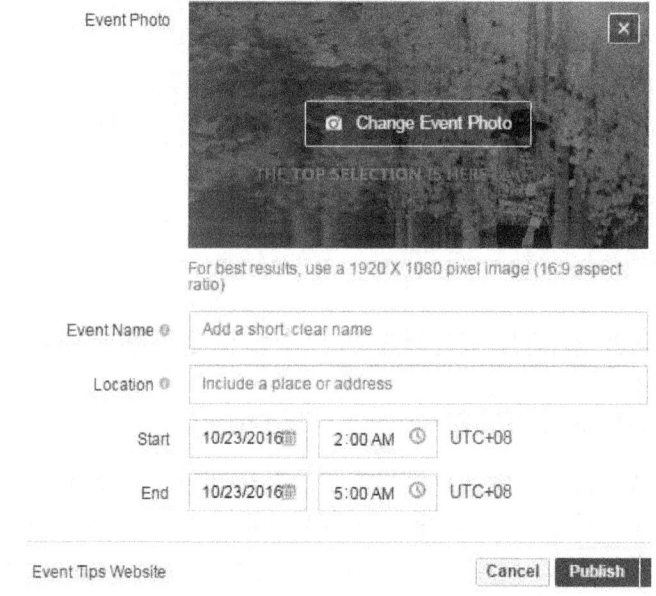

图4-17 活动页面信息设置

- Event Tips Website（选填项）：如果该活动支持在线购票，请在此填写网址。
- Co-hosts：添加其他主页或活动参与嘉宾主页为Co-hosts。Co-hosts可以编辑活动相关信息，并添加到日历，如图4-18所示。

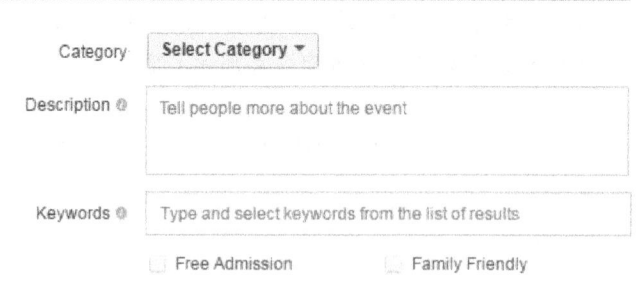

图4-18 Co-hosts设置

点击Publish按钮，创建活动完成。

另外，企业将参加过活动或点击过CTA按钮的用户抓取出来，并向他们投放广告。

2. 短视频的力量

内容营销的表现形式越来越多样化，而视频营销更是趋势所在。79%的企业会用视频形式传递品牌信息，并让短视频既有趣又富有故事性以达到传播的目的。

拍摄具备企业文化的视频，既可以向客户介绍公司，也可以在YouTube等社交平台上发布，让更多的人了解你的公司和产品。

3. 善用LinkedIn

对B2B企业来说，LinkedIn是个很好的社交媒体营销平台，在LinkedIn上可以根据职业定位到目标客户。

LinkedIn提供的定位选项包括：职业、组别公司、教育程度、人口统计。

- 职业：职位、工作职能、资历、技能。
- 组别公司：类别/行业、公司规模、公司名称。
- 教育程度：学校名称、学位、研究领域。
- 人口统计：性别、年龄、所在地。

LinkedIn用户具有商业思维，更容易接受相关广告。另外利用LinkedIn精准的定位，可以让我们直接接触到决策者，更有助于交易的成功谈成。

——摘自雨果网 http://www.cifnews.com/article/31393

【课堂实训】请根据本节所学知识，任选一个B2B平台，发布一个家具类产品的产品信息，并截图显示寻找潜在客户的过程。

4.4.2 朋友

对于外贸行业来说，"关系圈"，即"人脉"非常重要。通过朋友或者熟人的推荐或引荐，很多可以达到正面拜访或者直接洽谈业务的阶段，从而避免将时间和精力浪费在盲目搜索、猜测和试探上面。

1. 朋友的范围

通过朋友找客户的关键点就是通过朋友对有价值信息进行收集并应用，前提是要保证朋友对你的工作背景有所了解。这里要培养的朋友大致可以分为三类：直接培养的朋友、间接培养的朋友（甚至包括原来陌生的同行，但需要先确定其为非竞争人员）、与其互相欣赏尊重的不冲突的相关行业内的关系人员。

2. 通过朋友找客户应注意的问题

无论是哪一种培养关系，如果想既可以获得或者继续保持一份淳厚的友谊，又能够在可能的情况下把培养的关系应用起来，让其为我们提供有效的信息并协助达到目标，都需要做好一定的基础"工作"才行。

首先，必须保证和朋友有经常性的真诚沟通与交流。如果想通过友谊互助成功，就一定要对别人真挚地表示关切。

其次，个人专业素质和态度同样非常重要。在专业素质上，应由扎实的基础和丰富的背景经验做支撑。在心理上应保持充分的自信去面对朋友（包括其公司专业人士）或者其引荐的潜在客户，并且需要对潜在客户有较强的专业判断力。在个人态度上，则要表现出适度的谦虚。

最后，要保证对朋友的尊重和互利。在通过朋友找客户时，也一定要从对方角度出发，考虑到对方的心理需求和礼仪，不能让朋友因为帮助你而使其在心理上或现实中遭遇困难或损失，更不能不合情理地强人所难。无论结果如何，都要真诚地对他的帮助表达赞赏和感谢。

做好以上几点，再加上具有关联事情的能力和主动的沟通及行动，通过朋友找客户的过程也很可能就转变为让朋友有客户信息就能想到你。

4.4.3 竞争对手

当前外贸行业的竞争已经到了空前激烈的时候，有时候需要一些超常规的非常手段，来获取更大的市场。以下几点可以在实际业务中酌情使用。

1. 雇佣国外的竞争对手

如果能够雇佣国外竞争对手原销售人员，则可以在瞬间获得渠道和客户信息方面的优势。销售人员的本土化是一种必然的趋势，其优势显而易见。如果在中东等地几乎不用考虑法律方面的麻烦，可以大胆地直接雇佣。但如果在欧美等法律完备之地，则可以采取委托原销售人员代理，或鼓励其成立新的公司，以避免引来竞争对手的法律追究。

2. 收集竞争对手的信息和资料，从中挖掘有效客户线索

通过研究与竞争对手相关的报道信息、样本、样品、网站等，可以了解竞争对手的销售代理的相关信息。通过分析并跟进其销售代理，也有可能获得合作机会。

3. 借机近距离接触竞争对手的客户

竞争对手可能要比我们强大，甚至是行业的领导者，此时可以采用如影随形的紧跟策略，可以采取如下办法：凡是对手经常做广告的地方，我们可以根据自己的财力，也择时做上几个；如果对手加入了某个协会，我们也要考虑参加；如果对手参加了某个展览会，我们也可以申请一个规模小一点的，就在他们旁边。采用这样的跟随策略，能够慢慢提升自己的知名度，寻找到一些其外围、非核心层的客户合作。

从竞争对手处找客户的方法还有很多，如从对手的货代或开户银行处获得客户资料，从对手的标签印刷单位获取标签信息等。但是要注意的是，以上这些手段不能无节制地使用，特别是不提倡对国内的竞争对手采用。

【课堂实训】请在 Facebook 或 LinkedIn 等社交平台注册一个账号，并发布一个产品信息（产品自由选择），寻找潜在的客户。

项目实训

小王所在的外贸公司经营的产品主要是鞋子,目前公司已是阿里巴巴付费会员,并将于 2019 年 10 月参加德国的杜塞尔多夫鞋展。请根据本项目所学知识,为小王制定开发客户的方案。

项目5

B2B平台营销

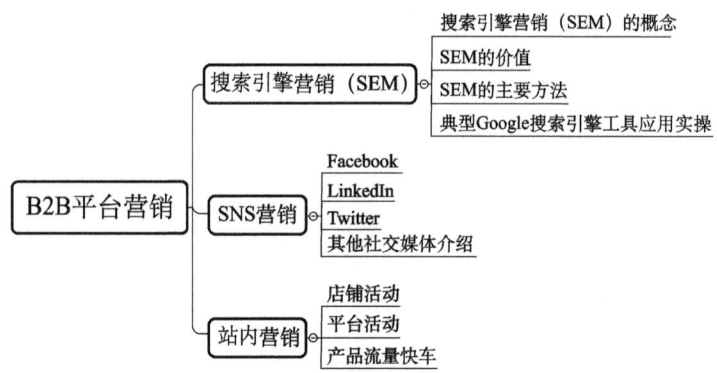

知识目标

- 理解搜索引擎营销（SEM）的概念和价值；
- 掌握 SEM 的主要方法；
- 掌握 SNS 的主要方法；
- 理解常见的社交媒体平台使用方法；
- 理解站内营销的主要方式；
- 掌握站内营销工具与活动的主要使用方法。

技能目标

- 能够熟练地应用搜索引擎工具进行 SEM；
- 能够熟练地使用多个社交媒体软件进行 SNS；
- 能够熟练地利用多种工具和活动进行站内营销。

情境导入

小王为公司进行网站和店铺运营工作已经有一段时间了，但是他发现店铺流量很少，他去跟同行打听了一下,发现自己营销方面做得还很不够,听说做好店铺营销,应该内外一起用力,可是应该从哪几个方面开始入手呢?

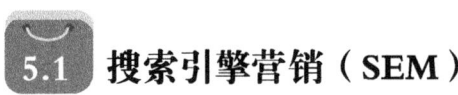 搜索引擎营销(SEM)

5.1.1 搜索引擎营销(SEM)的概念

提到网络营销,稍微有点经验的营销者都会联想到搜索引擎营销。就目前的网络发展来看,搜索引擎在网络应用中处于非常重要的地位,因为这种地位造就了搜索引擎对用户引导有着非常直接的作用。

搜索引擎(Search Engine)是对互联网上的信息资源进行搜集整理,然后提供查询的系统,它包括信息搜集、信息整理和用户查询三个部分。搜索引擎近20多年来,互联网行业内发展最为迅速的领域之一。互联网就好像一个巨型的网络图书馆,在这个网络图书馆中存在着,并且时时刻刻都在产生着大量的信息。数以万计的信息远超出了我们的想象与掌控,如果没有搜索引擎的出现,也许我们根本无法找到我们想要的目标信息。

搜索引擎营销即SEM,是Search Engine Marketing的英文缩写。SEM是一种新的网络营销方法,所做的就是全面而有效地利用搜索引擎来进行网络营销和推广,根据用户使用搜索引擎的习惯,采用付费形式或者技术手段,使网页在关键词搜索结果中排名靠前,引导用户点击,从而达到品牌展示和促进销售的目的。SEM追求最高的性价比,以最小的投入,获得最大的访问量,并产生商业价值。

搜索引擎是海外市场最大的几个流量入口之一,最常见的是谷歌(Google),除此之外,微软必应(Bing)、雅虎(Yahoo!)、俄罗斯的Yandex等也是当地人们常用的搜索引擎。

搜索引擎营销得以实现的基本原理是:企业将信息发布在网站上成为以网页形式存在的信息源,搜索引擎将网页/网站信息收录到索引数据库,用户利用关键词进行查询和检索,检索结果罗列相关的索引信息以及链接URL,用户选择有兴趣的信息并点击URL进入信息源所在的网页,从而完成了企业从发布信息到用户获取信息的全过程。

 知识拓展

全球主流搜索引擎介绍

目前搜索引擎已经国际化,在全球范围内,Google仍是市场占有率第一(90.62%)的搜索引擎。除了Google,Bing和Yahoo!依然是主流的搜索引擎,分别占据市场的3.22%和2.09%份额。近两年俄罗斯的Yandex飞速发展,在俄罗斯本地搜索引擎的市场份额已远超Google。

想要在当地市场开拓一片天地，搜索引擎的重要性不言而喻，广告主对于用户群体的覆盖度是建立在搜索引擎对于本地市场的覆盖度基础上的，那么对于不同的地域，搜索引擎的选择也是至关重要的，除了主流的 Google，Bing 和 Yandex 也是目前做搜索引擎外贸推广不可忽视的重要渠道。

1. Google 搜索引擎及主要市场分布

Google 是一家美国的跨国科技企业，致力于互联网搜索、云计算、广告技术等领域，开发并提供大量基于互联网的产品与服务，其主要利润来自 AdWords 等广告服务。Google 的使命是整合全球信息，使人人皆可访问 Google 并从中受益。Google 被公认为全球最大的搜索引擎，也是互联网上 5 大最受欢迎的网站之一，在全球范围内拥有无数的用户。Google 允许以多种语言进行搜索，在操作界面中提供多达 30 余种语言选择。除此之外，Google 还多次入围《财富》100 家最佳雇主榜单。

Google 由当时在斯坦福大学攻读理工博士学位的拉里·佩奇和谢尔盖·布卢姆于 1998 年 9 月共同创建，他们开发的搜索引擎屡获殊荣，是一个用来在互联网上搜索信息的简单快捷的工具，因此两人也被称为"Google Guys"。1998 年 9 月 4 日，Google 以私营公司的形式创立，设计并管理一个互联网搜索引擎"Google 搜索"。Google 网站则于 1999 年下半年启用。Google 做事的行为准则是拒绝邪恶的事物（No Evil），它们的站点时常具有幽默感的特征，如它们的图标有选择地在特定时期内风趣地变化。

2. Bing 搜索引擎及主要市场分布

必应（英文名：Bing）是一款微软公司于 2009 年 5 月 28 日推出的用以取代 Live Search 的全新搜索引擎服务，中文品牌名为"必应"。必应作为全球第二大搜索引擎，覆盖全球 36 个国家和地区，拥有超过 6 亿高购买力用户。截至 2013 年 5 月，必应已成为北美地区第二大搜索引擎，如果加上为雅虎提供的搜索技术支持，必应已占据 29.3% 的市场份额。

2013 年 10 月，微软在中国启用全新明黄色必应搜索标志并去除 Beta 标志，这使得必应成为继 Windows、Office 和 Xbox 后的微软品牌第 4 个重要产品线，也标志着必应已不仅仅是一个搜索引擎，更将深度融入微软所有的服务与产品中。在 Windows Phone 系统中，微软也深度整合了必应搜索，通过触摸搜索键引出，相比其他搜索引擎，其界面也更加美观，整合信息也更加全面。

"必应搜索 全球 PK 赛"是由微软发起的搜索质量盲测平台。该测试在排除品牌信任影响的情况下进行，让用户选出"真心"喜欢的搜索引擎。用户登录活动页面后可自主选择 5 个关键词进行搜索，从而在无品牌影响的情况下直观对比必应和 Google 的网页搜索结果。在北美地区 2500 万参与者中，64% 的人对必应的搜索结果感到惊喜，33% 的人表示会更多使用必应，17% 的人则表示会迁移到必应。

3. Yandex 搜索引擎及主要市场分布

Yandex 是俄罗斯第一大搜索引擎，是俄罗斯最大的互联网公司，创建于 1997 年，目前已经发展成为一个提供搜索、图片共享、社交网络、网络支付、免费网站托管，以及其他服务的门户网站。

Yandex 是俄罗斯重要网络服务门户之一。据 Gallup 传媒、ФOM 和 Комкон 调查公司资料显示，Yandex是俄罗斯网络拥有用户最多的网站。据Yandex 2009年10月官方统计，每天有超过1500万人次访问Yandex的网页，这些访问者来自俄罗斯、白俄罗斯、乌克兰等许多国家。Yandex目前所提供的服务包括搜索、最新新闻、地图和百科、电子信箱、电子商务、互联网广告及其他服务。该款搜索引擎掌握了大量复杂的俄语语法。

俄罗斯及周边东欧国家一直是中国对外贸易的重点区域，每年其材料与设备进口量数额大，这些地区也一直是外贸出口商的兵家必争之地，想要在互联网上胜对手一筹，那么Yandex一定是制胜法宝之一。

5.1.2　SEM的价值

美国知名搜索引擎营销专业服务商iProspect和市场研究公司Jupiter Research联合调查显示：互联网用户使用搜索引擎越来越没有耐心，大多数网民的检索习惯是仅仅关注搜索结果的前几页，如果企业信息出现的位置较后，被用户发现的机会很低，甚至几乎为零。

因此，通过搜索引擎营销手段让自己的网站在搜索结果中排到靠前的位置是十分必要的，这样搜索引擎才可能为企业带来更多的关注和点击，同时也带来更多的商业机会。因此，要对搜索引擎收集信息的方式进行针对性的研究，以便在有限的搜索结果中引起用户关注并最终点击搜索结果进入网站。

5.1.3　SEM的主要方法

它的方法主要包括：搜索引擎优化（SEO）、竞价排名、购买关键词广告等。

1. 搜索引擎优化（SEO）

搜索引擎优化（Search Engine Optimization，SEO）是指从自然搜索结果中获得网站流量的技术和过程，是在了解搜索引擎自然排名机制的基础上，对网站进行内部及外部的调整优化，改进网站在搜索引擎中的关键词自然排名，获得更多流量，从而达成网站销售及品牌建设的目标。SEO技术是提高搜索引擎搜索排名的最主要的技术手段，它包括关键词优化、网站内容优化、URL地址优化、目录结构优化、网站导航优化、图片优化等。

相对其他推广宣传方式来讲，SEO花费的费用少，获得流量比较稳定、长久，排名靠前不容易掉下来，因此这也是提高自身品牌的最佳方式。但SEO的效果发挥较慢，一般要三个月以上才能见效。

1）关键词优化

关键词就是用户命令搜索引擎寻找的东西，关键词形式多样，可以是多种语言，也可以是一个字、两个字、三个字甚至是一句话。对于网站关键词的选取应注意以下几点。

（1）关键词的相关性。SEO选择目标关键词的原则首先是必须与网站内容有相关性，也就是与你的网页内容一定要相关，关键词和内容的相关性要强，整体的内容中需体现产品的关键词。

SEO早期曾经流行在页面上设置甚至堆积搜索关键词，现在这样的做法早已过时，网站需要的不仅仅是流量，更是有效流量，即可以带来订单的流量，靠欺骗性的关键词带来访客除了消耗带宽，没有其他作用，对网站毫无意义，这样的排名和流量不是资产，而是负担。

（2）选词不要太宽泛。主关键词设置不可太宽泛，也不可太特殊。网站主关键词，或者称为网站核心关键词，既不能设得太长、太宽泛，也不能设得太短、太特殊，需要找到一个平衡点。

（3）关键词要选搜索次数多、竞争程度小的词。关键词选择最核心的要求是搜索次数多竞争程度小。搜索次数可以通过搜索引擎本身提供的关键词工具查看，简单明了，数字比较确定。大部分搜索次数多的关键词，也是竞争程度大的关键词，很显然，最好的关键词是搜索次数最多、竞争程度最小的那些词，这样既保证SEO代价最低，又保证流量可以达到最大。

研究搜索次数比较直接、简单，Google关键词工具及百度指数都提供搜索次数数据，通过大量细致的关键词挖掘、扩展，列出搜索次数及竞争程度数据，还是可以找到搜索次数相对多、竞争相对小的关键词。竞争程度的确定比较复杂，需要参考的因素较多，而且带有比较大的不确定性。根据搜索次数和竞争程度可以大致判断出关键词效能，在相同投入的情况下，关键词效能高的词获得好排名的可能性较高，可以带来更多流量。

2）网站内容优化

对网站来说，提供高质量的、对用户有益的内容恐怕是所有讨论的各种要素里最重要的一部分。用户很容易分辨出网站提供的内容是否是高质量的，并且他们也乐意通过各种社交网络来向自己的朋友推荐好的网站，这同时也会提高网站在用户和搜索引擎中的声望，而这一切都离不开高质量的内容。

首先，应撰写容易阅读、浅显易读的内容，有条理地组织内容，段落清晰，让读者能够清楚地了解内容的起始和逻辑，避免将大量不同主题的内容放在同一页上，却没有任何的分段、标志和层次划分。

其次，应提供原创的、独特新颖的内容，不要模仿甚至抄袭别人的内容。原创内容不仅仅能吸引更多的用户，还可以招揽更多的回头客。而搜索引擎对于原创内容的识别能力也越来越高。

3）URL地址优化

为网站上的文件创建具有良好描述性的分类名和文件名，不仅可以更好地组织网站结构，还有助于搜索引擎更有效地抓取文件。虽然搜索引擎能够抓取复杂的URL，但提供相对简单的URL，对于用户和搜索引擎来说都是有帮助的。

优化URL结构的主要方法有：网站自始至终都使用一个URL地址，不要来回变更地址，如果用带WWW的域名地址，则将不带WWW的域名地址使用301重定向技术重定向到主要地址；避免使用大小写字母的URL；网站的URL尽量使用静态URL，避免使用动态URL；URL越短越好，URL的内容最好使用拼音或者英文，方便记忆。

对于动态网站来说，使用伪静态技术可以让网站的外部看起来和静态网站一样，利于搜索引擎的索引。

4）目录结构优化

目录结构最好用一级和二级，不要超过三级。目录的组织方式应尽量采用"首页→栏目页→内容页"方式。目录名采用拼音或者英文。避免使用多层嵌套的子目录。

5）网站导航优化

网站的导航功能对于帮助用户迅速找到他们想要的内容来说是很重要的，它对帮助搜索引擎理解该网站有哪些重要内容同样非常重要。网站地图是将网站上用于展示网站结构的网页以层级式列表的方式展示。网站导航的主要目的是方便用户，但同时它也有利于搜索引擎对整个网站页面更全面地抓取。

主要的网站导航方法有：创造一个自然的层叠结构的网站导航页面，这个导航页面可以让用户很容易地从主干页面找到他们需要的特定内容；有必要的话可以在保证内部链接结构合理的基础上添加导航页。

6）图片优化

图片优化对于网站页面来说也非常重要，SEO 图片优化需要注意以下几点。

首先，网站中重要的内容，不要使用图片。绝大部分图片中的内容搜索引擎是无法识别的。对于导航或者网页中重要的位置，建议使用文字来描述，切勿使用图片。

其次，合理利用 ALT 标签。ALT 标签指的是对图片的描述标签，简单来说它就是我们所买的产品盒子上贴的产品说明。搜索引擎判断图片内容，会主要参考 ALT 标签中的内容。ALT 标签通常是加到 <img> 标签内部的。具体的使用方法如下：

<img src= "/image/logo.jpg" alt= " 图片描述 " />

在使用 ALT 标签时，要对图片进行描述。切勿写与图片无关的内容，或者直接堆砌关键词，例如：

<img src= "/image/logo.jpg" alt= " 图片描述，描述图片，图片图片，描述描述 " />

再次，图片周围的文字描述要详细。图片周围的文字（图片上下文），会影响搜索引擎对图片的判断。因此，文字描述和图片要有相关性。

最后，图片像素和大小要适中。图片像素越高越清晰，建议每张图片不得大于 200KB。如果图片体积太大，会影响网站加载时间，导致用户体验很差。另外图片尺寸要合适，比例控制在 4∶3 是最好的。

 知识拓展

国外 SEO 资深博客论坛和站点

1. SEO 论坛

WebmasterWorld.com　　网址：http：//www.webmasterworld.com/

SearchEngineland　网址：http：//searchengineland.com/

DigitalPoint　网址：http：//forums.digitalpoint.com/

High Rankings SEO Forum　网址：http：//www.highrankings.com/forum/

2. SEO 博客

Matt Cutts 的博客　网址：http：//www.mattcutts.com/blog/
SERoundtable　网址：http：//www.seroundtable.com/
SEOmoz　网站：http：//www.seomoz.org/
Jim Boykin　网址：http：//www.jimboykin.com/
SEO by the Sea　网址：http：//www.seobythesea.com/
SEO Black Hat　网址：http：//seoblackhat.com/
SEO Book　网址：http：//www.seobook.com/
Shoemoney　网址：http：//www.shoemoney.com/

2. 竞价排名

竞价排名是一种按照效果付费的网络推广方式，是由客户为自己的网页购买关键词排名、按点击计费的一种服务，付费越高，排名越靠前。客户可以通过调整每次点击付费的价格，控制自己在特定关键词搜索结果中的排名，并可以通过设定不同的关键词捕捉到不同类型的目标访问者。

在搜索引擎营销中，竞价排名的特点和主要作用如下：

（1）按效果付费，费用相对较低。

（2）竞价排名出现在搜索结果页面中，与用户检索内容高度相关，增加了推广的定位程度。

（3）竞价结果出现在搜索结果靠前的位置，容易引起用户的关注和点击，因而效果比较显著。

（4）搜索引擎自然搜索结果排名的推广效果是有限的，尤其对于自然排名效果不好的网站，采用竞价排名可以很好弥补这种劣势。

（5）企业可以自己控制点击付费价格和推广费用。

（6）企业可以对用户点击情况进行统计分析。

竞价排名的优点在于精准投放、见效快，只要充值并设置关键词价格后即可进入搜索引擎排名前列；推广关键词不分难易程度，数量无限制，可以在后台自由设置。但其同时也存在费用高、管理麻烦、稳定性差和有可能被竞争对手与广告公司恶意点击等缺点。

竞价排名和网站优化各有优势，即使是做了 PPC（Pay Per Click，按照点击付费）付费广告和竞价排名，最好也应该对网站进行搜索引擎优化设计，并将网站登录到各大免费的搜索引擎中。对于预算充足的公司可以先做竞价排名，与此同时进行 SEO，当 SEO 工作结束，排名达到要求后，再停止竞价排名，这样可以顺利过渡也不会对营销造成影响。

3. 购买关键词广告

关键词广告也称为"关键词检索"，简单来说就是当用户利用关键词进行网络搜索的时候，搜索出来的结果大多包含关键词，用来达到关键词搜索的目的。由于关键词广告是在特定关键词的检索时，才出现在搜索结果页面的显著位置，所以其针对性非常高，被称为性价比较高的网络推广方式。

关键词广告模式具有如下 10 个特点：

（1）关键词广告是"立竿见影"的网络推广模式。由于资金的投入，广告的展示自然会优先出现在搜索结果靠前的页面，因此容易被广大的网民发现并对此产生兴趣，以此实现推广的目的。

（2）搜索引擎关键词广告的灵活自主性。由于关键词广告管理系统的不断优化，企业可以自由选择在哪一个时间段、在页面的哪一个位置投放广告，也可以规定每日投放的金额。由此可见搜索引擎关键词广告的灵活自主性。

（3）按有效点击次数付费，推广费用相对较低。"按有效点击次数付费"是指网民在浏览广告而没有点击信息的情况下，企业是不需要为广告付费的，只有网民在真正点击并观看了页面信息，企业才需要向搜索引擎服务商付费。相对于千人印象数的收费模式而言其更加合理，企业也会更愿意选择此种方式进行产品推广。

（4）关键词广告的用户定位程度较高。对于这种广告形式，要求用户具有主动浏览信息的特点，符合"网络营销用户决定营销规则"的思想，属于绿色健康的网络营销模式。

（5）关键词广告形式简单，降低广告制作成本。关键词广告主要在文字方面下功夫，对标题、摘要信息等进行简单概要的阐述即可，不需要图片、背景、版式等方面的设计，相对于传统的广告模式而言，降低了广告的制作成本。

（6）关键词广告投放以及管理效率较高。关键词广告的投放形式简单，只需要编辑后点击"发送"按钮即可。如需对内容进行修改也只需要点击"编辑"按钮即可实现内容的重组。

（7）关键词广告引导用户到达页面的针对性更强。关键词广告所链接的页面，通常称为着陆页，即用户达到的第一个页面。关键词广告所链接的 URL 由广告主自行设定，从而引导用户去浏览任何一个页面。在自然检索的结果中，搜索引擎收录的页面信息也是不由网站运营人员掌控的，因而这也成为了关键词广告的一个特点，做到引导用户到达页面的针对性更强。

（8）关键词广告具有原生广告的一般特点。原生广告具有以下三个特点，即内容的价值性、内容的原生性、用户的主动性。

（9）关键词广告效果一目了然。在购买了关键词广告的服务后，搜索引擎服务商会给企业提供一个简单快捷的管理入口，使得企业可以清晰明了地知道广告的点击率、广告的费用等，也可以随时对广告效果进行统计和分析，积累经验，从而做出更有效的决策。

（10）关键词广告是对搜索引擎优化的补充。搜索引擎优化是对网络基本要素优化的反映，但其难以做到覆盖面广，而关键词广告推广则是对自然检索推广的有效补充，综合利用两者的优势则更有利于提高搜索引擎营销的效果。

5.1.4 典型 Google 搜索引擎工具应用实操

大部分出口企业对于 Google 推广一定感到不陌生。作为海外主流的搜索引擎，Google 推广一直是开发客户和店铺引流的主要渠道。在多数人的记忆中，Google 推广就是购买搜索关键词的竞价广告。而事实上，Google 还有很多市场分析和推广营销工具供用户选择和使用，便于我们了解产品及行业情况，指导我们找到最精准的推广方式。

1. Google Analytics 工具

Google Analytics（Google 分析）是 Google 提供的一项免费的网站分析服务，自从其诞生以来，广受好评。Google Analytics 功能非常强大，只要在网站的页面上加入一段代码，就可以提供丰富详尽的图表式报告。

Google Analytics 账户有 80 多个分析报告，可对整个网站的访问者进行跟踪，并能持续跟踪营销广告系列的效果（不论是 AdWords 广告系列、电子邮件广告系列，还是任何其他广告计划）。利用此信息，客户可以了解哪些关键词真正起作用、哪些广告词最有效、访问者在转换过程中从何处退出。

Google Analytics 中有非常丰富的资料，这里提供几个常见分析指标。

1）人口统计变数

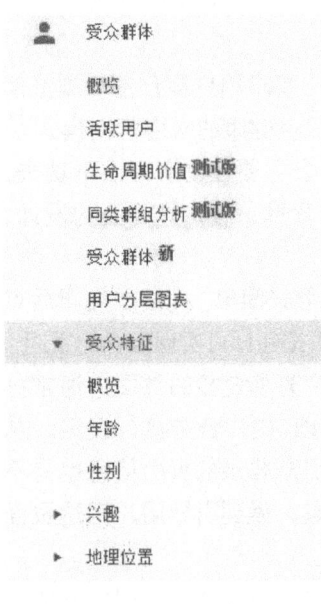

图 5-1　受众群体

在"受众群体"（见图 5-1）中，你可以看到独立使用者的行为模式。

- 受众特征：你可以看到浏览你网站的用户的年龄区间、性别。
- 兴趣：可以看到他们可能在 Google Cookie 中留下的资讯，演算相对应的兴趣偏好，甚至是潜在客户与一般使用者的差别。
- 地理位置：可以看到浏览网站的用户他们所在的位置以及使用的语言。

在所有统计数据中，了解人口统计变数是最基本的要求。根据用户的年龄层、性别、兴趣以及所在的位置，可以在未来针对不同的用户给予定制化的内容，或是调整自己的商品服务。

2）使用者行为

使用者行为指标如图 5-2 所示。

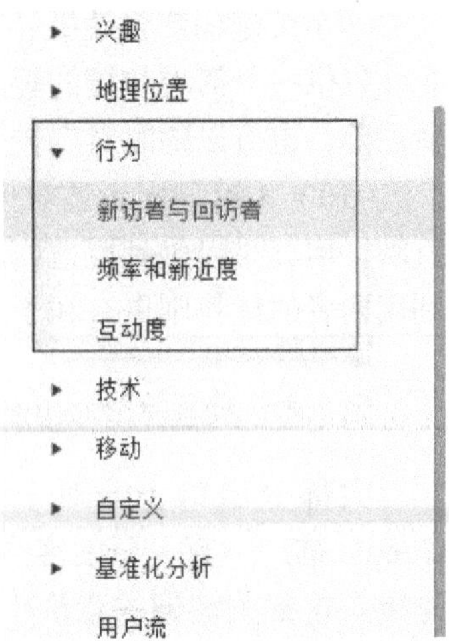

- 行为：可以辨识用户是第一次访问你的网站的用户，还是重复浏览的用户，了解他们浏览网站的频率、回访的频率以及互动度。
- 技术：可以让你看到使用者所使用的浏览器、操作系统、屏幕分辨率、屏幕色彩、使用的网络运营商。
- 移动：可以看到用户所使用的手机品牌、型号和操作系统，这对于手机行业的人或许会很有帮助，甚至你可以根据用户的手机信息，辨别他们可能的消费行为、习惯。
- 自定义：若有需要可以特别针对什么样类型的使用者做追踪，也可以自定义变数以及定义使用者。
- 基准化分析：可以看到不同国家的使用者的使用流程，如果你的网站拥有不同国家的客户群，则可以从此看出不同国家使用者的行为和习惯差异，或是调整你的网站

图 5-2　使用者行为指标

内容、页面设计等。

3）用户分层图表

如果你希望可以了解忠诚客户的行为，可以回到受众群体页面（见图 5-1），点击"用户分层图表"，如图 5-3 所示，根据你对"忠诚"的标准，比如说交易次数最多、平均会话时长最长，以不同的筛选条件进行筛选，找出该用户的习惯和行为。

在"概览"中其实就可以针对不同的用户、使用的系统和设备做简单的了解。而在"生命周期价值"中也可以看到使用者大多数是通过什么途径进到你的网站中的，如通过自然搜索、社交媒体、直接浏览、邮件、其他网站的外链等。

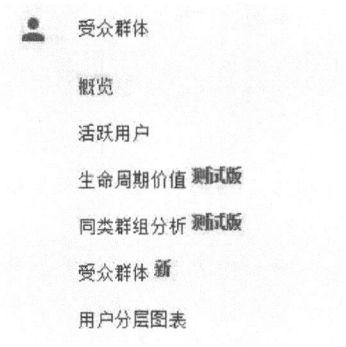

图 5-3 用户分层图表

在"流量获取"→"所有流量"→"来源 / 媒介"中可以进一步看到使用者进入途径更详细的细节，例如通过移动设备浏览 Facebook 中的文章导入的、通过 Yahoo 的自然搜索进入的等，如图 5-4 所示。

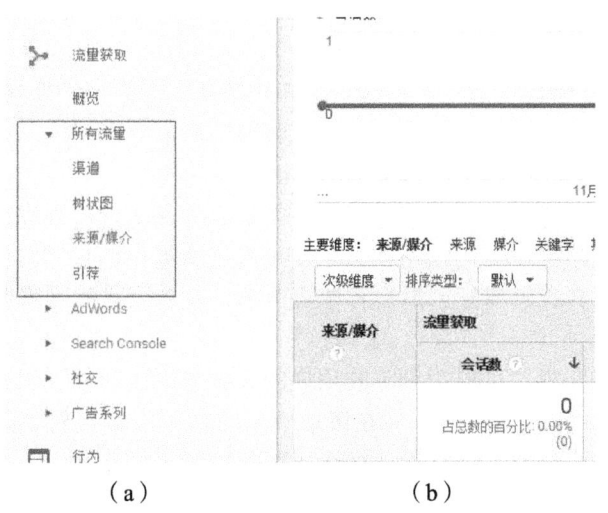

（a） （b）

图 5-4 来源 / 媒介

在"行为"这个大项目中，你可以看到用户在访问网站上的大致行为流程，细节包括网页内容的深入分析、达到网页和离开网页、网站整体的内容。

4）热门字词与页面

在"流量获取"→"所有流量"→"渠道"（见图 5-4(a)）中，你同样可以查看网站的流量来源以及渠道，还可以进一步看到人们做了什么样的搜索，如图 5-5 所示。

- "Search Console"可以看到网站的热门关键词。
- "着陆页"可以看到该时间段内，浏览量最高的内容。

图 5-5 流量获取

- "社交"可以在 Google Analytics 后台看到你在每个社交媒体平台上的表现,免去在不同平台要安装不同的资料分析软件。
- 通过"行为"→"网站内容"→"内容深入分析/着陆页"也可以进一步分析网站最常被浏览的页面、用户链接的通道以及他们到达哪个网页又从哪个网页离开。

5)网页速度

从"行为"→"网站速度"中,你可以看到在人们常看的网页中,哪些网页的载入速度较慢,因此可以对相关页面进行内容的优化,或者找出让网页加载的时间过长的原因。

6)站内搜索

在"行为"→"站内搜索"→"搜索页面"中,你可以查看使用者通常会搜索哪些内容,或对什么样的主题有疑问,在未来设计内容的时候可以针对这些主题,或者是优化用户在整个网站上的操作流程,减少用户使用搜索的频率。

当用户不需要在你的网站上"找"资料时,这就表示,你的网站分类和设计做得还不错,让他们在主要的页面上就可以找到其所需的资讯。

7)转化

"电子商务"可以告诉你网站上什么商品卖得最好、业绩如何、成交次数以及使用者的购买周期。如果使用者想注册成为你的会员或填写联络咨询表,则他们会出现在"目标"中。

"最佳转换路径"会直接帮你计算路径的转化结果,而在"转换耗时"和"路径长度"中则可以看到使用者从造访你的网站到"达成转换"所需要的时间,以及他们是通过几个步骤才到达你想要他们完成转化的那个页面的。

对于卖家而言,肯定非常想要知道用户可能是因为什么内容而完成转化的,此时可以通过买家转化路径判断出你的网站是否符合使用者之所需,而在"转化耗时"和"路径长度"中一般来讲希望其越短越好,消费者越快下单,就越容易找到需要的商品并结账。

8)使用者区域

当你拥有了一些资料,可以辨别不同用户的大致雏形的时候,可以进一步将"受众群体"进行"细分",如此一来,未来你在读取资料时就可以直接看到某些特定客户群的行为表现,而不用再去找资料了。添加受众特征页面如图5-6所示。

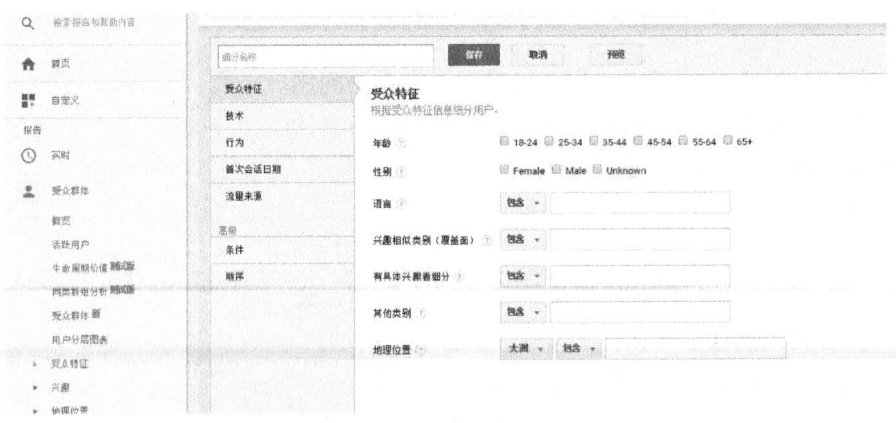

图5-6 添加受众特征页面

2. Google Shopping

Google Shopping（谷歌购物）是 Google 推出的一款比价产品，它的目的是让用户很容易进行购买研究，找到不同产品的功能和价格等信息，然后直接联系商家进行购买。在 2016 年第四季度，Google Shopping 占到了美国付费搜索点击量的 43%。截至 2018 年，Google Shopping 广告占所有零售搜索广告支出的 76.4%，而这一搜索支出带来的点击量占所有点击量的 85.3%。

1）Google Shopping 的实操技巧

对于广大跨境电商卖家来说，通过 Google 导入流量是跨境电商运营的关键点，跨境电商新手想要使用 Google Shopping，首先要通过 Google Base 注册页进行注册，进入 Google 的商家中心，提交你的跨境电商平台的基本信息，再组织 XML 文件格式的产品信息，文件中应包括必填属性、推荐属性、可选属性等信息。最后将文件提交给 Google Base 后台，一般在提交半小时内就可以显示提交是否成功。如果提交成功，你就可以在 Google Base 控制面板中查看主产品信息、点击数量和 API 等数据。

2）Google Shopping 的搜索优化技巧

首先是商品链接的产品标题，标题中一定要设置产品的关键词，但是也不能重复设置，同时关键词的设置要跟你的产品相匹配，这样可以提升产品和标题描述的相关性，从而提升你在 Google 搜索结果中的排名，吸引流量。

其次是产品价格。因为 Google Shopping 本身就是比价工具，你可以提交最具价格竞争力的商品链接，这样客户在价格比较时就会被优先推荐。

接着是产品描述。产品描述的核心就是产品的核心关键词要和产品精准匹配，匹配度越高搜索权重越大。

还要保持数据的持续更新。只有保证数据的及时性才有利于在 Google Shopping 中的排名。

最后一个因素非常关键，就是客户的口碑评价。这个道理非常简单，参与过淘宝购物的中国消费者都明白其中的道理，产品的评价越高，你的搜索权重就越大。

3）Google Shopping 如何确定单次点击成本

Google 收取 Google Shopping 产生的单次点击费用，是根据卖家在商家中心的出价进行排名招标的，出价越高，排名越靠前，当然收费也更高。

4）Google Shopping 的禁止原则

Google Shopping 会根据用户搜索的关联度、评价和口碑来选择优质卖家，剔除不诚信的卖家。请注意，枪支、刀具、烟草等不能在 Google Shopping 中销售展示。

【课堂实训】结合所学知识，使用 Google 搜索引擎工具，进行 SEM 营销实操练习。

5.2 SNS营销

SNS全名Social Networking Services，即社会性网络服务，专指旨在帮助人们建立社会性网络的互联网应用服务。SNS营销指的是利用这些社交网络建立产品和品牌的群组、举行活动，利用SNS分享的特点进行病毒营销之类的营销活动。全球有30多亿人在使用社交媒体，而这个数字还在以惊人的速度增长。大量的受众带来了巨大的机遇，SNS成为跨境电商品牌全渠道营销最重要的几大渠道之一。比起传统的广告渠道，社交网络可以找到更精准的客户，提高成交率，并且因为社交网络具有很强的互动性，可以使广告得到很快的反馈。有效的SNS营销不仅有助于企业品牌的建立和推广，让潜在客户对品牌有一个很强的认知度，也对销售及企业的发展产生积极影响。Shareaholic通过4个月内对全球30万家网站的追踪研究显示，社交媒体的推荐将为一个网站贡献30%的流量。

在全球范围内，比较常用的社交媒体主要有Facebook、LinkedIn、Twitter、YouTube、Pinterest、Instagram等。

5.2.1 Facebook

1. Facebook简介

Facebook是一个创办于美国的社交网络服务网站，于2004年2月4日上线，创办人是马克·扎克伯格。截至2018年第一季度，Facebook平台每月活跃用户数量为21.9亿，约占全球人口的29%，是全球第一大社交网站。用户可以建立个人专页，添加其他用户作为朋友并交换信息，包括自动更新及即时通知对方专页。此外，用户可以加入各种群组，例如工作场所、学校、学院或其他活动。

Facebook是一个综合社交网络，创造性地将人与人之间的线下关系搬到线上，通过Facebook可以维持与朋友、客户之前的关系，也可以建立新的人际关系，通常用户在Facebook中上传的照片或者头像都是真实的，通过这种真实的与客户之间的互动，使得客户与我们之间有了一种可信任的良性交流，从而更容易基于信任而建立业务关系。Facebook具有信息传播快、信息量大、客户精准、广告效果可量化等显著特点，是目前国内企业出海开展国际贸易的主要渠道之一。

2. 建立公司公共专页

利用Facebook，我们可以完善自己公司的公共专页，等待客户主动联系。专页的名称要与现在的品牌和业务地区相关。Facebook专页地址要与品牌或者公司网站、网址一致。前期在注册Facebook账号时，给Facebook账号分好类很关键。创建公共专页用的账号应该是主账号，不要用营销账号。

创建步骤：

（1）打开Facebook首页，如图5-7所示。

项目 5　B2B 平台营销

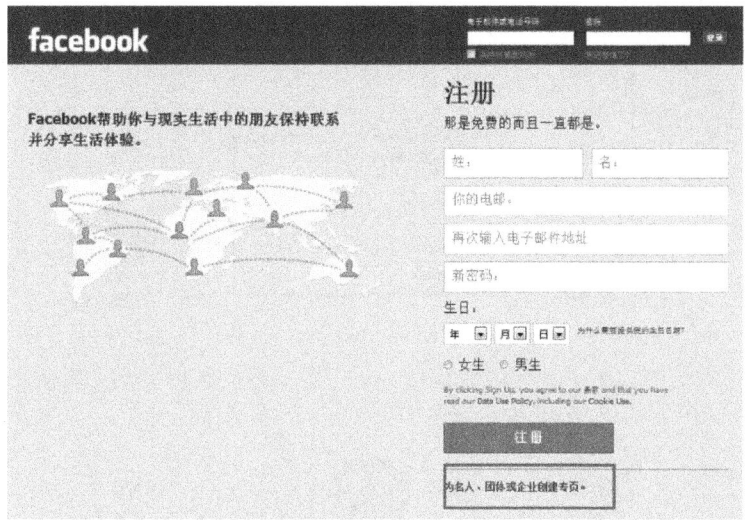

图 5-7　Facebook 首页

（2）选择为企业"创建专页",如图 5-8 所示。

图 5-8　创建专页

（3）在打开的页面中选择"公司、组织或机构",如图 5-9 所示。

图 5-9　公司、组织或机构

（4）在打开的页面中选择行业，输入公司名称，如图 5-10 所示。

图 5-10　输入公司名称

填完公司名称后，还要创建 Facebook 账户。可使用已有的 Facebook 账号进行绑定，如果没有，就用 E-mail 注册新的 Facebook 账号，如图 5-11 所示。

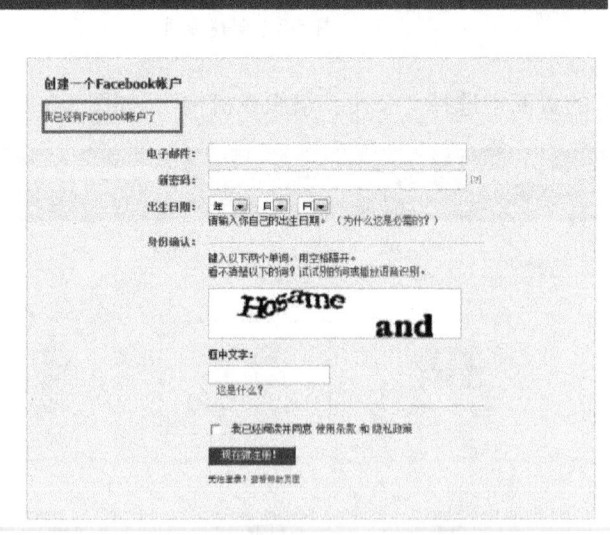

图 5-11　与原有的 Facebook 账号绑定或注册新账号

（5）输入邮箱账号及密码，点击"登录"按钮，如图 5-12 所示。

项目 5　B2B 平台营销

图 5-12　输入账号和密码

（6）在打开的页面中上传头像，如图 5-13 所示。

图 5-13　上传头像

（7）填写个人简介，如图 5-14 所示，填写后点击"保存信息"按钮。

图 5-14　填写个人简介资料

不启用广告，点击"跳过"按钮，如图5-15所示。

图5-15　不启用广告

（8）专页创建后，就可以进入管理员界面了，如图5-16所示。

图5-16　管理员界面

专页建立之后即可拥有管理员的权限，专页风格的设置需要与公司网站大体保持一致，可以设置专页的名称和网址、联系方式并且创建Facebook短网址。如果已经在其他社交平台有过推广活动还可以在Facebook中添加其他应用，例如Twitter、Pinterest、Google等。当公共专页建立好之后，可以开始在专页中发布内容，内容要有独创性、有吸引力并且图片要抓人眼球。我们在正式开始建立内容之前，可以参考竞争对手或者其他行业公司的专页，看他们是如何撰写内容的，要做到让更多的Facebook用户关注自己的公共专页。

3. Facebook专页的运营技巧

1）外观部分

首先，要优化封面照片设计。

封面照片是浏览者到你的公共专页时，第一个会注意到的项目。所以试着透过封面照片传递你想要让对方知道的讯息，包括商店的链接、优惠的代码和行动呼吁等。

此外，尽量让封面照片多元化，让读者一进来就知道这是一个什么样的专页，纳入各种吸引人的元素，让人有想要到你的网站逛逛的冲动。

其次，加入行动呼吁。

为了符合不同专页的需求，Facebook 也新增了各式各样的行动呼吁按钮。你可以选择几个预先设计好的 CTA 置入你的页面中，或是与自己的电商网站建立链接。

再次，在商店中加入"关于"部分。"关于"部分，可以包含几件事情，如地址、影片、简短地介绍你的专页或是你的商店、你所做的事情以及最重要的链接。将你的商店链接加入到"关于"部分，让任何人在看你的专页时，都有机会透过专页导流到你的电商网站。

最后，置顶帖文。置顶帖文就像是最强而有力的宣传。你可以根据每一季的销售或是每次特殊的活动、节庆销售等将帖文置顶，让来访者可以一眼就看到最重要的讯息，若没有特殊的活动，则可以置顶特价的帖文或是期望让来访者知道的资讯。

2）内容经营

如果想要让你的业绩持续增长，那么持续活跃地发文就是个必要的手段。但这不是说一天要张贴很多文章，或是毫无章法地张贴文章，而是要有系统性地计划将要发布的内容。因此在置顶每一则帖文前都必须想清楚目的，希望来访者可以从中获得什么样的讯息，如可能是教育性、娱乐性、互动性、协助性等信息。另外，专页就像是品牌的代言人，其经营理念和企业的理念要保持一致。

3）启动外链计划

仅仅只有排程帖文是不够的，我们必须更广泛地去主动接触人群、社团。当有了越多的粉丝，便会有更多人看到我们的动态。如果想要让人们关注我们的专页，可以这么做。

首先，加入 Facebook 社团。可以试着在 Facebook 上找寻可能成为你潜在客户群的社团，然后通过在 Facebook 社团中与他们互动，包括留言、点赞等，增加人们对你的信任。之后可以征询板主的意见，主动张贴或留言与自家商品相关的活动讯息。最佳的方式是在自己的专页发布后，再将它分享至社团，这样不仅能让人们看见你的商品，同时也能看见你的专页，可以说是"一石二鸟"。

其次，与其他类似的专页成为伙伴关系或是相互分享。当接触别的专页时，他们同时也会关注到我们，最好的办法就是用官方账号分享他们的内容，并且在他们的专页上使用我们的官方账号在底下留言回应，透过在人气较旺的专页上的互动，可以增加接触潜在客户群的机会。

4）评估结果

在经营了一段时间之后，势必会知道我们的 Facebook 专页为电商网站带来了多大的效益。可以从后台的洞察报告中观察出一些蛛丝马迹，比如，受众的性别、活跃时间、习惯使用的装置等。再看看自己还有哪些不足之处，如更进一步地学习投放广告和广告操作方式，或是新推出的功能等。

5.2.2 LinkedIn

1. LinkedIn 简介

LinkedIn（领英）创建于 2002 年，致力于向全球职场人士提供沟通平台，是一家面向商业客户的社交网络服务网站。网站创建的目的是让注册用户维护他们在商业交往中认识并信任的联系人。作为全球最大的职业社交网站,LinkedIn 会员人数在世界范围内已超过 3 亿,每个《财富》世界 500 强公司均有高管加入。2002 年,Reid Hoffman 在自家客厅里与合作伙伴共同创建了领英,2003 年 5 月 5 日,网站正式上线。LinkedIn 公司总部坐落于美国加州硅谷,在全球 27 个城市设立了分部及办事处。LinkedIn 的使命是连接全球职场人士,使他们事半功倍,发挥所长;更长远的愿景则是为全球 33 亿劳动力创造商业机会,进而创建世界首个经济图谱。

LinkedIn 是一个职业化的社交网络,注册用户大多是维护人脉的采购人员、产品经理等,与外贸人群一致度较高。与 LinkedIn 实名的高端社交相匹配的是高学历、稳定的中年用户群。这样的用户群非常有价值,且有潜力可挖。而且 LinkedIn 注重专业化,用户信息全面,真实度较高。全面真实的客户信息可以让我们快速地找到潜在客户,与之加强联系,提高业务效率。

2. 创建公司主页

点击"公司",在页面右侧选择"创建",在打开的页面中输入公司名称和公司邮箱,再点击"创建页面"按钮后根据页面提示创建公司主页,如图 5-17 所示。

图 5-17　创建公司主页

首先要完善公司主页信息。完善公司介绍和说明,描述应尽量简洁,内容包括公司的类型、规模、公司网址(店铺网址)及业务信息等。

接着,发展和吸引关注者。快速增加关注者的办法就是从公司员工或者身边朋友开始,鼓励员工或朋友将公司添加到他们的个人档案中,这样他们将自动成为公司的关注者,通过评论和分享公司的信息,以帮助拓展公司。

另外,应积极发表企业快讯。每天发布公司更新信息,分享公司新闻、行业动态、爆款信息等,寻找需要关注者探讨的热门话题。这些文章将出现在你的公司页面,包含丰富的内容,以保持页面的新鲜感,有助于吸引更多的关注者。

3. 广告推广

首先，创建广告活动。选择推广活动的类型，可以根据你要推广的内容进行选择。

其次，确定目标客户。根据地区、行业、公司规模、资历、年龄、群组等设置你的目标客户群体，在页面的右侧你可以看到根据你的选择所包含的目标客户数量。

再次，设定推广活动选项。选择付款方式和单次点击成本，这里需要根据推广的内容来选择推广活动的付款方式。设置预算金额，包括每日预算和总预算。设置活动投放时间。在页面右侧我们可以预览活动设置情况。

最后，设置付款信息。填写你的信用卡或借记卡信息，还要核定账单，保证准确无误。

完成以上设置之后，推广活动的内容并没有结束，后期的效果追踪也是十分重要的，要经常查看活动，了解资金流动。

5.2.3 Twitter

1. Twitter 简介

Twitter 是即时信息的一个变种，它允许用户将自己的最新动态和想法以短信息的形式发送给手机和个性化网站群，而不仅仅是发送给个人。2006 年，博客技术先驱 blogger.com 创始人埃文·威廉姆斯（Evan Williams）创建的新兴公司 Obvious 推出了 Twitter 服务。Twitter 是一个对于海外营销推广有很大影响的社交媒体平台，因此对于众多外贸商家而言，Twitter 是一个不得不重视的传播品牌和进入国际市场的重要平台。

Twitter 是一个可让你播报短消息给你的朋友或"followers（跟随者）"的一个在线服务，它也同样可允许你指定哪个你想跟随的 Twitter 用户，这样你在一个页面上就能读取他们发布的信息。

Twitter 最初的计划是在手机上使用，并且与计算机一样方便使用。所有的 Twitter 消息都被限制在 140 个字符之内，因此每一条消息都可以作为一条 SMS 短消息发送。这是 Twitter 迷人之处的一部分。

Twitter 对于组织严密的小组来说是非常有用的。假如你跟随你的朋友们，并且他们还跟随着另外的人，你就可以进行快速沟通。假如你在 Twitter 中输入一个项目，它们可以是私有的（你的朋友只有获得你的允许才能查看），也可以是公开的（也就是说所有知道你 Twitter ID 的人都可以读取或订阅你发布的消息）。另外还有很重要的一点就是，Twitter 是完全免费的。

2. 通过 Twitter 平台营销的技巧

1）减少推文中的链接数量

有研究表明，不包含链接的推文更易产生粉丝的互动。所以不是每一条推文中都一定要包含链接，链接的精妙之处在于精而不是杂。Twitter 营销者要多注意链接数量的问题，不要把过多的时间放在链接上，这部分时间应该拿出来多和你的粉丝互动。

另外链接数量少更有益于和粉丝建立信任，这样当你突然发了一条链接的时候，粉丝基于信任会认为你所发的链接也是高质量的，这样才真正发挥了链接的作用。

2）使用正确的"#"标签

如果 Twitter 想获得更多的关注，可以使用"#"标签，这样也会加强和粉丝的联系。然而"#"的使用次数也是有讲究的，不可一味地为了加强吸引度而滥用。这时可以使用标签工具 RiteTag。

一旦确定了某个标签后，可以通过使用 RiteTag 工具检查这个标签和 Twitter 的关联性。首先进入 RiteTag，并授权它访问你的 Twitter 账户。进入之后在"Compose new Tweet"中将第一步中选择的标签输入进去，这样就可以得到该标签的关联性。RiteTag 会用颜色来区分关联性的强弱：绿色代表这个标签关联性强，适合你的 Twitter；蓝色表示关联性一般；而红色表示关联性不佳，不建议使用。你可以根据这些颜色来归类标签，从而可以进行更精准的选择。将 Twitter 和 RiteTag 工具结合使用，就会得到有效的符合自己 Twitter 的标签，以此加强与粉丝的互动以及吸引更多对这些标签内容感兴趣的人，如图 5-18 所示。

图 5-18　标签与 Twitter 的关联性

3）发布有图片的推文

众所周知，有图片的推文比没有图片的更加有吸引力，它会在一瞬间捕获浏览者的视线。发布有图片的推文的关键在于要选择合适的图片。

4）使用合适的排版方式

在我们的推文中，会有多种元素，例如文字、图片、链接、# 以及 @（使用 @ 时一定不可以放在推文的开始处，这样浏览者会潜意识地选择跳过，只有被 @ 的那个人才会关注，这会降低关注度），这几种元素的合理搭配会对分享量有一定的影响。

5）转发时引用其中最有价值的话

在 Twitter 上，为了丰富自己的主页我们往往也会转发别人的推文。千万不要以为转发只是简单地点击一下按钮以及简单地附上一个表情或者几个文字，在转发方面如果利用得好，也是能利用他人的推文为自己谋取流量的。

Twitter 的功能"quote tweet"允许在转发时添加 116 个文字，这时你完全可以在这里体现自己的思想和提供有价值的信息，最有效的方法是选取转发的文章中最有代表性和价值性的文字，这样才会让你的粉丝更想阅读这篇转发文。

6）分析数据，归类特点

Twitter 为广大用户提供了分析器功能（Twitter Analytics），在这里可以查看近期最热门的推文是哪几条，通过分析这几条热门推文的布局、内容等元素，就可以获得一套好的制作推文的方式。同时可以借鉴其他热门推文的优点，并和自己的优点相结合，这样就会创作出更受粉丝喜爱的推文了。

5.2.4 其他社交媒体介绍

1. YouTube

YouTube 是世界上最大的视频网站。作为当前行业内最为成功、实力最为强大、影响力颇广的在线视频服务提供商，YouTube 系统每天要处理上千万个视频片段，为全球成千上万的用户提供高水平的视频上传、分发、展示、浏览服务。通过强有力的技术支持，YouTube 提供了对多种格式视频内容的支持，并且对上传文件规格的规定也放得比较开，容量不超过 100MB，长度不超过 10 分钟的视频在这里都是被允许的。YouTube 目前有超过十亿用户，占所有互联网用户的近三分之一。所以 YouTube 的视频营销是不能忽略的重要流量来源。

在 YouTube 制作视频时需注意：
- 标题。应包含产品的关键词，注意字数的控制。
- 描述。应加入推广网站链接。
- 标签。在发视频的时候会要求选择标签，这是为了让你的视频更好地被系统了解，有利于系统进行分类和排名，还有机会帮助增加你的视频曝光率。
- 字幕。视频字幕的添加很重要，它可以更好地帮助观看者了解你的视频内容，有了字幕即使在无法收听声音的情况下，也能让他们很好地了解和理解你的视频内容。
- 卡片。在视频的右侧，有频道、链接、公益、打赏、投票、播放列表 6 种类型的卡片，通过添加卡片可以更好地达到广告的效果。

2. Pinterest

Pinterest 是一个图片型社交网站，采用的是瀑布流的形式展现图片内容，无须用户翻页，新的图片可以自动加载在页面底端，让用户不断地发现新的图片。Pinterest 堪称图片版的 Twitter，网民可以将感兴趣的图片在 Pinterest 中保存，其他网友可以关注，也可以转发图片。索尼等许多公司也在 Pinterest 上建立了主页，用图片营销旗下的产品和服务。Pinterest 用户数量达 1.5 亿，数量虽远不及 Facebook，但用户购买力不可小觑。数据显示，在 Pinterest 用户中 60% 是女性，66% 的用户使用 Pinterest 的目的是收藏自己感兴趣的信息，其中，25% 的人会对收藏的东西进行消费。用户收藏行为使 Pinterest 的消息活跃时长远远高于 Facebook 和 Twitter。

作为国外知名的社交媒体之一，Pinterest 为卖家们提供了一个重要的流量来源。Pinterest 是网络上最大的流量来源之一。同时 Pinterest 的用户也"财大气粗"。根据 Shopify 的数据显示，Pinterest 的每个订单平均金额为 50 美元，比其他社交网络都高。而且 Pinterest 用户也非常喜欢购物，93% 的用户在过去 6 个月内购物过。

3. Instagram

Instagram 是一款支持 iOS、Windows Phone、Android 平台的移动应用，允许用户在任何环境下抓拍下自己的生活记忆，选择图片的滤镜样式，一键分享至 Instagram、Facebook、Twitter、Flickr、Tumblr、foursquare 或者新浪微博平台上。不仅仅是拍照，作为一款轻量级但十分有趣的 App，Instagram 在移动端融入了很多社会化元素，包括好友关系的建立、回复、分享和收藏等，这是 Instagram 作为服务存在而非应用存在最大的价值。它的月用户数要多于 Twitter，达到 3 亿。此外，62% 的 Instagram 用户会选择关注他们喜欢的品牌。因此，使用好 Instagram 将会为引流起到重要作用。

【课堂实训】选择一种社交媒体软件按照所学知识进行 SNS 营销实操练习。

5.3 站内营销

除了在站外进行 SEM 和 SNS 营销，还应考虑店铺自主营销和充分利用平台的各类站内营销活动。目前，不少跨境 B2B 平台，如敦煌网等，都推出了店铺活动、平台活动、流量快车等营销活动和工具，有效利用这些营销手段，可以极大地增加店铺流量。下面以敦煌网为例，讲解站内营销活动和工具的具体操作。

5.3.1 店铺活动

1. 全店铺打折

全店铺打折，这个营销工具的含义是可以通过快捷设置整个店铺的产品折扣，快速积累销量和信用，可免费使用，也可以根据商品分组设置不同的折扣，还可以在营销活动中设置营销分组，以节省时间。使用步骤如下。

1）设置促销分组

首先，创建分组。登录卖家后台，点击"推广营销"→"促销活动"→"促销分组"，再点击"创建促销分组"按钮，如图 5-19 所示。进入"新建促销分组"页面，如图 5-20 所示，在"促销分组名称"中输入英文组名，点击"确定"按钮。

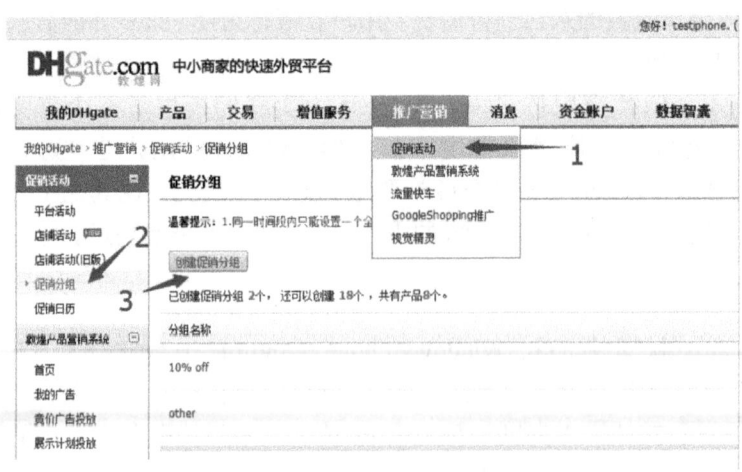

图 5-19 创建促销分组的操作

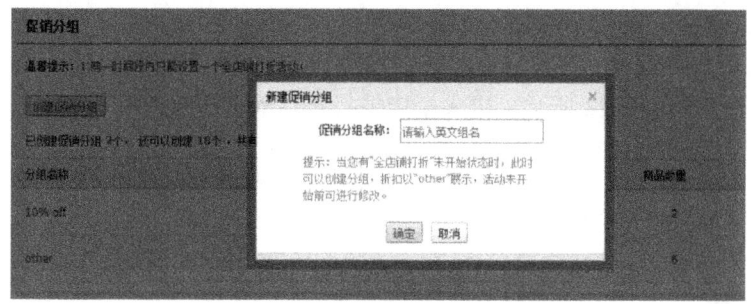

图 5-20 "新建促销分组"页面

接着,进行组内商品管理。点击创建的分组名称,进入组内商品管理。可点击"添加产品"按钮,对该组进行产品增加;可按照发布类目筛选商品,也可以按照产品组进行产品筛选。点击"添加产品",弹出页面,选择所要添加到该分组的商品,如图 5-21 所示,注意同一个商品,仅能在一个分组显示,如图 5-22 所示。

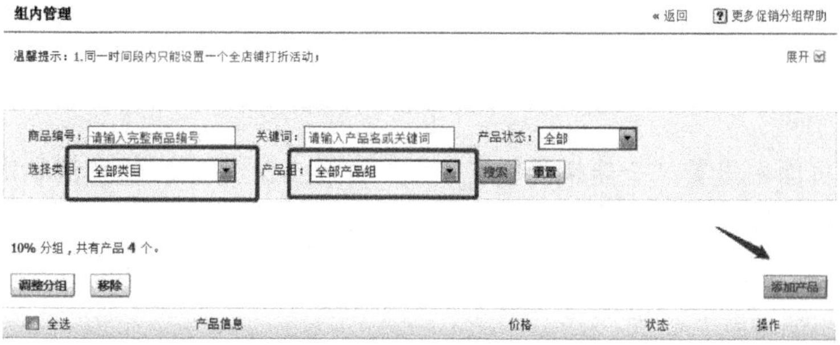

图 5-21 组内商品管理

图 5-22 显示产品组

2）创建活动

登录卖家后台，点击"推广营销"→"促销活动"→"店铺活动"，再点击"创建全店铺打折"按钮，如图 5-23 所示，进入全店铺打折活动创建流程。

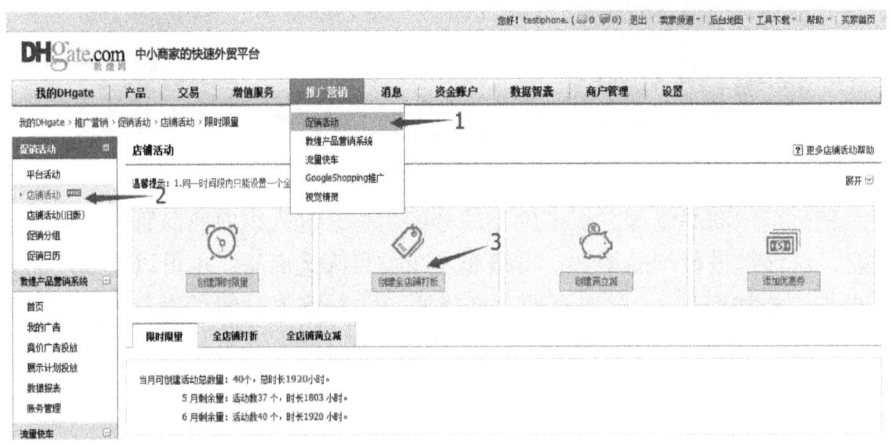

图 5-23　创建全店铺打折的操作

在打开的页面中设置"全店铺打折信息"，如图 5-24 所示。注意活动需提前 24 小时创建，活动"开始时间"与"结束时间"均为北京标准时间。

图 5-24　设置"全店铺打折信息"

点击"提交"按钮后完成活动创建及设置，但活动处于未开始状态，如图 5-25 所示，此时可以进行分组折扣修改、停止活动等操作，活动开始前 12 小时进入"待展示"状态，处于"待展示"状态的产品将不能进行编辑、停止等操作。

图 5-25　完成活动创建及设置

2. 限时限量（打折/直降）促销活动

限时限量折扣是卖家在特定的时间段内将一部分商品以低于常规价格的折扣价出售，在规定的折扣时间段过去之后就恢复原价的一种促销手段。设置步骤如下。

1）创建"限时限量"促销活动

登录卖家后台，点击"推广营销"→"促销活动"→"店铺活动"，再点击"创建限时限量"按钮，如图 5-26 所示，进入限时限量活动创建流程。

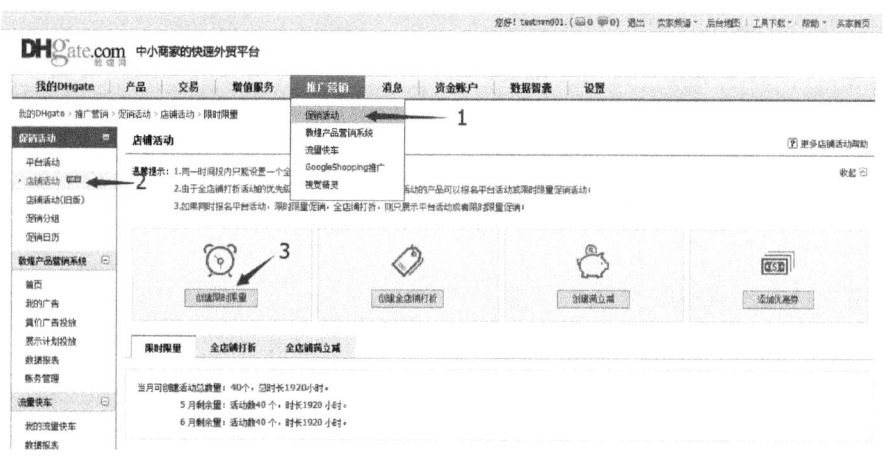

图 5-26　创建限时限量的操作

2）填写"限时限量活动信息"

在打开的页面中填写"限时限量活动信息"，如图 5-27 所示。限时限量促销活动包括"打折"与"直接降价"两种，发起活动时，要注意选择。活动"开始时间"与"结束时间"均为北京标准时间。当本月活动允许创建的个数及时长有一项为 0 时，则不能创建本月活动。限时限量活动需提前 12 小时创建活动，活动开始前 6 小时，将进入"待展示"状态。

图 5-27 填写"限时限量活动信息"

3）选择所要促销的产品

创建好"限时限量"促销活动后，要选择参加活动的产品，每个活动最多只能选择 40 个产品。选择产品时，需要注意产品可能存在 VIP 价格，在做促销时，还要注意 VIP 买家购买是基于 VIP 价格基础上进行的"限时限量"促销，如图 5-28 所示。

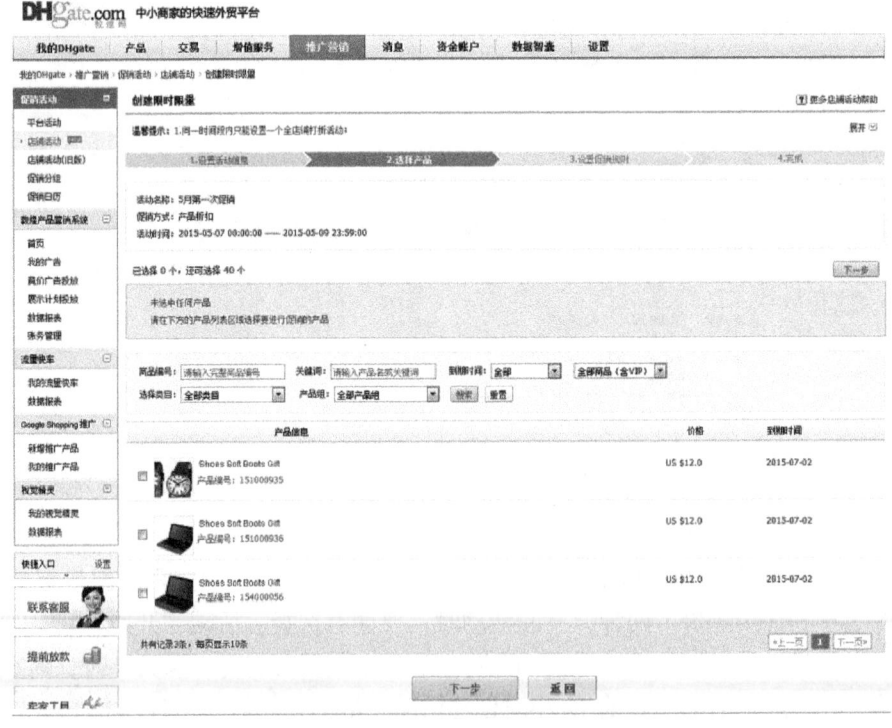

图 5-28 选择所要促销的产品

4）设置产品促销价格及库存

在发起"限时限量"促销活动时，切勿提价促销，多次提价促销会受到相应的处罚。

"活动库存"为产品参与促销活动期间可销售的最大数量，卖家可自行设置，活动库存量应大于产品最小起订量的整数。活动库存售完或低于最小起订量时，产品会自动退出活动，价格恢复原价。

"限购数量"为产品参与促销活动期间每个买家可购买的最大数量，卖家可自行设置，限购数量应大于产品最小起订量且小于（等于）促销数量的整数。

"90天均价"为商品在参加当前活动时的前90天的促销均价，仅计算商品在店铺促销中的价格，不包括平台活动、daily deals 活动、平台大促期间的折扣价格。当前店铺限时限量促销价格需小于等于90天均价。

设置产品促销价格及库存如图 5-29 所示。

图 5-29　设置产品促销价格及库存

5）活动创建完成

点击"提交"按钮后完成活动创建及设置，活动处于未开始状态，此时可以进行增加/减少活动产品、停止活动等操作，活动开始前6小时进入"待展示"状态，待展示状态的产品将不能进行编辑、停止、新增促销产品等操作，如图 5-30 所示。

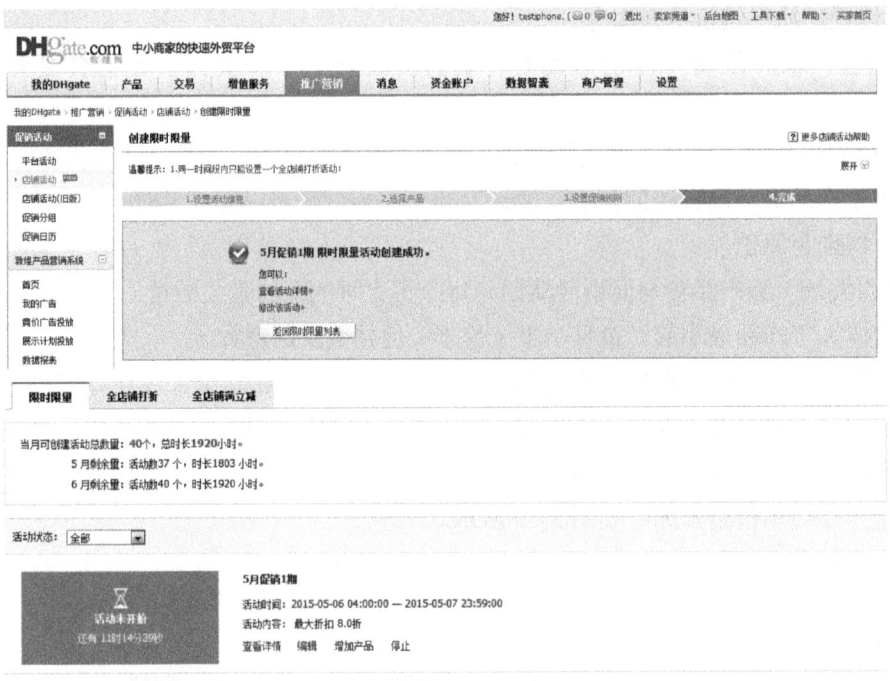

图 5-30 活动创建完成

3. 全店铺满减促销活动

全店铺满减指的是可以针对商品进行设置满减活动。全店铺满减活动可以帮助卖家完成关联销售、搭配减价、提升客户订单金额等。设置步骤如下。

1）创建"全店铺满立减"促销活动

登录卖家后台,点击"推广营销"→"促销活动"→"店铺活动",再点击"创建满立减"按钮,进入全店铺满立减活动创建流程,如图 5-31 所示。

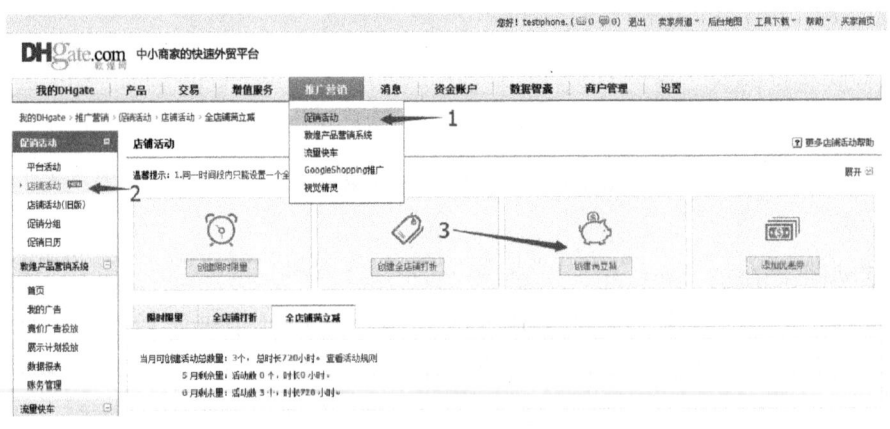

图 5-31 创建满立减的操作

2）设置"全店铺满立减信息"

设置"全店铺满立减信息",如图 5-32 所示。

注意，活动需提前 48 小时创建，活动"开始时间"与"结束时间"均为北京标准时间。当勾选"优惠可累加"选项时，设定的全店铺满减活动为满 $100 减 $10，满 $200 减 $20，以此类推，上不封顶。订单满减活动不包含运费，如果商品同时在参加其他打折活动，满减活动则按折扣后价格进行满减优惠。店铺满减活动，不对商品价格、信息进行锁定，在参与满减活动过程中，可修改商品信息。

图 5-32 设置"全店铺满立减信息"

3）活动创建完成

点击"提交"按钮后完成活动创建及设置，活动处于未开始状态，如图 5-33 所示，此时可以进行折扣修改、停止活动等操作，活动开始前 24 小时进入"待展示"状态。处于"待展示"状态的产品将不能进行编辑、停止等操作，如图 5-34 所示。

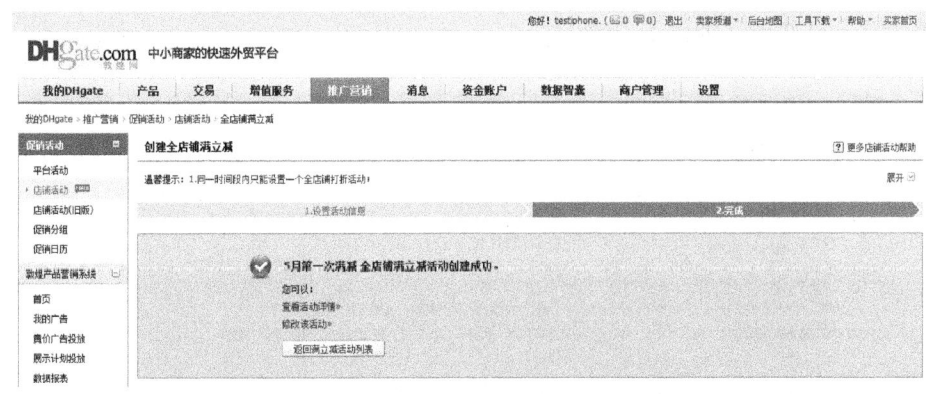

图 5-33 活动创建完成

图 5-34 "待展示"状态

4. 优惠券

发放优惠券是由卖家主导触发的营销活动。通过系统功能定制自己的优惠券发给所有买家或目标买家，以提高买家的重复购买率和购买量。敦煌网的优惠券分为三种："买够送"、"直接送"和"领取型"。

"买够送"优惠券如图 5-35 所示。

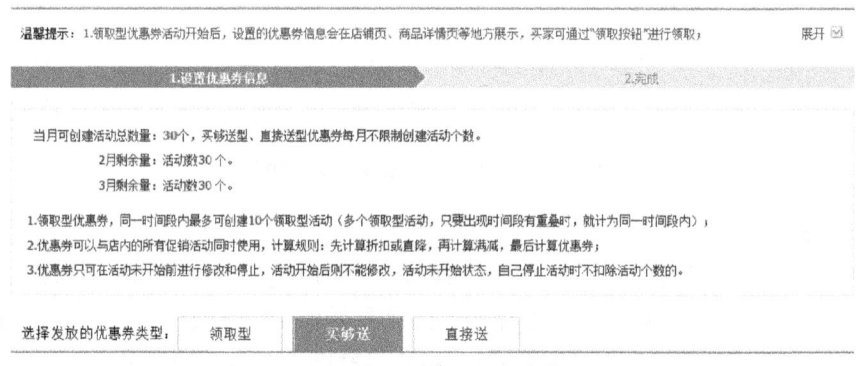

图 5-35 "买够送"优惠券

"直接送"优惠券，如图 5-36 所示。

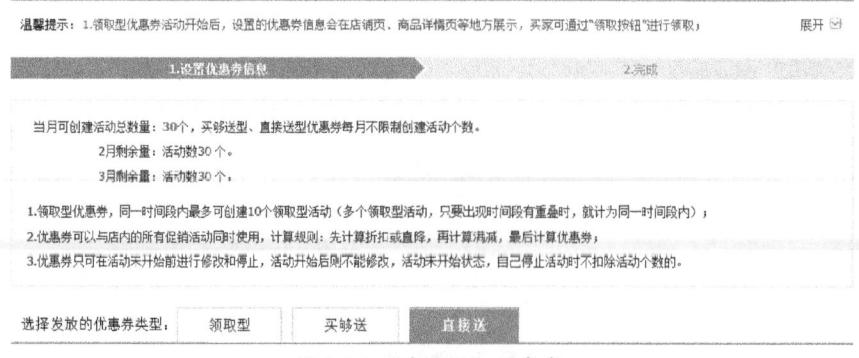

图 5-36 "直接送"优惠券

项目 5　B2B 平台营销

"领取型"优惠券，如图 5-37 所示。

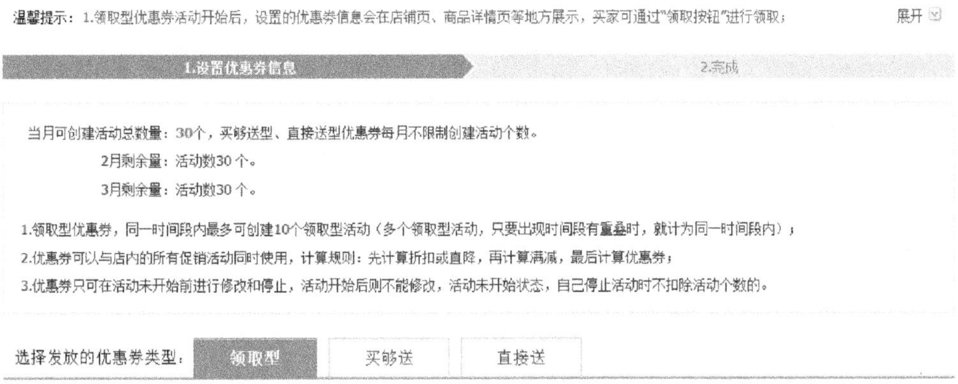

图 5-37　"领取型"优惠券

登录卖家后台，点击"推广营销"→"促销活动"→"店铺活动"，再点击"添加优惠券"或者"优惠券活动"，如图 5-38 所示，进入优惠券设置流程，然后根据优惠情况进行设置即可。

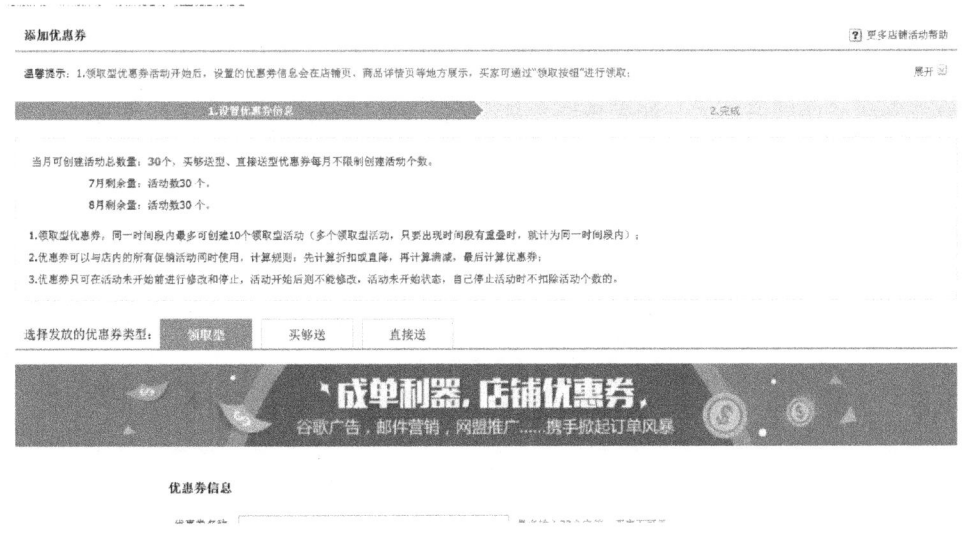

图 5-38　优惠券设置

5.3.2　平台活动

敦煌网会定时推出一些平台活动，有效利用平台活动对店铺提升曝光率将会大有帮助。设置步骤如下。

1. 报名

登录敦煌网后，点击"我的 DHgate"→"推广营销"→"促销活动"，进入"活动列表"页查看当前活动。选择感兴趣的活动，点击"查看详情"查看活动详细信息，如图 5-39 所示。

图 5-39 报名参加平台活动

查看完活动详细信息后，如果想要参加活动，可以点击"我要报名"按钮或者在"活动列表"页开始报名，如图 5-40 所示。

图 5-40 "我要报名"按钮

等待系统载入产品，系统会按照活动要求筛选产品，然后把符合活动要求的产品载入，如图 5-41 所示。

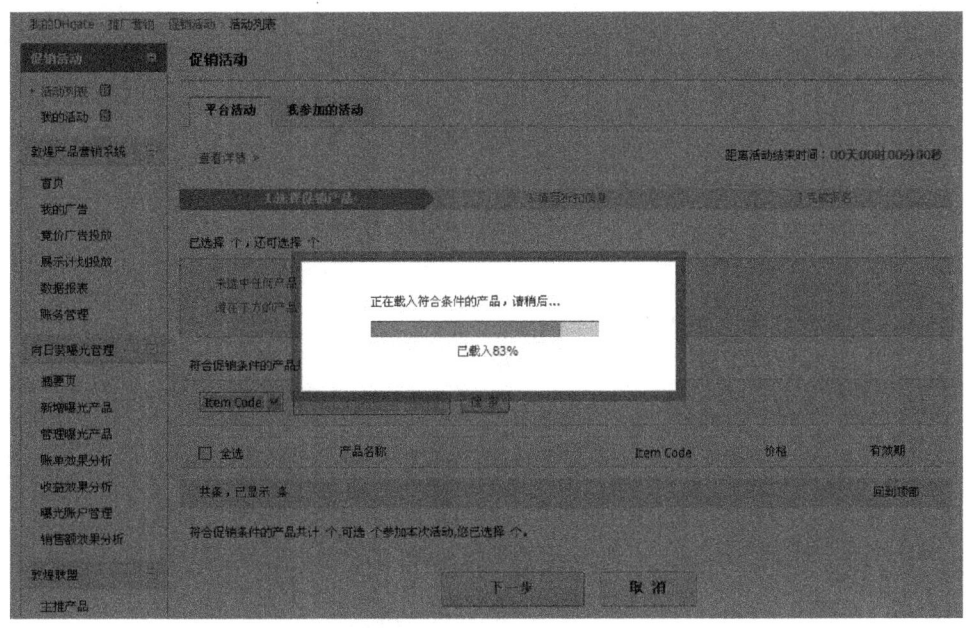

图 5-41　系统载入产品

选择要报名的产品如图 5-42 所示，选择完后点击"下一步"按钮提交。

图 5-42　选择要报名的产品

设置产品折扣信息，如图 5-43 所示，设置完成后点击"提交"按钮提交折扣信息，完成报名。

图 5-43　设置产品折扣信息

2. 查看与管理报名

可以在"我参加的活动"中查看已报名的活动，如图 5-44 所示。

图 5-44　查看已报名的活动

查看 / 管理报名产品的审核状态：处于待审核状态时，卖家可以取消报名该活动的产品，如图 5-45 所示。

项目 5　B2B 平台营销

图 5-45　活动待审核状态

5.3.3　产品流量快车

产品流量快车（简称产品快车），是敦煌网为卖家量身打造的强力引流工具，被选为快车产品会在高流量搜索列表页中有专门的位置被曝光。卖家级别越高所获得的快车使用数量也越多；增值会员可根据会员类型获得不同的快车使用数量（总数与卖家级别不叠加）。平台的商户（低于标准的商户除外）都能免费获得一定数量的流量快车。商户可以自行选择已审核通过的上架产品，添加为流量快车产品，从而获得搜索产品结果列表页的高流量。

流量快车产品会出现在产品类目列表页和关键词搜索列表页，卖家可看到流量快车标志。产品的所在目录、关键词的相关度和产品质量决定了流量快车产品的排序。

1. 操作教程

进入"我的 DHgate"→"推广营销"→"流量快车"页面，如图 5-46 所示。

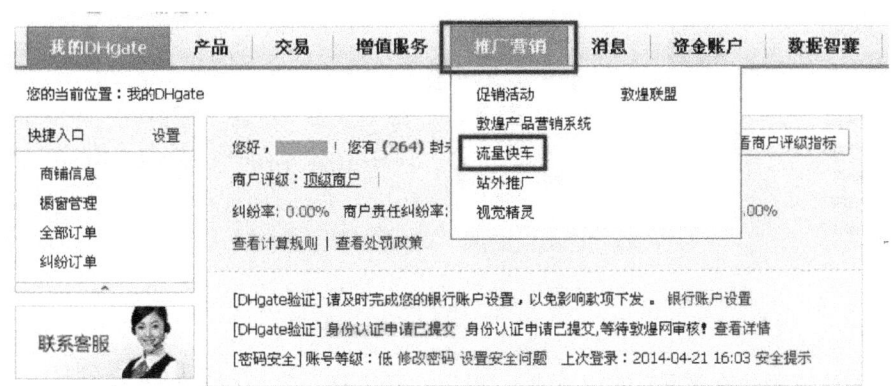

图 5-46　流量快车的操作

在打开的页面中点击"添加产品"，选择自己要加入流量快车的产品，如图 5-47 所示。

图 5-47 添加产品

在打开的页面中,如图 5-48 所示,通过产品编号、产品名称、所设关键词、产品组等维度来选择产品,提交后即可成为快车产品。

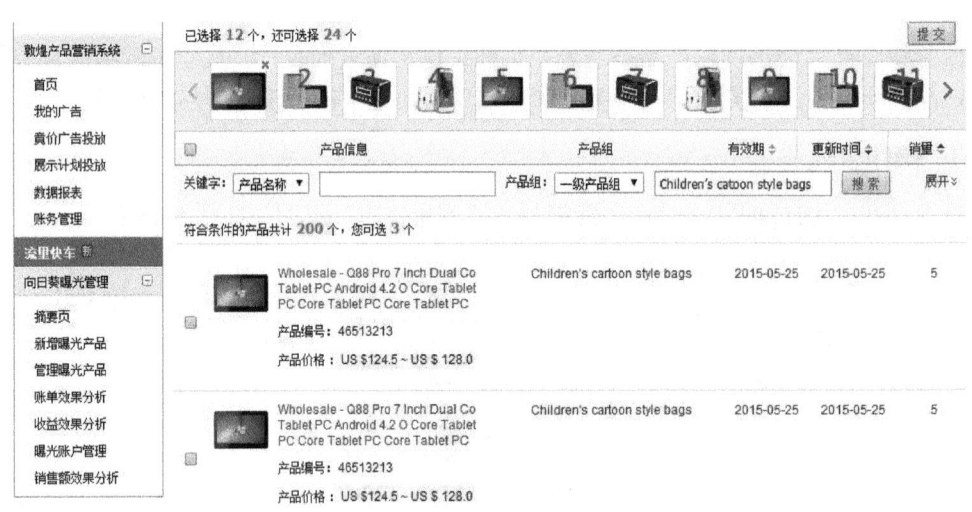

图 5-48 选择快车产品

密切关注流量快车产品的转化数据,根据实际表现,每周应及时更新流量快车推广产品,如图 5-49 所示。

图 5-49 快车产品的转化数据

2. 高效使用流量快车

高效使用流量快车，需做到以下几点：
- 优化产品图片，特别是首图。
- 审视产品目录关联性，产品所有关键词是否符合行业发展趋势。
- 要设置产品最终页关联营销板块，以提高转化率。
- 控制店铺整体的纠纷、退款、好评率等指标。
- 分析行业特色、季节、产品表现等因素，密切关注流量快车产品的转化数据，根据实际表现，每周及时更新流量快车推广产品。

另外，流量快车产品将不再参加普通的产品排序，如果当前产品流量已经达到一定水平且排序位置很好，建议选择其他产品作为流量快车产品。

 项目实训

登录敦煌网账号，进行店铺活动、平台活动、产品流量快车等站内营销活动的操作。

项目6

B2B客户服务

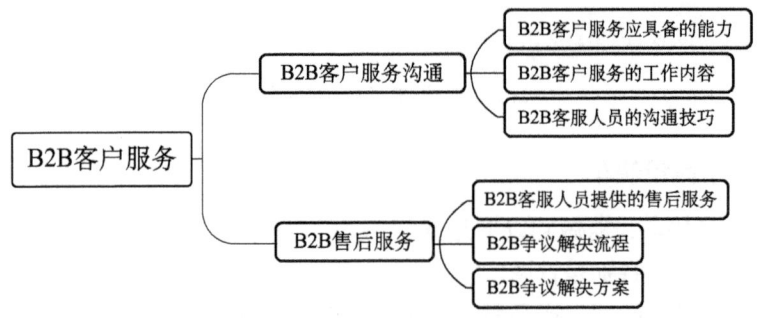

📧 知识目标

- 理解 B2B 客户服务应具备的能力；
- 理解 B2B 客户服务的工作内容；
- 熟悉 B2B 售后服务的内容；
- 熟悉 B2B 售后争议解决流程。

💬 技能目标

- 能够与客户进行有效沟通；
- 能够根据实际情况为客户制定争议解决方案。

💼 情境导入

随着跨境贸易的兴起，小王不仅要在线下与客户交流沟通，还要尽可能地通过 B2B 线上平台与客户交流，为客户提供相应的服务。因此他必须掌握 B2B 平台与客户沟通的技巧；同时还要学会如何通过线上平台解决客户的争议，在售后出现问题时为客户提供合理的解决方案。

在各行各业都竞争异常激烈的现今，客户服务的水平和质量往往会成为除了产品之外直接影响企业发展的一大因素。据国际权威机构调查显示，一个企业对客户服务不好，会造成 94% 的客户离去；因为没有解决客户的问题，会造成 89% 的客户离去；每个不满意的客户，平均会向 9 个亲友叙述不愉快的经验；在不满意的用户中有 67% 的用户要投诉。因此，客户服务的重要性显而易见。

这串数据同样适用于服务模式日渐成熟的 B2B 电子商务。目前，随着竞争的日益激烈，B2B 领域的产品和服务同质化程度也越来越高。为了提高企业满意度，进而带动续签率的增长，B2B 运营商在保证产品质量的同时，不得不把更多的精力放在客户服务上。而另一方面，随着网络应用的增多，企业对 B2B 的依赖也不再仅仅停留于在线交易，还有着更多除了交易以外的需求，而这些，是通过直面企业的客户服务来完成的。加大客户服务的建设是 B2B 运营商对业务的又一次深挖和结构的优化。未来，这或许会成为企业用来衡量 B2B 平台的最重要标准。

6.1 B2B客户服务沟通

传统外贸模式下的客户服务，更多还是在线下，以见面为主。因为大额订单周期长，影响因素多，除了必要的业务员沟通服务素质，其实更多靠工厂和产品的价格与品质的传统竞争力。

而跨境 B2B 的在线客户体验完全处于两个层次。跨境 B2B 客户服务的对象理论上是全球的客户，碎片化和在线化又让客户的需求和标准变得多层次，海外客户更多是通过页面描述、站内信、邮件等方式下单。因为价值观、宗教信仰等的区别，万一产生客户售后问题，在退货成本、沟通精力、运营风险方面都会有很大考验。

6.1.1 B2B 客户服务应具备的能力

1. 传统外贸人的专业技能

首先，必须掌握国际贸易专业基本理论知识和基本技能，要通晓我国外贸政策和理论、国际外贸规则与惯例、进出口交易程序与合同条款、国际承包和劳务合作等。另外，还应该具备对外贸行业的理解能力，有丰富的外贸专业知识等。

2. 对于产品供应链的理解能力

无论是传统外贸还是跨境电商，外贸企业应该有优质特色的产品。同时作为 B2B 客户服务人员，应该对自己经营的产品非常熟悉。只有对产品充分地理解，才可以履行一个客户服务人员基础的功能，即与客户沟通，引导客户下单交易，从而在后期的运营中更多体现自己的核心竞争力。

3. 对于跨境电商平台和跨境贸易整个流程应该理解得透彻

随着跨境电商的不断发展，要成为一名合格的 B2B 客服人员，首先应该对跨境 B2B

平台的规章制度熟悉运用，熟悉平台才可以顺应平台发展；其次，由于B2B平台的在线客户服务直接面对客户，所以B2B在线客户服务应该对于跨境贸易的整套流程都非常熟悉，比如说物流、各国的海关清关等。

4. 语言能力

B2B客服人员应具备较高的外语能力，即能够利用外语及时有效地与外商进行沟通，包括书面交流（函电）和口头表达（口语、谈判）能力。如果要精细化地做好跨境电商运营，具备外语能力是非常重要的，不仅仅体现在详细的页面描述、跟客户沟通，特别是与客户有消费纠纷时，有语言优势的客户服务，更能解决客户的问题。

5. 对于目的国消费者的了解

B2B客服人员应了解目的消费国的风土人情。只有了解不同国家消费者的喜好和需求，才能针对不同国家的消费者进行选品，设置产品详情页，并推出相应的营销策略。比如跟俄罗斯客户要避免聊包括政治问题、苏联问题等；而巴西人比较爽快、幽默但是性格上有比较直的特点。掌握这些就可以更好地跟客户沟通，最终促进销售业绩的增长。

6. 一流的销售能力

B2B客服人员的能力区别主要体现在他的销售业绩和客户满意度。一个好的B2B客户服务人员，应该具备下面这些能力。

1）善于分析客户的能力

有些客户是单纯零售买家，有些是小额批发商，有些甚至是潜力无限的大客户，客服人员应该通过站内信或邮件，通过沟通，及时判断和发现这些客户，区别差异化地对待，诱导客户下单。客服人员通过自己的专业度以及对跨境流程的理解，真诚交流，感恩客户下单，最终真正成交订单；如果客户不下单，B2B客服人员还应该通过持续的订单跟进能力，持之以恒，最终让订单成交。

2）引导客户二次及多次下单的能力

B2B运营要成功，其核心还是靠用户的下单"黏合度"。一个老客户重复下单次数的多少其实可以反映平台的成功与否。客户会二次或者多次下单的前提是对于第一次订单的高度满意，这跟B2B在线客户服务专业度和耐心都是分不开的。专业的跨境电商卖家会在第一次销售过程中真正解决客户的争议，比如说对于产品、跨境物流、售后的问题等。客户的二次开发还包括第二次的优惠幅度、打折、建立客户关怀档案的措施。

 **知识拓展**

老外贸和你谈谈客户沟通之道

1. 机会只给有准备的你（准备工作）

跟客户谈之前，你需要做好准备工作，往往10多分钟的准备，会减少之后几个小时甚至更长时间的麻烦，也能加速订单的签订。

1）必须对自己产品的特点、优势，以及公司的情况百分之百地了解

（1）根据客户的情况，判断他们感兴趣的产品、问题，有针对性地沟通。

（2）要随口能说出自己产品的优势，回答客户关于产品方面的询问。

2）花时间了解竞争产品

（1）了解同行对手产品的特点，尤其是缺点，突出自己的优势。

（2）尽量了解同类产品的定价策略和其他销售条件。

3）邮件或者在线联系的情况下，花时间了解你的客户

（1）了解客户的行业，是否是你的客户圈。

（2）了解客户的专业度，根据客户的询问邮件或者问题就可以判断。

（3）确认客户购买的可能性，这个老业务员一般随便聊几句就能准确判断，对购买意向不高的客户不能说就不对其服务了，自己的服务照样要做好，以后回访可以少花时间。我的习惯是将所有联系过的客人建一个数据表格，哪天回访过要做好备注，方便跟踪，购买意向不强的，后面花的时间少，提高工作效率。

（4）通过对客户邮件的判断，或者在线简单几句的聊天，分析客户的性格，不同的客户，运用的手段不一样，总之与客户沟通没有定律可循，别人的经验也无法套用。

2. 有商有量有勇有谋（沟通之道）

准备工作做好之后，如何更好地跟客户沟通，我觉得重要的是以下几点：

（1）无论生意有没有谈成，要让客户成为你的朋友，这是我觉得作为一个业务员，必须具备的能力。不断地有新客户来询问，是不断去认识新朋友的机会，朋友多了，圈子里面更多的信息就能了解得更清楚，你的机会就会越大。

（2）对产品的专业度，这是你吸引客人跟你询问的最重要的武器。

（3）善于发现客户的弱点和突破口，其实每个人都有其"一攻就垮"的弱点。

（4）要让客户感觉到你的态度，语气要缓和，态度要坚决，这样客户才能感觉到认识你是件很荣幸的事情，同时你也是个可以交往的朋友。

（5）不能躲避你厌恶的人，上门就是客，不会每个客人你都喜欢。

（6）在讨价还价的过程中，要让客人觉得他永远是胜利者。

（7）要清楚认识到自己产品的缺点，在沟通的过程中能更好地回避。

（8）不要怕难缠的客户，就我的经验而言，越是难缠的客户，购买能力越强。

（9）不要只看表面文字，要去判断客户的潜在意图，知己知彼百战不殆。

（10）永远不要跟客户说我不知道，碰到不知道的问题可以去帮他确认。

（11）回访客户，询问报价进度，要把握好时机，不能让客户觉得烦，也不能让客户忘了你。

（12）尽可能以幽默的方式跟客户沟通，增加他们的印象，更快地成为朋友。

——来源：C周刊

【课堂实训】请任选一个国家，列举该国的消费者的特点（如购物习惯、兴趣偏好等），并针对其特点分析如何吸引消费者，引导其下单。

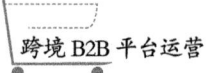

6.1.2　B2B 客户服务的工作内容

1. 客户开发

（1）负责潜在网站相关的邮件咨询、来访咨询等接待和解答。

（2）负责各类在线咨询的接待、回复。

（3）负责收集客户信息资料，建立客户档案，了解客户的实际需求，挖掘客户潜在需求：

- 哪些是明示需求。
- 哪些是暗示需求。
- 了解客户是否满意。
- 了解客户的期望值（我们的服务是否超过客户的期望）。

（4）对各类咨询情况进行统计和分析，建立客户咨询问题文档并保存。

（5）建立客户资料管理系统，分类建档并针对特殊客户进行分析，为销售策略的制订、客户服务策略的完善提供依据。

2. 客户维护与管理

（1）帮助各类合作者办理有关手续或事务。

（2）负责协助部门做网站相关事务的市场、合作等文件、资料、合同的准备和管理。

（3）对所有潜在的或已经合作的客户进行关系维护和管理。

（4）负责组织客户信息调研，及时汇总调研信息与情况分析，并提出合理化的建议。

（5）负责建立和管理客户档案，组织客户满意度调查工作。整理和分析客户投诉与建议信息，提高平台的服务水平。

（6）协助部门对注册企业用户的管理和审核，包括采购商、供应商、货代、船代、车队等各类用户。

（7）负责客户信息统计分析、客户流失分析。

（8）交易结束后跟进回访，服务升级（例如，如何提升个性服务，下一步的服务可做哪些改进）。

3. B2B 平台操作

1）售前

- 发布并更新产品信息。
- 及时回复客户的邮件及在线问题。
- 解答客户关于价格、样品、物流等相关问题的咨询。
- 寄送样品。
- 查看全程物流方案，并提供给客户，客户可选择方案，确认选择方案后进入支付环节。
- 如遇到散杂货、有溢短装条款的，可根据港务平台反馈装船结果（货物实际装船数量），平台客服负责查看装船结果，并根据实际装船数量计算出溢短装价格。

2）售后

● 协助部门酌情妥善处理售后退货、退款等纠纷。

● 客服通过平台接收买方购买商品后的维权客户投诉，负责对客户投诉处理结果进行确认，对企业投诉处理政策的最终解释，并定期汇报客户投诉管理工作情况。

● 负责客户信用调查及信用度评估。

4. 网站平台的推广

（1）B2B 平台相关栏目日常资料及资讯的发布、文字和图片的内容维护，如定期发布公司新闻和网站公告等。

（2）协助部门在各综合网站及跨境行业、贸易行业等领域网站做有针对性的推广，使用各种营销手段，如通过 SNS 营销等对公司平台做正面的宣传。

（3）协助部门对平台进行线下推广（可结合公司线下活动或展会等）。

知识拓展

客服的必备销售技巧

1. 四颗心：信心、爱心、恒心、耐心

要有信心，做客服不是简单的沟通交流，所以需要有随时解决问题的信心。

要有一颗爱心，对待同事、对待客户、对待所有的订单要有爱心。

要有一颗恒心，这颗恒心包括处理问题的能力、和客户之间处理订单的能力及吃苦耐劳的恒心。

要有耐心，和客户之间的沟通有时是拉锯战，也有可能会有争吵，或者有时是无效消耗式对话，所以需要有耐心。

2. 五个"胃"（位）

态度到位：态度决定高度。

表情到位：在沟通中要结合表情的应用，表情的作用不容忽视。

礼貌到位：对客户一定要有礼貌，谁都不愿意和一个不礼貌的商家做生意。

表达到位：和客户的沟通很多依靠你自己的表达。如果表达得好，很容易让客户接受；如果表达不好，有时会适得其反，所以表达一定要到位。

回复到位：当我们回复客户时，不要以为是简单的一个字或者一句话，一定要想我怎么才能让它们更有说服力。

——摘自 聂志新《阿里巴巴实战运营——14 招玩转诚信通》

【课堂实训】请用 Excel 列一份表格，建立客户档案，并能对所有潜在的或已经合作的客户进行关系维护和管理。

6.1.3 B2B 客服人员的沟通技巧

1. 根据客户询价判断客户真伪

很多业务员会有疑惑,怎么我一直在回复客人的询价,却老是发出报价后没有回音呢?最关键的原因,是你没有发现并找到最关键的客户。在收到客户询价后,建议把他们先进行归类。

第一次归类:区别询价的方式

书面或者电话的方式被视为优先级比电子邮件更高的方式。进行国际贸易也是需要成本的,肯花钱发个传真或者打电话给你的,估计采购的急迫性和可能性会更大(利用公司资源走个人飞单的除外,不会使用电邮的除外)。

第二次归类:看外贸询价的内容

(1)详细写清产品的规格、需要的数量,这样的询价可信程度会比较高,优先级高。

(2)只是广泛地询问所有产品的价格,这种基本就是人家随便问问而已。

对于第一类,要重点对待,报价、交货期都要介绍仔细点。

对于第二类,推荐回答:"先生,首先感谢您的邮件,我们有上百种产品类别,不知道您询问的具体是哪一类,请详细告诉我是哪一种商品、规格,我会尽快给您回复。"就像打太极拳,很轻松就把问题推还给客户。如果客户回复你是哪个具体产品,大概报一下相关信息就可以了,估计这样的客户给你订单的可能性极小。

还有些客户发完询价后,因为某些原因没有看到,到时候却又会抱怨没有订单。推荐给重点回复的客户,做个记号,2~3天后,如果没有收到回复,再追发个邮件给客户,询问报价是否收到,对我们的价格感觉怎么样。

订单不是马上就来的,有时候需要经过漫长的等待,而经常跟客户联系,是给于他感官上的一种刺激,在他有采购订单的时候,想起你的可能性就会更大。

2. 机智应对客户讨价还价

首先要分清楚外贸客户的动机。

1)A 类客户,恶意还价

你开个价格,每次他都说:"你给我的价格太贵了,有的公司给我的价格是你给的价格的30%。"一般情况下,遇到这样的客户,建议这样答复:"是的,先生,也许有的企业会给你相对便宜的价格,但我们的产品比你说的公司要好,我们有的产品优势他们没有。"接着讲一下公司的产品特色、售后服务等优势。然后说很遗憾,我们的产品跟你要求的价格相差太远,不过我们还有些便宜的产品(介绍一些特价、库存品给他),看他的答复,如果他还是不要,或者继续砍价那就算了。

外贸人一定要知道自己的目标市场,你的销售对象不是所有的人,你只要能抓住你的目标市场的小部分人就足够了。比如你的市场定位是在10元,你的客户就是能接受8~12元产品的人(大概的价格空间),那些只肯出1元买便宜产品或者20元买奢侈品的人,你就该把他们从客户名单中暂时删除掉。

除非他们将来能接受这个 10 元的价格和质量。

2）B 类客户，善意还价

比如每次开价后，他们总是要 10% 的折扣。一般来说，这类顾客都是想买你的产品的，就不要为了一些小零碎而得罪人家。这种情况下，你需要知道你的权限在哪里，你能接受的折扣。

总之，即使这个价格你能接受，也要表现得比较委屈和勉强。假如，客户一还价，你马上就松口，他们就知道了，你还有让价的空间，接下来你的价格就会被越压越低。而且，永远不要在客户面前显示出急躁的心态，你越着急，客户就越会砍价。

有的时候，关于价格的谈判，未必要当天回复，可以等 1～2 天。在与客户电话沟通的时候，也要显得这个问题很难处理，表示要请示一下，才能答复。学会换位思考把你自己想成是买家，多揣测一下买家的心态，会有意想不到的结果。

3. 面对外贸客户的拒绝

作为业务员，最难过的莫过于客户对你说不。这种情况下，千万不要放弃。你必须厚着脸皮，问清被拒绝的原因。当然，你绝对不能对客户的决定发表长篇大论，对他的结论指手画脚。

建议告诉客户：先生，我理解您的立场并且感谢您对我们的想要有合作意图的努力，但是您能告诉我们不接受这个价格的原因吗？是预算还是物流等？有的客户会很诚恳，告诉你原因，是因为预算不够、发货期不对、价格过高等。针对不同的情况，当然也要做不同的解释。

假如是预算不够，你可以跟他讲，他们这个订单的量不是很大，金额也不高，你为这个单子也很费工夫，工厂也花了不少成本和精力，是不是可以再争取一下。如果全部接受有难度，是不是接受其中的一部分，其他的留到明年 1 月（千万不要说到以后，要讲得清楚点，不然人家会把你完全忘记的）。

如果是发货期不对，你可以问他们预计的发货期，跟工厂再争取一下提前交货。

如果是价格太高，你问他是否可接受类似但价格较低的特价品。

总之，不到最后一刻，不要放弃，即使是放弃，也还是要很客气地跟客户说再见，期待下次合作，平时也保持联系。

最后，要注意的是即使被拒绝，也不要低三下四地求别人或者辱骂别人，要不卑不亢，有理有节。采购和销售是平等的，采购不比销售高贵。同样，做了采购，也不等于是"老大"，可以对别人指手划脚。先做人，做好人，然后才能做个好商人。

4. 面对外贸客户的投诉

作为外贸业务员，最麻烦的，莫过于是面对客户的投诉了，货也发了，客户的钱也收到了。过了几个月，居然被客户投诉货物存在质量问题。

建议遇到此类状况时，客户一投诉，马上就要回复，告诉他你对他的单子很重视。

假如你是工厂的客服人员，可以这样回答："先生，感谢您的信息，我们会跟进并在下午讨论后尽快给您回复，最后，请发一张产品损坏程度的照片，谢谢！"

一定要记住：

- 马上回复，让客户等待太久会让他们疯狂，会把事情投诉到你的老板或者更高层的人那里。
- 一定要用我们，而不是用我。建议在绝大多数情况下，用我们人称比用我会更好。
- 要有照片为证，俗话说"口说无凭"，谁知道的确是货物有问题还是客户恶意敲诈？
- 和生产以及检验部门的会议也很重要，这个会议可以让大家多少知道些货物是否有问题，有多大的问题。知道了错误所在，才能应对，我想公司内部的人，即使要对你隐瞒，也会比对客户的隐瞒少些，也就是说，你总是比客户知道得多些。

假如你是外贸公司的客服人员，应该马上跟工厂联系，开个会，尽量发现其中的问题所在，当然那个时候会议的主体，就是你和工厂了。如果发现的确是我方的责任，要让对方提赔偿要求，不能自己先开口。对方提要求有个好处，就是知道你要赔偿的底线在哪里。

5. 时刻遵守沟通国际礼仪

（1）写邮件和传真的礼仪。建议发邮件时，用我们人称而不用我人称，而且发邮件尽量通过公司的邮箱发。

（2）回答客户的各类询问要诚恳，不可以信口开河。比如客户问你一个产品的最小订单量是多少，这些你知道就知道，不知道就回答要问一下相关的部门才可告知。

（3）穿着和打扮上的礼仪，见客户的时候，建议穿得正式讲究。女性最好着装套裙，化淡妆佩戴首饰，男士最好穿衬衫和西裤，注意要擦皮鞋。尤其是在你到客户那里拜访，参加展览会，或者与客户第一次见面的时候，穿得保守和庄重点是比较保险的。

6. 细节服务赢得客户忠诚

1）寄送样品的细节服务

样品要仔细检查，确保从我们手中寄出的样品是优质品，要是样品都有问题，客户的心基本都凉了。如以计算机网线为例，要亲自插入计算机检查是否可以正常使用，配合专业仪器测试。检查产品上面是否有污点、飞边、咬合不紧密和松动现象，LOGO印刷是否精致准确等。样品要亲自包装或亲自检查包装。包装要精美，没有彩盒的用光盒，没有盒子的用自封塑料袋，每个产品包装袋上，贴好产品编号，内盒外部垫上清洁干净的泡沫袋以便防震。用封箱胶带整齐封好外盒，尽量避免不规则乱缠。外盒用白纸打印贴上"To：×××　From：×××"，以免快递单模糊时看不清楚。包装样品前后要给样品拍照，寄出的同时发 E-mail 给客户。每款样品给客户邮寄 3 个即可，欧美人崇尚三位一体为完美。

如果产品有相关认证，可以在寄样品的盒内附上产品的专业认证和专业检测报告复印件。

寄出快递后给客户发送样品跟踪数据。TNT、DHL、FedEx、UPS、EMS 等，可以通过它们官方网站直接查询货件状态，并发送数据给客户。每隔一天或两天发送一次，确保客户一打开邮件就能清楚了解样品送货状态。

样品寄到后询问客户对样品的满意情况，是否有其他要求。

2）订单生产过程中的细节服务

在收到客户货款后，我们安排生产，任何产品都有一个生产流程，每个阶段会生产出不同的配件，这个时候我们可以发一个生产进度表给客户，让客户清楚知道我们每个阶段在做什么，他的订单处于良好的执行中。

要确保订单执行效果，让客户放心、安心，建立以后敢把更大更多订单交给你的心理效应。

3）产品大货运输追踪服务细节

若是用快递发送大货，如TNT、DHL、FedEx、UPS、EMS等，可以通过它们官方网站直接查询货件状态。

若是通过其他货代公司走货，货代公司通常会有跟踪系统，可以向其他货代公司索要货物跟踪数据。

4）售后跟踪服务细节

产品到达客户那里后，三个月内给客户发一份标准的产品和服务满意度调查表，让客户对产品和服务选项打"×"或"√"即可。也可以留一部分内容让客户自己填写，比如需要工厂改进的服务、产品质量、新产品设计等。

知识拓展

做好客户服务的小窍门

1. 提供有效的沟通技巧

沟通技巧可以说是客户服务的基础，学会如何与国外买家沟通是赢得外贸市场的重要技能之一。您可以开通全球800免费电话，实现全球公司电话自动转到中国总部，低成本构建一个"海外公司"！您也可以提供电子邮件、实时通信（Skype）或者在线客服与客户保持沟通，通过网络媒介将潜在客户转化成最终的外贸订单。

2. 处理客服纠纷、退款投诉、产品质保及维修等问题

这些棘手的问题都是日常工作中卖家常遇到的问题，能否妥善处理将直接影响到客户体验。建议卖家通过积极地与买家沟通了解买家的实际问题，并且完善自身网站的退换货规则，从而减少不必要的纠纷。

3. 有效的客户关系维护

对于卖家而言，拥有忠实的客户群体是非常重要的。应进行及时的电话回访，利用节假日有计划地给老客户发送电子邮件，提供折扣优惠，如进行会员制积分换购，或者免运费，奖励推荐新买家等活动，在留住老客户的同时发展新的客户群体。

> 【课堂实训】在 B2B 平台后台找一封客户询价的邮件，根据邮件判断客户的真伪，并对客户的讨价还价做出合理回复。

6.2 B2B售后服务

一个完美的营销过程，不仅包括售前服务、售中服务，更包括售后服务。消费者对一个企业的整体营销评价，不仅是对营销员、产品本身的评价，更有对售后人员的评价。售后在一定程度上，对消费者而言尤其重要。在如今竞争激烈的市场下，做好细节、做好服务将会对业绩的成长起到十分重要的作用。

6.2.1 B2B客服人员提供的售后服务

1. 定期与客户联系

销售人员可以在交易完成后定期与客户进行联系。可以通过 Skype 等网络沟通，也可以电话沟通，这种方法既省时又省力，但是却可以随时让客户感受到你的关心和体贴。在沟通过程中，销售人员可以主动询问客户对产品的意见以及使用产品的情况，同时还可以了解客户是否又有新的需求。例如：

"您好，××先生，我是××公司的×××，我今天打电话是想问一下，在使用产品时的过程中您觉得有什么问题吗？您对产品有什么意见可以直接告诉我，您的意见十分宝贵……"

"您好，上次您说感觉这种产品很不错，现在是不是快卖完了，如果有需要的话，可以随时再联系我……"

当然了，如果客户在电话中提出了一些相关问题，那么客服人员就要立即着手加以解决，或者寻求企业其他部门的配合，帮助客户解决问题。

2. 随时告诉客户最新产品动态

客服人员还可以随时告诉客户有关本企业产品的最新动态，以满足客户的信息需求。这样可以方便客户随时掌握相关产品信息，从而更加关注你的最新产品。客服人员可以通过打电话、发邮件、送产品资料等方式来告诉客户本企业产品的最新动态。可以告诉客户一些促销或者客户当地市场目前比较热卖的项目，不仅多了一次同客户沟通的借口，也可以争取到一些销售机会，同时让客户觉得我们公司十分重视他。

3. 勤于向客户表示关切

客服人员的售后工作应该更注重客户的心理体验。比如，对客户的需要表示关心，或者是对客户的心情予以抚慰,或者在特殊的日子里向客户表达问候等。

对客户表示关切其实并不难,有时候只需要一句贴心的问候,有时候可以送上一份小礼物。做到这一点,对于客服人员来说并不要讲究技巧,而是要保持一种关怀客户的态度和拥有一颗真诚待人的心,以及一份愿意为客户服务的勤劳。例如,有些公司会在每年圣诞、新年等节日向客户发邮件、贺卡,或寄小礼品等,这些都是为了向客户传达这种好的心理体验。

4. 尽可能地为客户提供方便

要想使客户在交易完成后对你的产品保持尽可能长时间的青睐,那么 B2B 客服人员首先应该尽可能地让客户感受到购买、使用和享受产品的种种方便。最基本的工作有:指导客户采用哪一种货运方式对他最为划算;哪一些产品是目前市场上热销的;如何使他的产品在市场上好卖一些等。货发出去之后主动地给客户反馈货物配送过程及物流情况。货到客户那边之后,通知客户及时清关收货等。如果客户是刚刚入行的新手,还要注意给客户一些专业的指导和建议等。

5. 老客户维护

对于线上的客户,已在店内有过消费的客户即可培养成店铺的老客户。维护老客户的内容包括新品推荐、爆款推荐以及节日问候。

老客户的维护在不同时期应使用不同方法,主要分为交易完成 30 天的满月之礼、上新通知、活动折扣、关联推荐和节日问候;满 90 天的百日之礼、店铺活动、定向优惠券和 VIP 专享日;180 天的特权提醒、节日关怀和降权预警;360 天以上的大促活动和事件营销。

 **知识拓展**

亚马逊卖家用好售后服务卡,高比率留存老客户

所谓售后服务卡,是指卖家提前制作并放置在产品包装中随产品一起发送到客户手中的一封简短介绍售后服务的短邮件。相对于中小卖家没有重视售后服务卡的状况,有品牌意识的大卖家们在这一块又先行一步了,在很多大卖家的产品包装中,售后服务卡都是非常重要的内容。

和产品说明书冷冰冰的语言不同,售后服务卡的语言可以更生动、形象、活泼、得体,而这样的语言也更容易获得消费者的认可和共鸣,一份好的售后服务卡可以大大提升留评率,同时也可以降低差评率,是不可多得的客服中的主动行为。

但一份优秀的售后服务卡应该如何起草呢?

一般来说,售后服务卡应该包含以下几方面的内容:

(1) 感恩和感谢。在售后服务卡的第一段,卖家可以从已购买订单谈起,"非常感谢您购买了我们的产品,作为一个负责任的卖家,为客户提供满意的产品和服务一直是我们

追求的目标,希望这次购物体验能够给您留下一份美好的回忆"。

(2)表明对潜在不满意的处理方案。对于卖家来说,售后服务卡的一个核心用途是减少差评的出现,所以,在第二段中,卖家可以从解决客户潜在不满意方面表态,"我们真切希望我们的产品能够满足您的需求和期望,但也不可避免地,可能在发货途中,产品会出现破损等情况,如果您在收到货物后,有任何不满意的地方,希望您能够在第一时间和我们联系,无论何种情况,我们都一定会提供一份让您满意的解决方案"。

(3)引导满意的客户留下满意的评价。减少差评之外,如果能够通过售后服务卡收到更多的好评,那也是让人开心的,所以,在第三段中,卖家可以对客户进行适当的引导,"如果您对我们的产品和服务感到满意,希望能够在您便利的时候,给我们留一个产品评论,我相信您的分享也会给更多的用户以指导,其他的客户也会感谢您的这份付出",大部分人乐善好施,如果引导得当,留评率也必然会有一定的提升。

(4)除了上述内容,在售后服务卡中,还应该带上自己的邮箱、官网和 Facebook 地址等,毕竟,能够多一份联系方式,说不定就可以多了一个与客户的连接机会。

——来源:跨境电商赢商荟

> 【课堂实训】请针对在你公司购买过一次产品的客户以及公司的老客户,各拟一份售后服务方案。

6.2.2 B2B 争议解决流程

1. 让客户体会到卖家解决争议的诚意

其实西方消费者非常看重卖家的态度,因为西方消费理念非常成熟,买家认为卖家感恩买家的购买是顺理成章的事情,这也是为什么西方的消费者更强调购物的维权主张。遇到比如客户对于产品不满意、物流体验差、客户要求退款的争议,首先要做的是体现我们解决争议的态度,感恩客户,对于客户的遭遇表示理解,并且承诺会积极地去解决问题。

2. 真正地了解订单争议的来龙去脉

跨境电商的争议性最容易集中在物流环节,比如说丢件、产品破损,遇到客户争议首先应该冷静地分析事情的来龙去脉,注意电子格式和证据,比如聊天记录、物流记录等。如果是物流公司的责任,则需要找物流公司解决;如果是客户误会,则应该通过真实的电子证据跟客户真诚沟通,祈求客户理解。重电子数据证据应该是解决订单争议的核心工具。

3. 引导客户负面情绪的能力

客户对于订单有争议,对产品不满意,肯定会有很多负面的情绪。这时候最考验在线客户服务的业务能力。好的客户服务会通过自己的专业度、语言能力,再通过站内信、邮件、App 软件,或通过电话跟客户充分沟通,并且理解认同客户,最终让客户再次信任我们，化解客户的负面情绪，为争议的解决打下基础。

6.2.3　B2B 争议解决方案

作为客服人员，最麻烦的，莫过于处理客户投诉或纠纷问题了。事实上，外贸业务中的纠纷问题，很多时候其原因并不在业务员身上，但这并不代表业务员就可以理直气壮地跟客户叫板，毕竟他们是业务员的"衣食父母"。有些人会各种礼让，把所有责任全揽下；有的却只顾眼前利益，坚持不肯退让，生怕款项被退回。但真正理智的业务员，不仅守得了底线，也会让客户心软不会过于追究。

收到客户投诉邮件，立即回复，绝不拖延。即使你在调研，也得先回复。否则，客户觉得你没有诚意解决，而是忽视他，让他更加生气。

1. 首先表示对他的情况及心情完全理解

站在客户的立场看，这个问题给他带来损失和不便，发发牢骚是正常的，这时客服人员要表示完全理解。

2. 如果是自己方面的错，要立即道歉

客服人员的目光不应放在一个订单的得失上，而是一个客户的终身价值，一个市场的培育上。不少客户看到你主动承担，愿意替他考虑，就会放松下来，不好意思那么计较了。

3. 调查事情发生的原因

如果需要调查情况，可以跟客户说，我们已经将情况汇报给了经理，马上找相关部门的人开会，调查这个事情。让客户提供进一步的细节，比如拍个照片，有多少货物有问题等。

如果事情已经调查清楚，就解释一下这个事情为何会发生，问题出在什么地方，已经采取了什么措施保证下次不会发生。如果客户有责任，要委婉地指出来。在沟通的过程中也不能得理不饶人，搞得客户不开心。

例如，调查的结果是客户设计存在缺陷，不要说"It is because your design is not feasible"，这展现的就是推卸责任的感觉。因此，可以这么说"Our chief engineer told me, the design is the major factor that cause this problem. We may need to optimize the design together for the future production."展现的就是大家通力合作的态度。

注意：一定要用 we，而不用 I，用 we 表示你代表公司而不是私人。

4. 把客户的注意力引到解决问题上来

客服人员无法左右客户的想法，但我们可以引导客户的注意力和话题，让客户感受到，我们在积极努力地解决问题，而不是计较损失应该由谁来承担。可以说："It is really out of our expectation. We must find out a solution to get out, do you have any good ideas？"

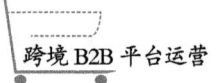

5. 在能够安抚客户，让客户感到舒适的情况下，争取利益

比如，可以给客户许诺下个订单给他补偿。如果你前面的部分处理得好，客户对你比较信任，一般客户是可以接受的。

> 【课堂实训】客户投诉说收到产品后有质量问题，因为产品的材料有问题，请根据客户的投诉情况提出相应的解决方案。

 项目实训

案例分析：我生产企业向马来西亚客户出口汽车配件，品名为 YZ-8303R/L，但生产企业提供了 YZ-8301R/L，两种型号的产品在外形上非常相似，但却用在不同的车型上，因此客户不能接受，要求我方调换产品或降低价格。

请根据以上案例分析这是什么类型的纠纷，应该选择怎样的处理方法。

项目7

外贸综合服务

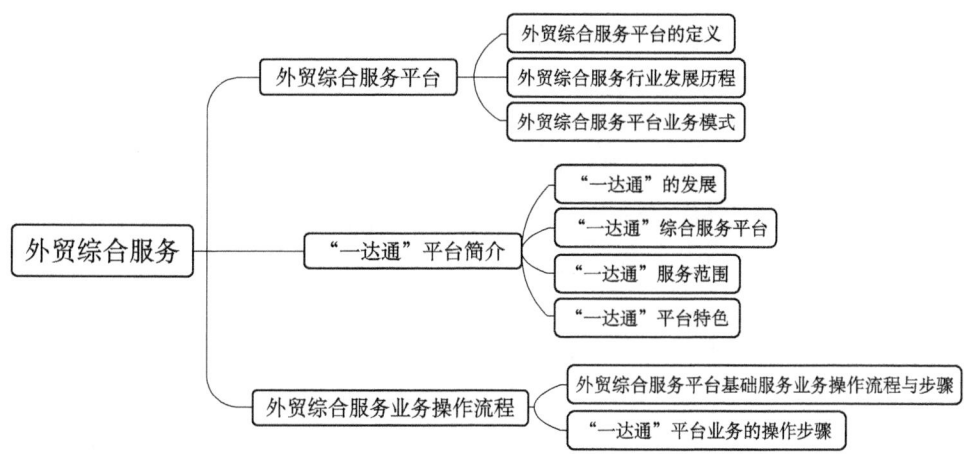

知识目标

- 理解外贸综合服务平台的内涵;
- 了解外贸综合服务平台发展的相关政策;
- 熟悉外贸综合服务企业的服务流程;
- 了解"一达通"平台的服务范围。

技能目标

- 能够熟练运用"一达通"平台进行业务操作;
- 能够根据实际情况为企业选择合适的外贸综合服务内容。

情境导入

小王所在的公司是一家小型跨境电商外贸企业,没有专门从事报关、报检、退税、结汇等流程的专门人员,且由于各种原因,按照现行的法律规定也不能享受退税的待遇。

另外，近年来随着人民币汇率的波动，原材料价格上涨、资金短缺等问题也使得他所在的企业生存更加艰辛。类似小王所在的这类小微型企业该如何解决困境呢？

7.1 外贸综合服务平台

我国是对外贸易大国，90%以上的中小企业有对外贸易需求。随着互联网和跨境电商的发展，成千上万的中小微企业涌入外贸市场。然而，与外贸传统参与主体大型企业不同，对中小企业来说，对外贸易手续烦琐，长期以来的自营进出口模式极大耗费了中小企业的生产精力。此外，中小企业缺乏独立完成国际贸易的能力，主要表现在中小企业在通关环节诸多壁垒障碍、融资困难等。为了帮助中小企业解决在外贸进出口中出现的问题，一批外贸综合企业应运而生。

7.1.1 外贸综合服务平台的定义

外贸综合服务平台是指以整合各类环节服务为基础，然后统一投放给中小外贸企业，主要的服务包括物流、报关、信保、融资、收汇、退税等外贸必需环节，盈利也来自服务的批发和零售。

在这6项服务中，一般将报关、信保、收汇、退税称为基础服务，将物流、融资称为增值服务。

- 报关：代客户进行出口申报工作，核心要求是外贸综合服务平台的海关信用资质和团队专业度。
- 信保：指信用保险服务，是中国出口信用保险公司推出的，可由外贸综合服务平台代为办理。核心要求是费率和投保的便捷度[注意：此"信保"并非阿里巴巴的"信用保障"（Trade Assurance）服务]。
- 收汇：代客户收取外汇并换算成人民币。核心要求是到账速度及收汇结汇成本。
- 退税：代客户办理退税业务，有的平台还提供垫付退税款服务（即退税融资）。核心要求是退税的顺畅度。
- 物流：为客户提供海运、空运、陆运、快递等跨境物流服务。核心要求是物流费用和可选物流方式的多样性。
- 融资：为客户提供信用证融资、保单融资、退税融资、订单流失融资等服务。核心要求是融资的门槛、额度及费率。

7.1.2 外贸综合服务行业发展历程

1. 外贸代理

外贸综合服务企业，实际上是从传统的外贸代理发展而来的。在传统的进出口业务中,最初是实施许可制度的,在这种许可制度下,无进出口权限的企业,往往委托代理企业出口,代理企业收取代理费。在外贸经营权限放开以后,虽然从理论上讲,外贸出口已无太高门槛,但是对于中小企业来讲,一方面外贸出口涉及的环节众多、流程复杂;另一方面专门的报关、报检、退税、结汇等人员的支出较高。基于上述两个方面的考虑,中小企业仍然愿意将出口业务委托给代理公司来完成。

2. 灰色成长

随着对外贸易的发展,熟人关系中的"假自营真代理"已经无法满足需要,专门从事该业务的代理公司应运而生。这一类的公司,是外贸综合服务企业的雏形,但是中小代理公司,往往在业务操作上很不规范,其与外商无任何直接联系,出口所需要的单证,均由其根据被代理公司的指示制作,其结果是,这类代理公司,成为出口骗税的"温床",对此,税务总局出台了一系列的关于"四自三不见"业务的规定(所谓"四自三不见"业务,是指出口企业违反外贸经营的正常程序,在"客商"或中间人自带客户、自带货源、自带汇票、自行报关和出口企业不见出口货物、不见供货货主、不见外商的情况下进行所谓的"出口交易"业务)。这种交易,实际上并无货真价实的商品,其发票和报关单等凭证均是伪造或虚假的。因此,国家规定对这类"四自三不见"业务,一是检查,二是不予办理退(免)税。

3. 外贸综合服务商的发展

2013年6月,中国进出口增速双降,外贸形势越发不乐观。7月24日,为提振外贸,国务院常务会议制定了促外贸"国六条"。在第四条中首次正式提出"支持外贸综合服务企业为中小民营企业出口提供融资、通关、退税等服务"。"外贸综合服务企业"被写入"政府工作报告"。"国六条"的内容表明,外贸综合服务平台在降低企业出口成本和服务部门、企业的总体成本,以及促进企业专业化、出口效率上发挥了显著的作用,而在外贸"国六条"颁布之后,这些得到制度层面认可的综合服务B2B平台在促进外贸出口这一过程中,发挥更大的力量。

 **知识拓展**

"国六条"内容

一是制定便利通关办法,抓紧出台"一次申报、一次查验、一次放行"改革方案,分步在全国口岸实行。

二是整顿进出口环节经营性收费,减少行政事业性收费。暂免出口商品法定检验费用。减少法检商品种类,原则上工业制成品不再实行出口法检。抓紧研究法定检验体制改革方案。

三是鼓励金融机构对有订单、有效益的企业及项目加大支持力度,发展短期出口信用保险业务,扩大保险规模。

四是支持外贸综合服务企业为中小民营企业出口提供融资、通关、退税等服务。创造条件对服务出口实行零税率,逐步扩大服务进口。

五是积极扩大商品进口,增加进口贴息资金规模。完善多种贸易方式,促进边境贸易。

六是努力促进国际收支基本平衡,保持人民币汇率在合理均衡水平上的基本稳定。

继促外贸"国六条"之后,2013年7月28日,国务院办公厅发文《关于促进进出口稳增长、调结构的若干意见》,其中,第九条提到:"支持民营外贸企业加快发展。完善对中小民营企业开展进出口业务的服务,支持民营企业结构调整、重组兼并、改善管理。充分发挥外贸综合服务企业的作用,为中小民营企业出口提供通关、融资、退税等服务,抓紧研究促进外贸综合服务企业发展的支持政策。"这条政策再次表明:国家支持外贸综合服务商的发展,为小微企业出口提供专业化服务。

2014年5月,海关总署发布了《关于支持外贸稳定增长的若干措施》,多次提及"支持以跨境电商为代表的新型贸易平台发展""从企业管理、企业分类、数据联网等方面支持促进外贸综合服务商发展"等举措。

此外,"外贸综合服务"连续在2015年和2016年写入政府工作报告中。可见,发展外贸综合服务已经成为中央及部委的重要工作。2016年,税务总局发布了《关于进一步优化外贸综合服务企业出口货物退(免)税管理的公告》(国家税务总局公告2016年第61号),要求为以退税管理类别为一类的综合服务企业提供绿色通道,优先办理出口退税。可见,税务总局对外贸综合服务企业也给予了最大程度的政策支持。

政府的高度关注和密集的政策扶持,为"外贸综合平台"的崛起奠定了基础。国务院及各部委发展外贸综合服务政策支持文件如表7-1所示。

表7-1　国务院及各部委发展外贸综合服务政策

时间	部门	主要内容
2013年7月24日	国务院	《促进外贸发展的"国六条"》:首次正式提出"外贸综合服务企业"——"支持外贸综合服务企业为中小民营企业出口提供融资、通关、退税等服务"
2014年2月27日	税务总局	《关于外贸综合服务企业出口货物退(免)税有关问题的公告》[国家税务总局公告2014年第13号]:外贸综合服务企业按自营出口的由中小企业生产的货物可按规定申报退(免)税
2015年3月5日	国务院	《2015年政府工作报告》:明确提出发展外贸综合服务平台
2015年7月15日	国务院常务会议	将积极推进外贸综合服务企业发展列入促进进出口稳定增长的政策措施
2016年7月13日	税务总局	《关于发布修订后的〈出口退(免)税企业分类管理办法〉的公告》[国税总局公告2016年第46号]:大幅降低外贸综合服务企业评定为一类企业的净资产比例标准,以体现对外贸新业态的支持

续表

时间	部门	主要内容
2016年9月27日	商务部、海关总署、税务总局等	将宁波世贸通国际贸易有限公司、中建材国际贸易有限公司、厦门嘉晟供应链股份有限公司、广东汇富控股集团股份有限公司4家企业纳入外贸综合服务试点企业,以探索有利于外贸综合服务企业发展的管理模式
2016年9月28日	税务总局	《关于进一步优化外贸综合服务企业出口货物退(免)税管理的公告》[国税总局公告2016年第61号]:加快建立与外贸综服企业发展相适应的管理模式,推进外贸综服企业试点工作,优化外贸综服企业出口货物退(免)税管理
2016年11月22日	商务部、税务总局等	举办全国外贸综合服务企业试点工作启动大会,贯彻落实商务部等五部委关于开展外贸综合服务企业试点的工作部署
2017年1月9日	商务部	《对外贸易发展"十三五"规划》:积极研究开展试点工作,认定培育一批外贸综服试点企业;建立与外贸综服企业发展相适应的管理模式,优化外贸综服企业退(免)税管理,加强其通关、物流、退税、金融、保险等综合服务能力

7.1.3 外贸综合服务平台业务模式

外贸综合服务企业,其整体特征是为中小企业提供外贸进出口的整套流程服务。根据其服务的方式,可以将此类企业的业务模式做以下区分。

1. 一达通模式

一达通模式,系以平台自身为主体,客户直接向一达通下单,一达通根据客户下单情况,部分业务由自己完成,部分业务委托第三方完成。

这一模式的特点在于,对于客户来说,所有业务的相对方都是一达通,其将订单下给一达通,所有的工作均由一达通来完成。这种模式,是从传统的代理业务的基础上发展起来的。

2. 广新达模式

广新达模式,系一个第三方的外贸综合服务平台,该平台只起到一个撮合交易的作用,而并不直接参与到外贸进出口的具体环节。从性质上来讲,广新达实质上是一个外贸综合服务B2B平台。

这一模式的特点在于,对于客户来说,有一个集中的平台,提供进出口服务的所有服务提供商的信息,客户需要某一项服务,只需要在平台上筛选即可。这种模式,类似于一般B2B,只不过B2B提供的是产品供应,而广新达提供的是服务供应,从这个意义上说,广新达是一个服务贸易B2B平台。

【课堂实训】请收集一达通及广新达的相关资料,比较这两种模式的优缺点。

7.2 "一达通"平台简介

7.2.1 "一达通"的发展

深圳市一达通企业服务公司于2001年正式成立,是国内第一家面向中小企业的进出口流程综合服务平台。借助互联网,该平台为中小企业和个人提供通关、物流、外汇、退税、金融等所有进出口贸易环节一站式服务,是典型的外贸综合服务平台。平台运营主要由基础服务、金融服务和物流服务构成。

2010年,一达通被阿里巴巴收购,开始整合进入阿里外贸生态圈。2014年,一达通正式成为阿里巴巴的全资子公司,通过一系列补贴和优惠措施,一达通迎来了爆发式增长时期。进入2016年,一达通再次升级,一方面下调了垫付退税的服务费,另一方面也停止了外贸服务补贴。同时,一达通根据客户的季度出口额,将其分为银牌、金牌及钻石三个等级,以提供差异化的会员服务。

7.2.2 "一达通"综合服务平台

外贸综合服务平台是依据一般贸易进出口专业服务能力,结合互联网IT技术手段,把复杂的进出口流程标准化,再把分散的进出口服务资源集约化,形成以服务为核心的全球供应链服务体系(N+1+N)。"一达通"综合服务平台如图7-1所示。

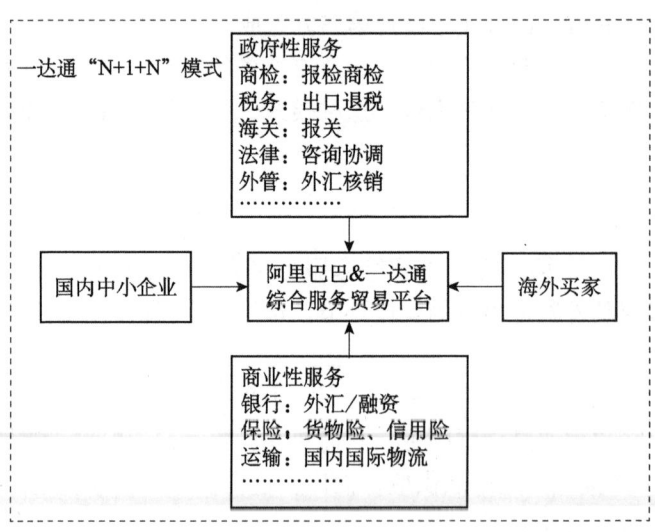

图7-1 "一达通"综合服务平台

如浙江某家具企业要出口货物至德国，它需要分别找报关行、拖车、海运、银行、保险等完成交付并实现结汇，我们把这叫一条链路。那么，如果外包给"一达通"，则这条链路被标准化，用哪家银行、船舶公司、什么监管条件、多少费用、多长时间完成等被录入系统，"一达通"的运作效率最高，然后，再让更多浙江省需要发货至德国外贸企业走这条链路，集约规模获取更好的待遇和议价能力。

"一达通"综合服务平台把国内中小企业和海外买家、政府性服务和商业性服务密切地联系在一起，通过"一达通"一站式服务平台解决产品进出口环节的所有问题。"一达通"外贸供应链服务平台标准作业流程为：客服在接到客户的订单后，先将客户基本资料录入系统，这时，系统工作站会自动将需求发送到通关部，通关部的工作人员根据商品属性查询海关编码等信息，然后通过工作站传输给在海关现场办公的"一达通"工作人员，由他们递交至海关窗口。整个过程除了窗口递交，其他全都在线完成，省时省力。这是"一达通"综合服务平台实行标准化作业的第一步。在报关工作进行的同时，物流部的相应岗位会通过系统收到安排仓储、车、船的信息，外汇、退税岗位的工作人员也会收到相关信息。在"一达通"综合服务平台上，十几个环节的岗位均得到细分，全方位标准化作业，为客户提供专业服务。在线平台的金融服务帮助企业提升接单能力：信用支付是采用电子商务手段为中小企业提供外贸供应链中的金融创新服务，大多数企业或个人由于不具备信用支付能力，而丢失不少优质订单。"一达通"和中国银行的分工为："一达通"进行数据采集，将企业报关、商检、物流等的信息提供给中国银行，中国银行根据这些信息通过"一达通"综合服务平台为企业贷款。

7.2.3 "一达通"综合服务范围

"一达通"综合服务平台的核心流程为报关、退税、金融融资业务，如图7-2所示。

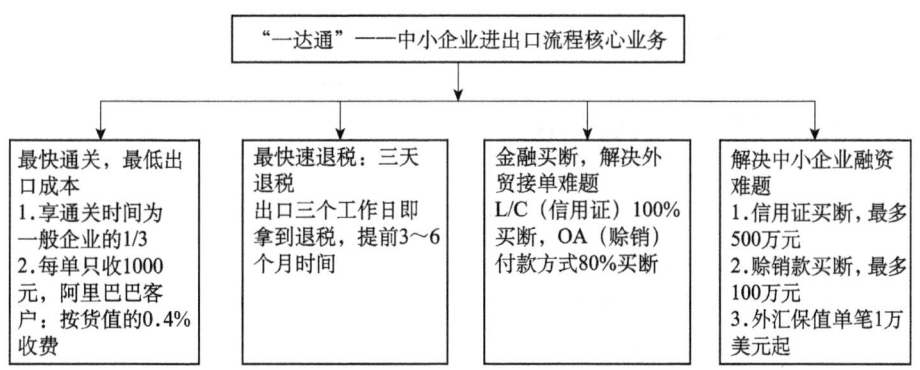

图 7-2　一达通进出口流程核心业务

第一，基础服务。基础服务包括通关、外汇和退税三个方面。在通关方面，以"一达通"名义完成全国各大口岸海关的申报，通过"一达通"平台专业的操作，享受绿色通关通道，造就通关速度优势。在外汇方面，"一达通"帮助中小外贸企业完成出口收汇国际结算业务，同时可为客户提供外汇保值服务，为客户提前锁定购汇或者未来结汇的汇率成本，有效防范汇率的波动风险。在退税方面，以"一达通"名义统一帮助中小外贸企业快速办理退税，加快企业资金周转。

第二，金融服务。"一达通"提供完整的、覆盖贸易全程的金融服务，为买卖双方提供全面的资金安全保障，降低贸易风险。无抵押、无担保、零门槛的金融融资服务，"一达通"提供了三种方便又高效率的金融支付方式：阿里巴巴B2B信用卡、赊销保（OA）、信融保（L/C）。

阿里巴巴"一达通"以大数据为基础，通过建立信用保障体系，为企业提供各种金融服务，拓展了投融资的模式和方式，解决了传统企业的难题。阿里巴巴"一达通"对金融生态的创新如图7-3所示。

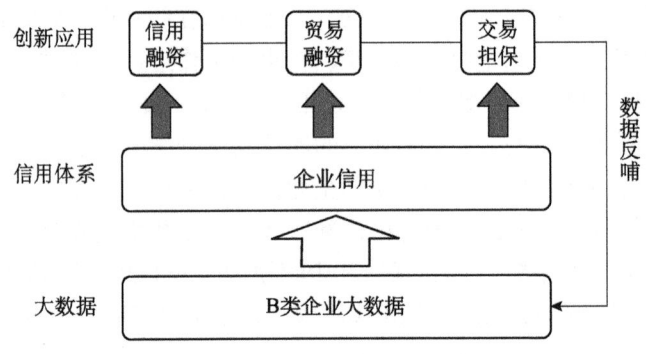

图7-3 阿里巴巴"一达通"对金融生态的创新

企业信用的出现，极大地改变了中小企业的融资成本。企业信用将充当金融机构和中小企业之间的信任桥梁。通过企业信用，金融机构可以掌握企业真实的运营状况，从而降低融资风险，使很多中小规模的优质企业获得资金支持。中小企业融资次数越多，其所产生的信用积累也越多，从而形成良性循环。

除此之外，"一达通"专为中小外贸企业在配送、仓储、运输等进出口贸易环节，提供覆盖全国各地的主要港口与全球贸易区之间的"海、陆、空"三种类型的一站式物流解决服务。

● 海运专线（仓到门）："一达通"开通了欧美、东南亚等28国的海运专线，包揽目的港海关及配送，简化物流繁杂手续。

● 海运整柜/拼箱：服务范围覆盖52个国家114个港口，提供优惠的价格与充足的舱位保障，收费透明，锁定低廉物流成本。

● 国际快递："一达通"与知名国际快递公司FedEx、DHL、UP等合作，提供低至一折的优惠物流价格。

"一达通"聚集了数万家外贸企业，这些企业都以"一达通"的名义出口。这样"一达通"将这些企业的物流、金融服务需求聚集起来，去跟相关的物流公司、金融机构谈判，以获取更低的费率。例如，一个20尺货柜从上海港运到悉尼，中小企业一年也就几十个货柜的量，只能拿到船公司代理商的报价900美元。而"一达通"一年出口的货柜也许有几十万个，客户便可以拿到船公司的直接报价800美元。这样再以850美元报价给使用其服务的中小企业。"一达通"赚了 50 美元，中小企业也省了 50 美元。此外，船公司也不需要再通过一级一级的代理商去服务这些中小企业，能够通过"一达通"直接服务到位，降低服务成本。以此类推，陆运服务、空运服务、保险服务等都能通过这个模式，既让中小企业省钱，又让上游服务提供商省心，还能使"一达通"从中挣钱。这就是规模效应下的服务"团购"。

7.2.4 "一达通"平台特色

首先，与阿里巴巴相辅相成。"一达通"被阿里巴巴并购后，阿里巴巴帮助"一达通"打通小额外贸业务的产业链。阿里巴巴切入中小企业的线下运营，帮助"一达通"提升用户黏性，为"一达通"带来强大的社会资源、金融资源和客户资源。

其次，提供"一拍档"新型外贸服务模式。2015 年，"一达通"推出"一拍档"O2O 新型外贸服务模式。"一达通"邀请各类本地化外贸服务企业成为"一达通"的合作伙伴，进一步为中小企业提供完整的本地化、个性化的低成本外贸综合服务方案。这标志着"一达通"由"自营"走向"平台"。当"一达通"转为"平台"后，原来那些货代公司、外贸代理企业、报关行等摇身成为"一达通"的拍档。"一达通"将更多服务商纳入合作体系后，从平台升级为一个外贸服务生态圈，不仅解决了自身的发展需求，也为行业构筑了一个更为稳定和谐的商业环境。

最后，提供全方位的融资产品服务。阿里巴巴为中小企业提供信用融资、贸易融资、交易担保三种金融创新服务。

（1）信用融资："一达通"推出网商贷服务项目，只要通过"一达通"报关结汇退税，阿里巴巴就针对每一美元的贸易流水为企业提供一元人民币的贷款。此外，"一达通"还推出"信融保"服务，解决信用证结算中出口企业面临的主要问题。服务涵盖信用证打包贷款、信用证买断、信用证融资不买断三大服务模块。

（2）贸易融资：在大数据的基础上，围绕信用保障体系，阿里巴巴为中小企业跨境电商各个环节进行融资，满足其不同阶段、不同环节的融资需求，如图 7-4 所示。

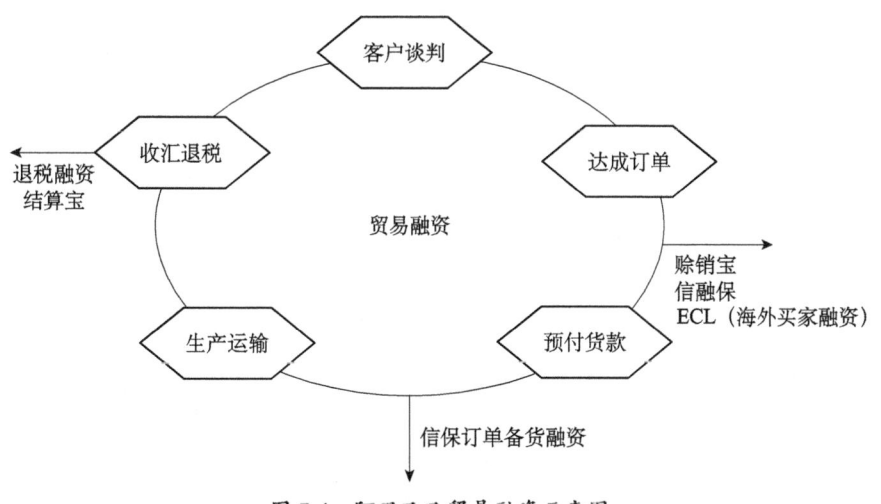

图 7-4　阿里巴巴贸易融资示意图

退税融资是跨境电商中较为成熟的金融服务产品,由于阿里巴巴掌握了整个贸易的核心环节(报关、退税等),能够保证贸易的真实性、货物的真实性,可以有效降低融资风险。

(3)交易担保:赊销宝是指出口企业接受赊销订单时,由阿里巴巴垫付最高80%的应收货款,为企业分担资金压力,提前"放款"的金融服务,该服务由阿里巴巴联合中国银行和中国出口信用保险公司共同推出。阿里巴巴赊销业务上限1000万元,利率只有0.01%。

ECL是阿里巴巴针对海外买家推出的融资服务,在阿里巴巴平台上信用等级较高的海外买家,可以零资金获取平台或金融机构的垫付资金。截至2016年1月,阿里巴巴已与英、美两家金融机构推出了相关产品。

> 【课堂实训】请登录"一达通"服务中心(https://onetouch.alibaba.com/newHome/serviceContent.htm?spm=a271c.7854155.0.0.608e765eiC7blZ&themeId=14386796&subCategoryId=11120708&category=foreignTradeClass),观看"一达通"出口综合服务流程视频,并将重点内容整理成文本。

7.3 外贸综合服务业务操作流程

当前,外贸综合服务试点企业主要以供应链公司、物流公司和外贸公司等为主,基本依托自身的客户、资金、服务和业务资源优势,业务类型大致可分为基础服务、金融服务和特色服务三种。

7.3.1 外贸综合服务平台基础服务业务操作流程与步骤

对大部分外贸综合服务企业而言,基础服务主要是将在优化外贸代理管控思路的基础上,将外贸综合服务企业自营出口流程规范化和标准化;金融服务基本都是基于贸易背景的垫资服务(如信用证收款项下融资———打包贷款、买断/非买断信用证融资)、赊销订单融资、库存质押融资乃至信用融资以及远期(锁汇)结汇服务等;特色服务是平台公司利用股东背景和资源优势所提供的特殊服务。其中,基础服务是核心,实务操作模式和流程如表7-2所示。

表7-2 外贸综合服务平台基础服务业务操作流程与步骤

步骤	具体内容
1.客户签约	外贸综合服务企业通过多种渠道宣传推广平台,并与意向客户(中小微生产企业)达成合作意向,客户再按要求提供营业执照、税务登记证等所需资质资料,经外贸综合服务企业风控部门审批后,签署《外贸代理服务协议》(主要为《外贸代理出口协议》)

续表

步骤	具体内容
2. 客户下单	客户下单前将订单对应的出口商品和生产工厂信息提供给平台，由风控部门审核；审核通过后由客户自行或综合服务企业业务员代为下单，下单内容与自营业务中出口报关预录入的信息基本相同，订单下达后再由风控部门审核
3. 装箱与报关出口	客户订单审核通过后，物流部门按客户要求安排国内段物流公司并委托货代（或报关）公司报关出运，取得装箱单、提单、监装过程照片等物流单据；客户自行安排物流与报关的也须取回这些物流单据，但报关数据须由平台直接发送委托报关机构
4. 收结汇与核销	客户订单必须通过平台收汇，平台收汇后由客户认领并分配到各订单，结汇汇率按照预先约定的结汇规则执行；鉴于外汇管理的总量核销政策，一般平台对客户执行同样的核销政策，即客户出口额与收汇额一致
5. 工厂开票与结算	订单出口后，平台须及时取得外销合同、国内采购合同和增值税发票（为确保正常退税，平台须按报送单所列品名、单位、数量等向工厂提供开票模板），并在已收汇且收到有效增值税发票后再向客户支付货款
6. 退税申报	在报关出口、收汇和开票认证完成且集齐购销合同、物流单据、报关单及场站单据等退税所需全部单据后，由外贸综合服务企业财务部向税务局申请退税 特别强调：根据《关于发布修订后的〈出口退（免）税企业分类管理办法〉的公告》[国家税务总局公告 2016 年第 46 号]，新办平台企业自首票退税申报时点起一年内或尚未评价纳税信用级别的均按出口退税三类企业规定执行，退税周期可能在 6 个月以上。因此新成立平台企业均会提供退税款垫资服务，即在税务局退税款到账前提前支付工厂退税款 但须注意，《国家税务总局关于外贸综合服务企业出口货物退（免）税有关问题的公告》[国家税务总局公告 2014 年第 13 号] 第二条规定：外贸综合服务企业申报"中小企业与外商签订出口合同后，将自己生产的货物销售给外贸综合服务企业，外贸综合服务企业以自营方式出口的货物"退（免）税时，应在《外贸企业出口退税进货明细申报表》第 15 栏（业务类型）、《外贸企业出口退税出口明细申报表》第 19 栏（退／免税业务类型）填写"WMZHFW"

7.3.2 "一达通"平台业务的操作步骤

通过"一达通"平台申请了"一达通"服务，并签订相关协议后，即可利用"一达通"平台操作相关业务。退税方式如果是"一达通"负责退税，那选择的就是 3+N 一站式服务，通关、外汇、退税都由"一达通"处理；如果是客户自行退税，那么选择的就是 2+N 服务，退税需要客户自己处理。

1. "一达通"平台一般业务下单操作步骤

1）登录和报名

登录"一达通"操作平台（https：//onetouch.alibaba.com/），进入操作平台，"一达通"操作页面如图 7-5 所示。

一达通
帮助中心
轻松问答中了解一达通

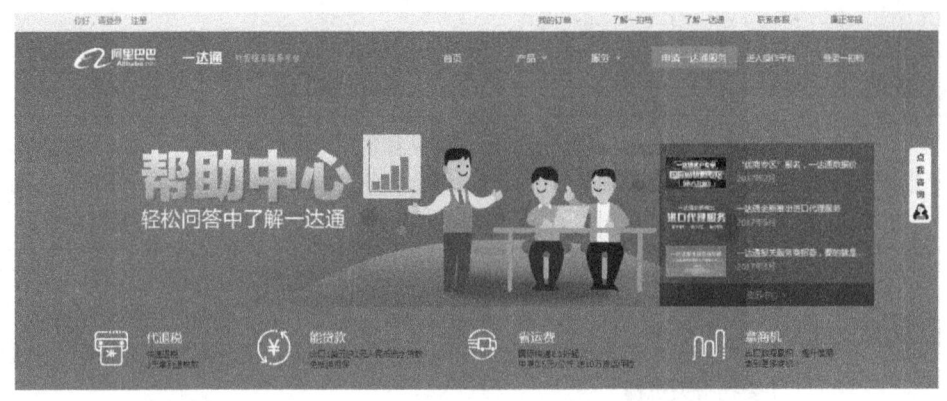

图 7-5 “一达通”操作页面

2）产品和开票人预审

“产品预审”和“开票人预审”是阿里巴巴“一达通”为了确保外贸进出口服务操作的合法合规而设定的服务使用准入检测流程。通过该流程，你可以通过阿里巴巴“一达通”更深入地理解国家对你的产品的监管条件以及退税相关政策，确保你的货物更顺畅地出口，同时保障你的退税金额安全及时到达。

产品预审的步骤如下：根据产品的品名（不确定品名时，可以用产品关键字搜索）或者 HS 编码进行搜索，点选“产品品名”→点选“产品属性”→上传“对应产品资料”→选择“产品联系人”，最后提交产品审核。

产品预审时需提供以下图片资料：实物产品整体外观、实物铭牌标签图片、实物内包装图片、实物外包装图片。

产品预审后，还要通过开票人预审。

供货企业审核有 6 个步骤。

步骤 1：提交供货企业资质信息。

步骤 2：供货企业资料审核通过后，需寄正本协议给“一达通”，再上传相关备案资料。

步骤 3：上传备案资料后，备案资料待“一达通”审核。

步骤 4：若上传的备案资料不符合要求，“一达通”小二会退回附件。

步骤 5：“一达通”校验协议正本是否回收。

步骤 6：备案资料“一达通”小二审核通过后，“一达通”需要在当地所属税局做备案。

注意：需先提交产品预审，待产品预审通过后才能提交供货企业预审，否则供货企业预审页面无法关联产品。

3）系统下单

自助下单的流程（包含 6 个步骤）：选择套餐→选择收汇与报关方式→填写产品及开票人信息→填写报关信息→上传附件→提交申请。流程中相关设置介绍如下。

（1）收汇方式。“一达通”的收汇方式有 4 种，如图 7-6 所示。

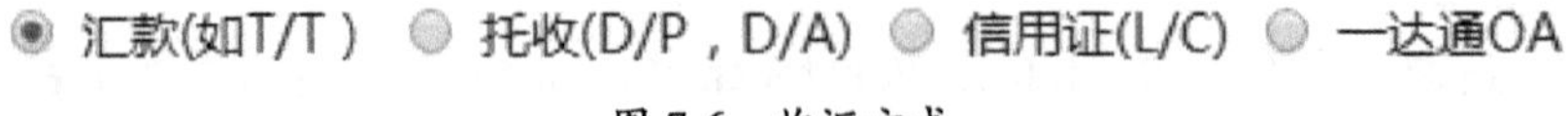

汇款(如T/T)
托收(D/P，D/A)
信用证(L/C)
一达通OA

图 7-6 收汇方式

若选择"信用证（L/C）"，需要填写"信用证号"，如图 7-7 所示。

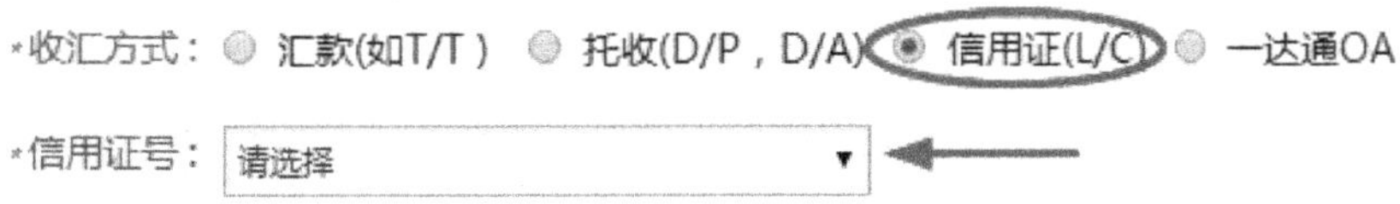

图 7-7　信用证

若选择赊销（OA）即"一达通 OA"，则需要填写"销售合同号码"，如图 7-8 所示。

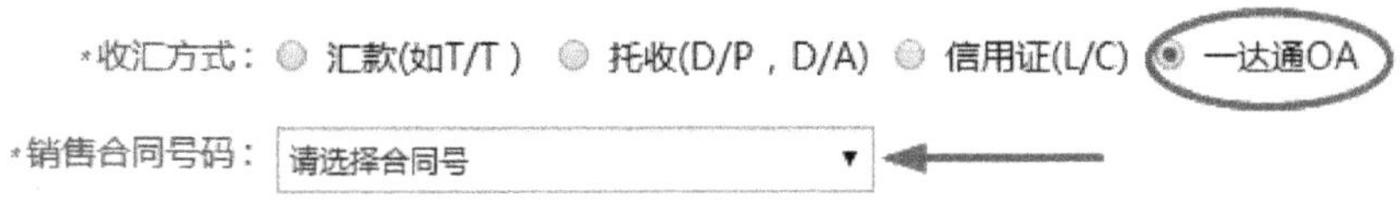

图 7-8　赊销

注意：在买家现金付款或者做信保的情况下，可以选择"汇款（如 T/T）"；目前在做托收的情况下，选择"汇款（如 T/T）"也是可以的。

（2）报关口岸。请按实际出口口岸选择，如遇到在 A 口岸申报，B 口岸出口，则选 A 口岸下单。可以无纸化操作的口岸，则选择"无纸化报关（一达通提供报关资料下载）"。青岛和宁波口岸需要填写"报关行名称"和"10 位报关行代码"（有纸化报关），请填写实际的收件地址和收件人，如图 7-9 所示。

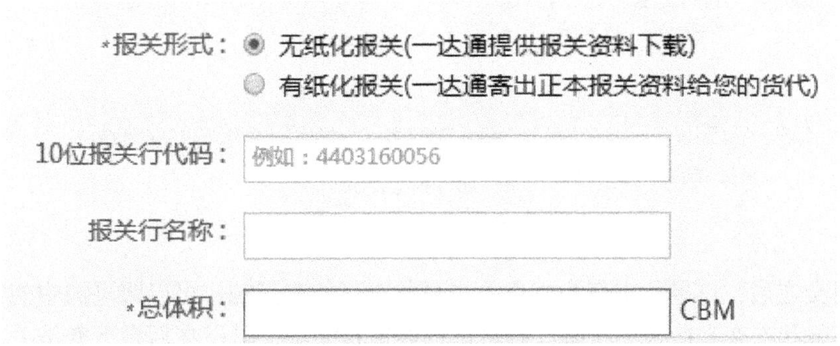

图 7-9　报关口岸

（3）价格条款、开票方式、包装方式，填写信息如图 7-10 所示。

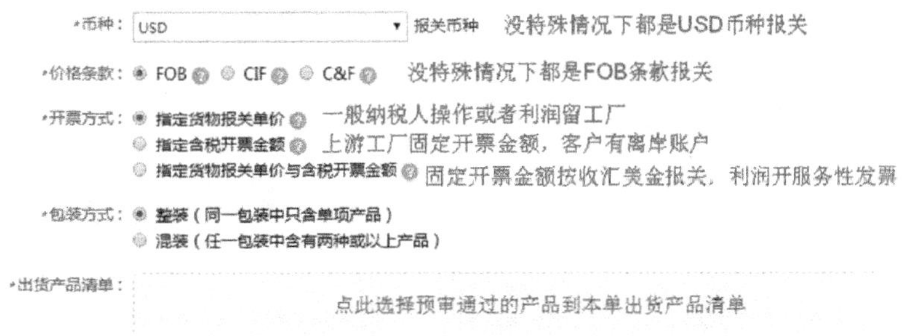

图 7-10　价格条款、开票方式、包装方式

（4）填写产品信息，如图 7-11 所示。

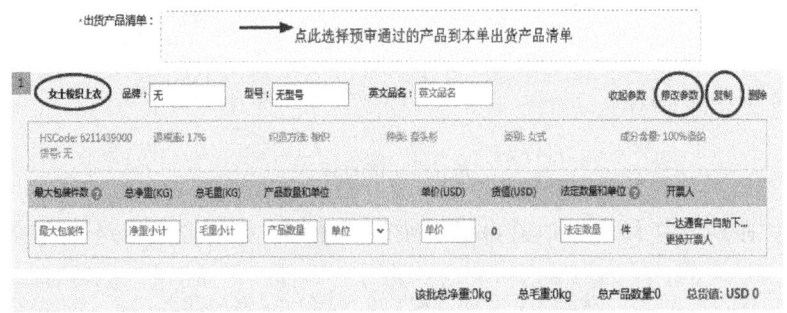

图 7-11　产品信息

可以修改参数（产品材质或者申报要素有微小变动时），也可以复制产品（如增加型号或者不同牌子时）。

（5）填写报关信息，包含货物存放地址、出口目的国、境内货源地、合同类型等，如图 7-12 所示。

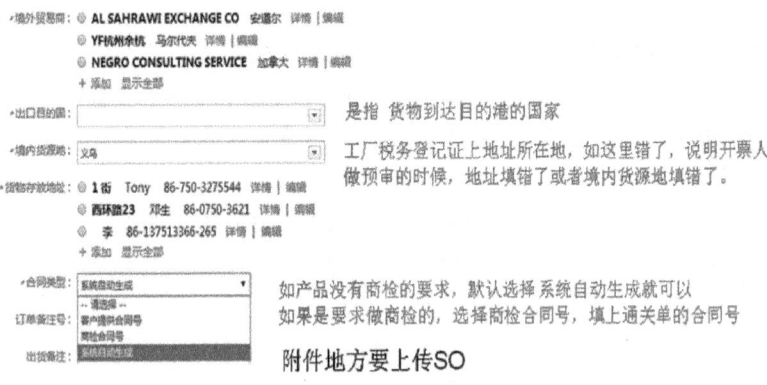

图 7-12　报关信息

订单提交之后，订单状态变为待通关受理状态，如有问题，可以跟页面中的管理员申请退单；如订单状态变为待报关状态，则订单已经审核完毕，可以在后台下载报关，如需要寄出正本报关资料，可以在"订单"→"通关详情"中查看寄出的快递单号，深圳本地的采用亿翔快递，深圳地区以外的采用顺丰快递。至此，整个订单在报关前的跟单基本就结束了。

报关后需要处理的事情如图 7-13 所示。

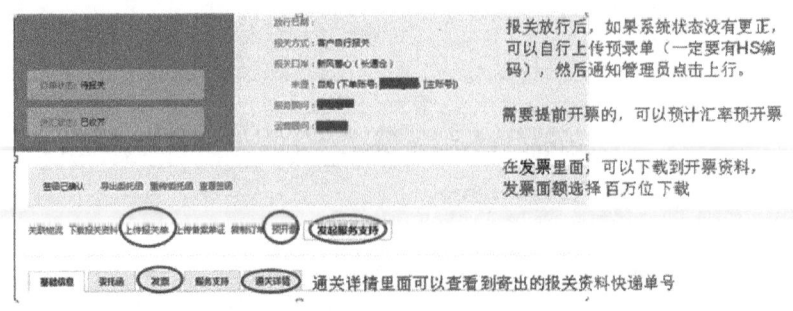

图 7-13　报关后需要处理的事情

项目 7　外贸综合服务

4）外汇关联

操作路径:"资金管理"→"外汇查询",可以看到付款人、收款日期、汇率等信息,如图 7-14 所示。

图 7-14　外汇关联

外汇关联允许有 5% 上下浮动,外汇关联完之后,点击"确认收齐",如图 7-15 所示。

图 7-15　外汇收齐

5）结算

结汇时银行按现汇买入价汇率结算,付汇时银行按现汇卖出价汇率结算。结算前请注意,账号安全管理必须先设置好,提供安全等级才能结算,如图 7-16 所示。

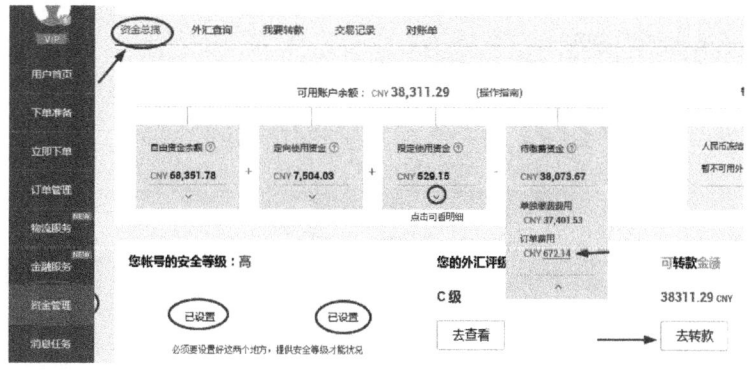

图 7-16　结算

结汇步骤：收到海外买家汇款水单→联系外贸顾问提交水单→接到外汇到账通知→确认最终收款账户→查收水单及外汇款。

点击"去转款"按钮跳转到如图7-17所示页面，填写完相关信息后点击"下一步"按钮。再按如图7-18所示设置收款账户。

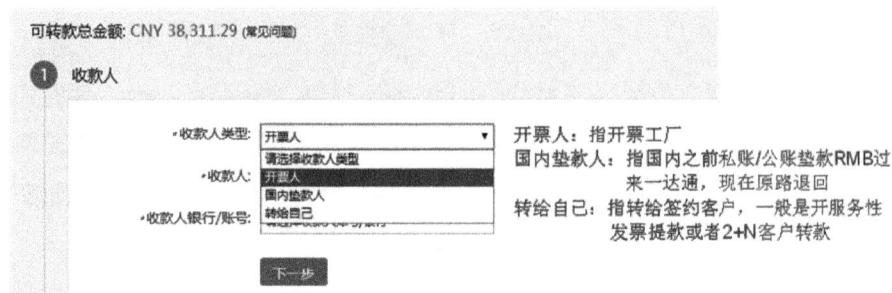

图 7-17　确认收款人信息

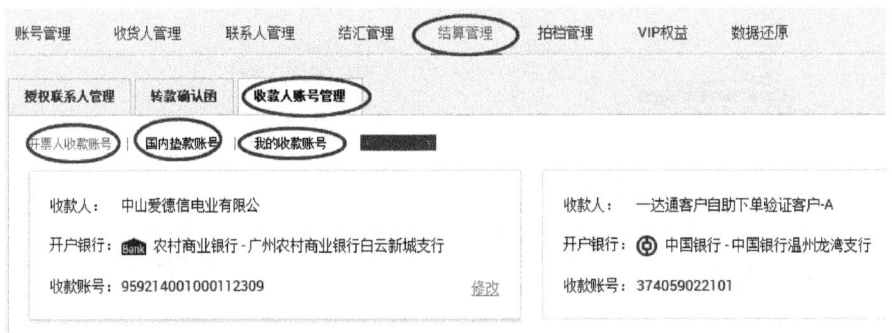

图 7-18　设置收款账户

开户网点先写支行关键字再在打开的下拉列表中进行选择，如图7-19所示。

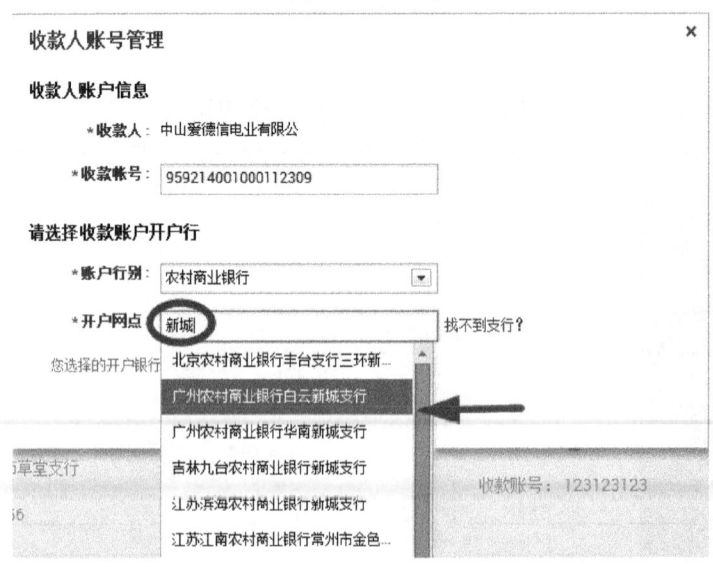

图 7-19　开户网点的选择

设置转款金额，如图 7-20 所示，设置后点击"下一步"按钮。

图 7-20　设置转账金额

确认本次转款金额，如图 7-21 所示，确认后点击"下一步"按钮。

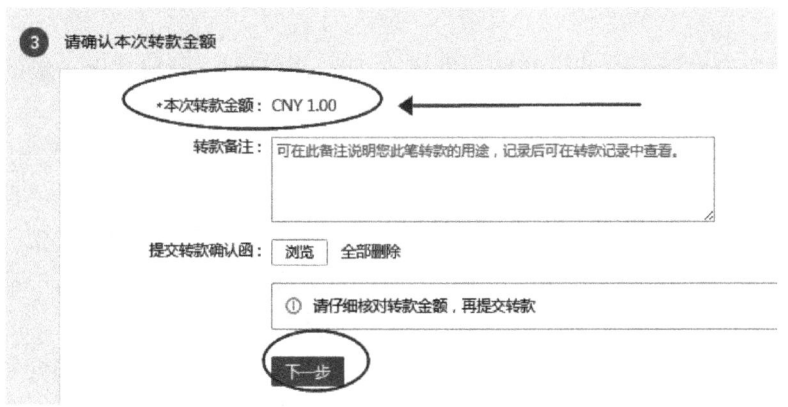

图 7-21　确认转账金额

 **知识链接**

结算操作

在结算过程中，设置收款账户时需要提供准确的开户网点信息，若不知道开户网点信息，则可以通过相关系统或者平台查询。以 Boss 系统为例，可按照以下几种方式进行查询。

● 锦囊一：查找支行时，首先选对总行很关键，其中，以城市命名的银行均归属于"城市商业银行"。

举例 1　苏州银行、杭州银行、江苏银行、广州银行、东莞银行、北京银行、上海银行等以城市命名的银行均归于"城市商业银行"。

● 锦囊二：支行信息按关键字搜索，可支持多关键字搜索，用％连接关键字，如苏州银行吴中支行可输入"苏州银行％吴中"搜索。

举例 1

付款总行：城市商业银行

详细支行：苏州银行％吴中　　　　　　　　（名称筛选后）

　　　　　苏州银行股份有限公司吴中支行

举例 2

付款总行：中国工商银行

详细支行：百色％右　　　　　　　　　　　（名称筛选定位，确认无此支行）

　　　　　中国工商银行百色市右江支行

● 锦囊三：如果某个小支行找不到，可以找上一级的银行，甚至上上一级的。

举例 1 "中国建设银行佛山罗村支行"，找不到，则找其上一级的"中国建设银行佛山分行"。

举例 2 "江苏江阴农村商业银行要塞支行"，找不到，则找其上一级的"江苏江阴农村商业银行"。

举例 3 "招商银行上海紫竹高新开发区支行"，找不到，则找其上一级的"招商银行上海分行"。

● 锦囊四：当碰到"农村合作银行、农村商业银行、农村信用社"时，由于这三家农村银行一直在合并，名称也一直在变化，但是它的联行号在人民银行中始终保持一个，所以，当遇到该银行的付款时，我们可以多样化来查找，当选择"农村合作银行"并反复输入关键字都没有自己想要的银行时，建议可以把总行换成"农村商业银行"或者"农村信用社"，再输入关键字进行查找，一定会有你想要的结果的。

● 锦囊五：如果大家通过以上方法还是找不到支行，建议大家把"联行号"提供给财务人员，他可以根据"联行号"快速帮大家找到想要的支行的。

2. "一达通"信保订单操作流程

若卖家希望通过非"一达通"订单出口，积累信用数据，则可以通过一达通信用保障订单（小单）进行操作。操作流程如图 7-22 所示。

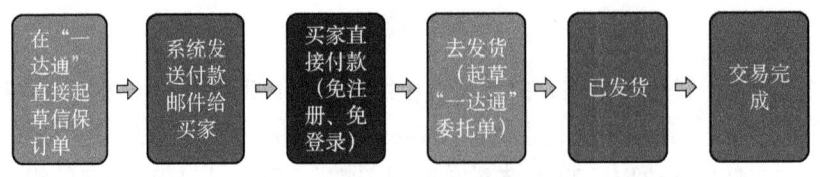

图 7-22　一达通信保订单操作流程

供应商在"一达通"后台起草订单后，买家不需要注册，不需要登录，也不需要确认，只需要通过系统发的支付邮件链接一键支付即可。买家支付后，卖家就可以关联"一达通"委托单进行发货。委托单通关放行之后订单状态会更新为已发货，根据物流方式的不同，发货后的订单会在一定的时间后显示交易完成。

"一达通"信保订单具体操作流程如下：

（1）登录"一达通"网站（网址为 https：//onetouch.alibaba.com/）。

（2）登录"一达通"操作平台后，进入 My Alibaba。

（3）信用保障服务，起草信用保障订单。在一达通"立即下单"入口处点击"信用保障订单"，如图 7-23 所示。在打开的页面中，如您还未开通信用保障（简称信保）服务，"一达通"审核后，点击"立即开通"按钮，实时开通信用保障服务，如图 7-24 所示。

图 7-23　信用保障订单

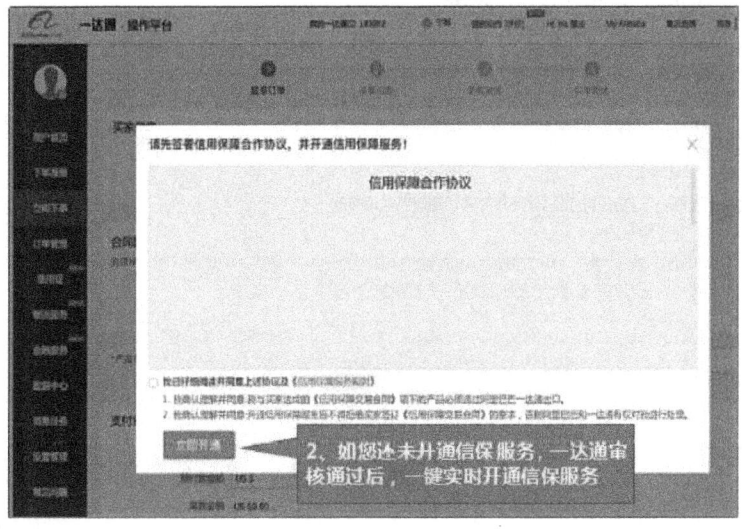

图 7-24　开通信保服务

（4）起草订单，填写买家邮箱，上传合同，如图 7-25 所示。

图 7-25 起草订单，上传合同

（5）填写订单总价、出口目的国等信息，如图 7-26 所示。

图 7-26 填写相关信息

（6）订单创建成功，生成订单链接，如图 7-27 所示。

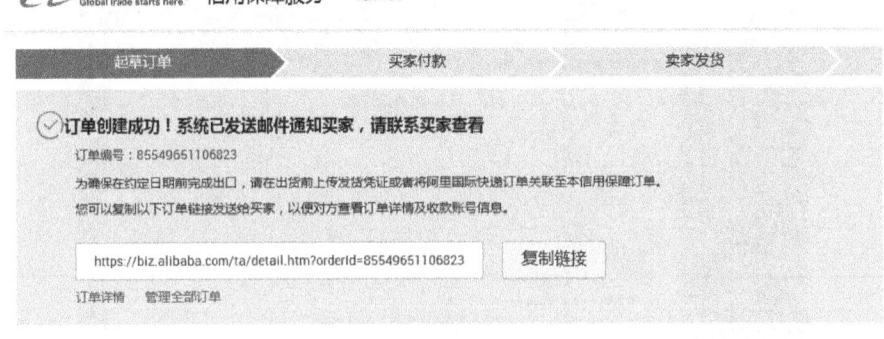

图 7-27 订单创建成功，生成订单链接

（7）点击"复制链接"按钮，将链接发送给买方，提醒买方付定金（注意：邮件可能会在垃圾邮箱中），如图 7-28 所示。

项目 7　外贸综合服务

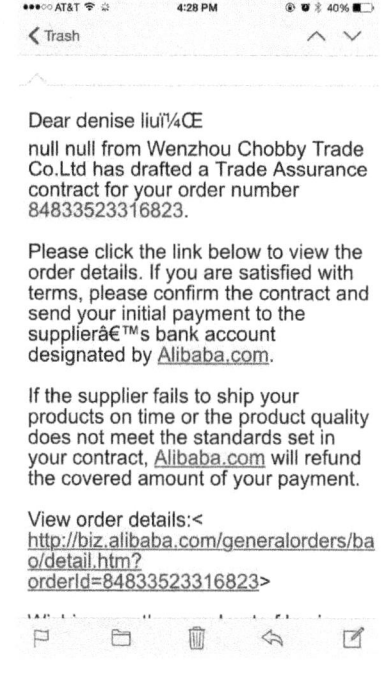

图 7-28　提醒买方付定金

（8）提醒买家需要先注册阿里巴巴账号，填写相关信息后才能进入付款页面，如图 7-29 和图 7-30 所示。

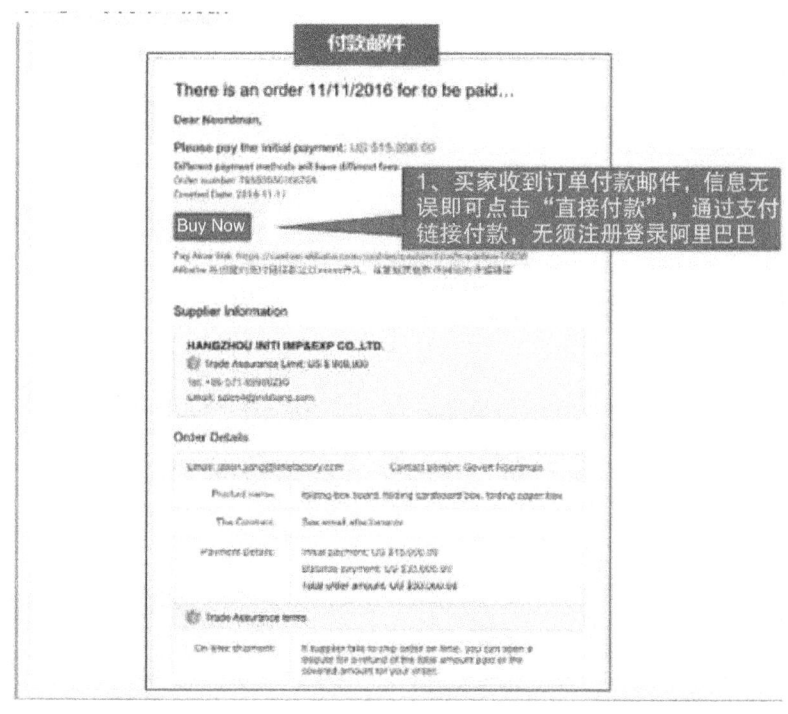

图 7-29　提醒买家付款（链接直接点击"Buy Now"）

图 7-30 选择付款方式

（9）买方预付定金后则可以准备发货，具体操作如图 7-31 和图 7-32 所示。

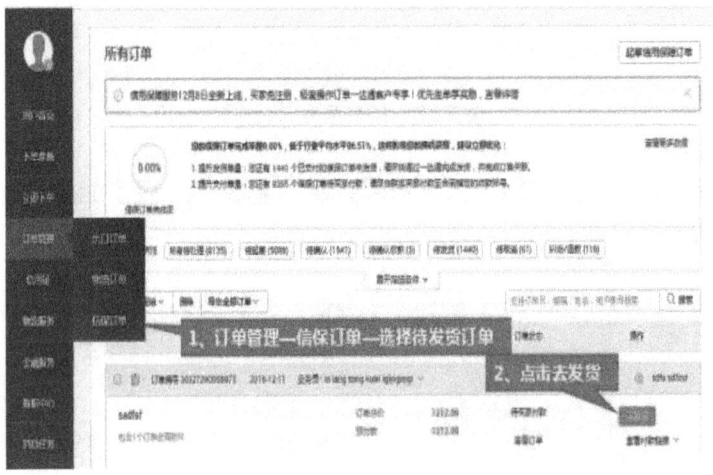

图 7-31 发货操作

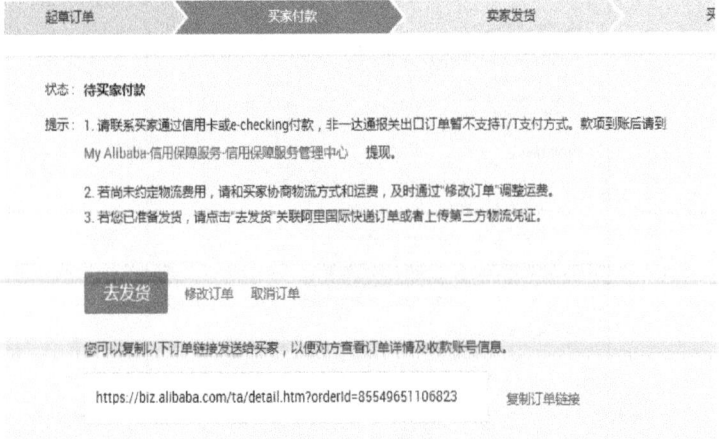

图 7-32 发货确认

（10）填写物流信息，如图 7-33 所示。

图 7-33　填写物流信息

线下发货需提交物流凭证（运单），如图 7-34 所示。

图 7-34　线下发货提交发货凭证

（11）买方收到货后，应提醒其确认订单，如图 7-35 所示。

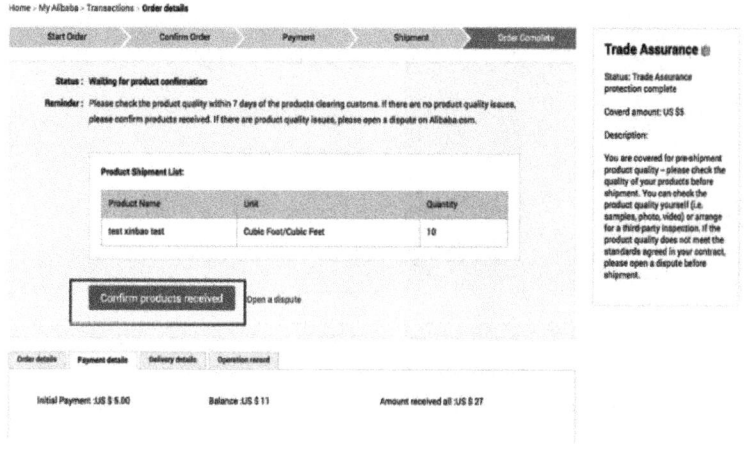

图 7-35　确认订单

（12）买方付款成功，交易完成，如图7-36所示。

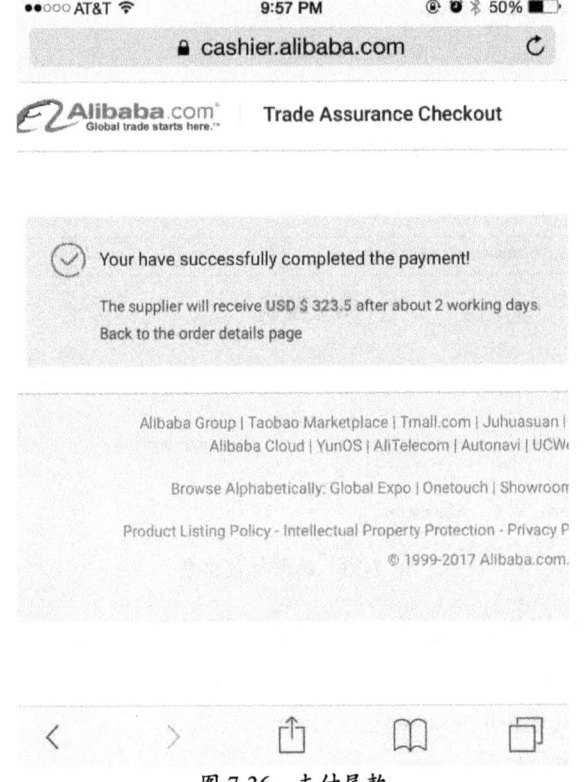

图 7-36　支付尾款

（13）通过"信用保障服务"→"交易对账单"查询账户余额，如图7-37所示。

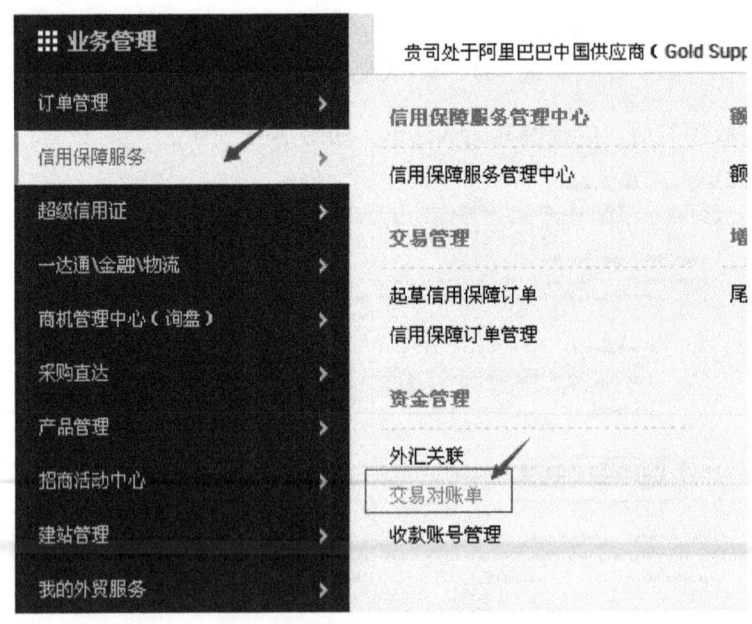

图 7-37　交易对账单

【课堂实训】请登录"一达通"平台,并发布一个产品信息(产品可从1688平台上自选一个)。

 技能训练

请根据本项目所学知识,自拟一份合同,并在"一达通"上起草信保订单。

产品:围巾,售价:1.5美元/条,共500条,体积:0.3m³。收货人Jack(美国)。

项目8

B2B平台运营案例

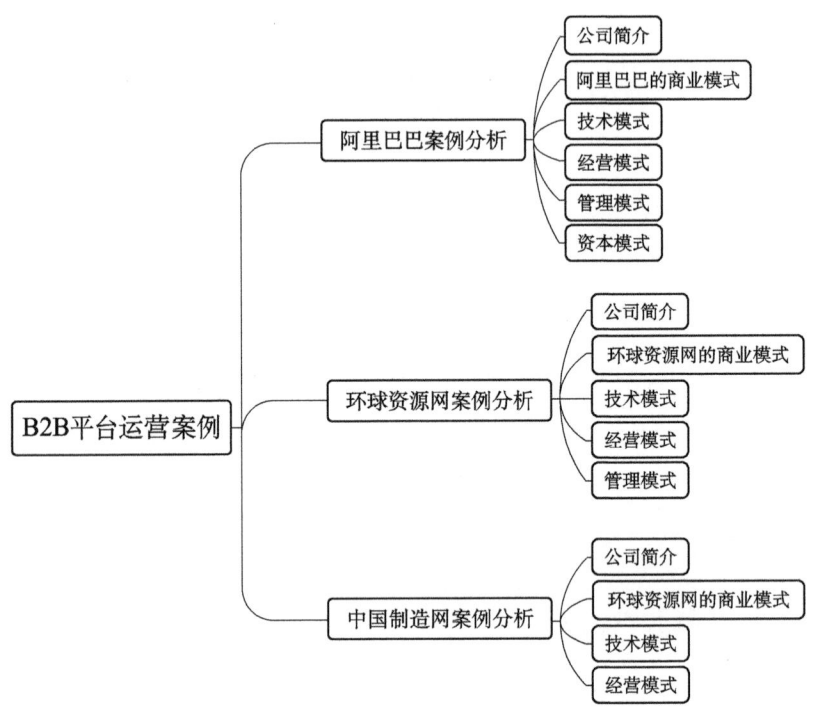

知识目标

- 掌握阿里巴巴平台的运营模式和存在的问题；
- 掌握环球资源平台的运营模式和存在的问题；
- 掌握中国制造平台的运营模式和存在的问题。

技能目标

- 能够综合运用三大平台给公司创收；
- 能够结合公司实际，撰写合格的网络营销策划书。

情境导入

小王现在已经熟悉了 B2B 的平台运营、产品采购、客户开发等方面的知识和技能，接下来需要进行综合的网络营销策划。在进行撰写策划书前，他应该详细了解典型网站平台的运营策划方案以及策划书的撰写要点，小王应该如何学习和实践呢？

8.1 阿里巴巴案例分析

8.1.1 阿里巴巴公司简介

阿里巴巴是全球著名的企业间（B2B）电子商务服务公司，管理运营着全球最大的网上贸易市场和商人社区——阿里巴巴网站，为来自220个国家和地区的200多万企业和商人提供网上商务服务，是全球首家拥有百万商人的商务网站。阿里巴巴成功应用了网络经纪的电子商务模式，成为国内最为成功的电子商务网站。其总部在香港，北京办事处主要负责业务开发和公关宣传两块，人员主要在杭州，立足国际市场，服务器放在美国。

阿里巴巴网站由英文国际站（www.alibaba.com）、简体中文中国站（china.alibaba.com）、日文网站（japan.alibaba.com）组成。阿里巴巴在香港成立公司总部，在中国杭州成立中国总部，并在海外设立美国硅谷、伦敦等分支机构、合资企业3家，在北京、上海、浙江、山东、江苏、福建、广东等地区设立分公司、办事处十多家。2018年7月19日，全球同步《财富》世界500强排行榜发布，阿里巴巴集团排名300位。

8.1.2 阿里巴巴的商业模式

1. 战略目标

阿里巴巴的远景是构建未来的商务生态系统，让客户相会、工作和生活在阿里巴巴，并持续发展最少102年，成为全球十大网站之一，达到只要是商人就一定要用阿里巴巴的境界。阿里巴巴网站属于B2B类型，更严格地说，它是为买卖双方提供信息交易平台，企业通过虚拟的网络平台将买卖双方的供求信息聚集到一起，协调其供求关系并从中收取交易费用。阿里巴巴精确地定位于此，经过几年的发展成为全球规模最大、运营最成功的B2B企业之一。目前的战略重心将放在欧美市场。公司从事的是国际贸易，中国外贸主要集中在欧美等九大国家和地区。

2. 目标客户群

做中小型企业的电子商务是阿里巴巴的目标，这也反映了阿里巴巴的目标市场就集中在广大中小型企业。全世界85%以上的企业都是中小型企业，尤其是亚洲更以中小型企业为主，只有帮助中小企业才是最大的希望。亚洲是最大的出口基地，如果以出口为目标，帮助中小型企业出口将给阿里巴巴带来不断的业务。要帮助中小型企业出口，就必须开展围绕企业对企业的电子商务。电子商务要为中国中小型企业服务，这是阿里巴巴最早的想法。阿里巴巴成功之处在于，前期的努力已经吸纳了国际和国内贸易中最活跃的顾客群。

3. 产品和服务

淘宝网（www.taobao.com），创立于 2003 年，是以商务为导向的社交平台，通过大数据分析为消费者提供既有参与感又具个性化的购物体验。在淘宝网上，消费者能够从商家处获取高度相关且具吸引力的内容及实时更新，从而掌握产品与潮流资讯并与其他消费者或喜爱的商家和品牌互动。平台上的商家主要是个体户和小企业。根据易观基于 2017 年商品交易额（GMV）的统计，淘宝网是中国最大的移动商业平台。

天猫（www.tmall.com），创立于 2008 年，致力为消费者提供选购品牌产品的优质购物体验。至今，多个国际和中国本地品牌及零售商已在天猫上开设店铺。根据易观基于 2017 年商品交易额（GMV）的统计，天猫是中国最大的面向品牌与零售商的第三方平台。

全球速卖通（www.aliexpress.com），创立于 2010 年，是为全球消费者而设的零售平台，其主要买家市场包括俄罗斯、美国、巴西、西班牙、法国和英国。世界各地的消费者可以通过全球速卖通，直接从中国制造商和分销商购买产品。全球速卖通为阿里巴巴集团旗下业务。

阿里巴巴国际交易市场（www.alibaba.com），是阿里巴巴集团最先创立的业务，目前是全球领先的批发贸易平台。阿里巴巴国际交易市场上的买家来自全球 200 多个国家和地区（截至 2017 年 3 月 31 日），一般是从事进出口业务的贸易代理商、批发商、零售商、制造商及中小企业。阿里巴巴国际交易市场同时向其会员及其他中小企业，提供通关、退税、贸易融资和物流等进出口供应链服务。

1688（www.1688.com，前称"阿里巴巴中国交易市场"），创立于 1999 年，是中国领先的网上批发平台，覆盖普通商品、服装、电子产品、原材料、工业部件、农产品和化工产品等多个行业的买家和卖家。1688 为在阿里巴巴集团旗下零售平台经营业务的商家，提供了从本地批发商采购产品的渠道。1688 为阿里巴巴集团旗下业务。

阿里妈妈（www.alimama.com），创立于 2007 年，是让商家和品牌在阿里巴巴集团旗下电商平台及第三方平台投放各类广告信息的网上营销技术平台。阿里妈妈通过其联盟营销计划，让商家于第三方网站和手机客户端投放广告，从而令营销和推广效果触达阿里巴巴集团电商平台以外的平台和用户。阿里妈妈为阿里巴巴集团旗下业务。

阿里云（www.alibabacloud.com），创立于 2009 年，为阿里巴巴集团旗下的云计算业务。Gartner 及 IDC 的资料分别显示，阿里云是全球三大基础设施即服务（IaaS）供应商之一以及中国最大的公共云服务供应商。阿里云向阿里巴巴集团电商平台上的商家以及初创公司、企业与政府机构等全球用户，提供一整套云计算服务。阿里云为奥运会官方云服务供应商。

菜鸟网络，致力于满足现在及未来中国网上和移动商务在物流方面的需求。菜鸟网络经营的物流数据平台运用物流合作伙伴的产能和能力,大规模实现商家和消费者之间的交易。

蚂蚁金服,专注于服务小微企业与普通消费者,与金融机构一起,打造一个开放的生态系统,共同为未来社会的金融提供支撑。蚂蚁金服集团旗下业务包括支付宝、蚂蚁聚宝、芝麻信用和网商银行等。

4. 客户服务

阿里巴巴在客户服务中注意了以下几条:树立了"客户永远是对的"理念;首先是用户获利,其次是合作伙伴获利,然后才是自己;加强与客户的配合,帮客户把产品推到全国甚至全世界,帮客户在网站收集其他人的情报,帮客户加强内部的管理和调节;加强对客户的管理,每年一定要淘汰掉10%的客户。

8.1.3　技术模式

阿里巴巴定位于为世界上的商人建立一个综合信息交易服务平台,它是为商人和商人之间开展服务的网站,它的参与者大都是中小型企业,在现阶段企业上网考虑的时间成本还是很少的,因此阿里巴巴的网站技术模式定位于系统运行的持续稳定性和安全性两方面,阿里巴巴作为信息中介服务平台,它的系统运行要求是严格的。阿里巴巴的通信系统采用互联网和通信网,在服务器的构建上要保证交易信息在通信网络上的安全传递,并且保证数据库服务器的绝对安全,防止网络黑客的闯入破坏。它的系统在抗侵入性、边界服务器、采用加密技术的信息完整性、用户和话路的鉴别服务等方面有严格的要求。阿里巴巴在身份验证和安全监控上也有一些大的作为。在系统应用软件方面,阿里巴巴采用了网上信用管理系统、身份认证管理系统、网络监控管理系统和网络安全管理系统等,最大限度地保证网站安全、数据安全、交易安全。

8.1.4　经营模式

电子商务网站的核心竞争力是人气,而并非资金和技术,资金和技术只是制造人气的基础资源。即使有了资金和技术,如果没有大量的围绕着增加人气的营销活动,最终还是会遭遇寒流。阿里巴巴在一开始也受到很多企业的怀疑和质问,于是它采取了曲线发展的经营策略,首先是免费使用,给商家免费的产品展示空间、免费电子邮件,并提供大量及时的免费供求信息;其次是制造人气和人脉,在此情况下阿里巴巴的金牌论坛"以商会友"新鲜出炉,论坛讨论的多数是很放松的话题和会员们的信息交流,人气渐渐地开始飙升,一些喜欢上论坛的商家成了阿里巴巴的人脉,人脉就是口碑,而口碑就是不折不扣的竞争力。然后推出一系列的经营项目,例如,推出旨在帮助中国企业打开国际市场的"中国供应商"栏目,并开始在中国站招商;推出"诚信通"网上信用管理系统,在中国网站全面推行"诚信通"计划,在全球率先打造网上诚信商务社区;投资开发"淘宝""天猫"模式的中国网上交易平台;推出精确匹配关键词服务;组建社区商盟,交流从商经验,共享阿里巴巴百万商人资源,互补商务服务,寻求合作机会;推出商友通服务,成为阿里巴巴社区的通行证。这些经营项目保证了阿里巴巴立足于为全世界商人建立一个全球最大的网上商业机会信息交流站点的目标。

8.1.5 管理模式

在人力资源管理上，阿里巴巴总结为：一是不从竞争对手中挖人，一个企业的价值观体现在点点滴滴上，在阿里巴巴业务中从没有回扣。二是员工随时可以离开公司，公司永不留人。三是请进来的人要对他负责，来之前对他狠一点，来之后对他好一点。阿里巴巴建立了科学的激励机制，实行内部271战略，20%是优秀员工，70%是不错的员工，10%的员工是必须淘汰掉的。同时，还加强了团队建设，阿里巴巴不希望全部用精英团队，如果只是精英们在一起肯定做不好事情，平凡的人在一起做一些不平凡的事，这就是团队精神，让每个人都欣赏团队，这样才行。阿里巴巴进行了统一思想的教育，使员工树立牢固的企业价值。阿里巴巴也注重对员工的培训和提拔，鼓励员工进行尝试和创新，建立人才成长的良好环境。

阿里巴巴在对网站进行管理的同时，起用了网上信用管理系统、身份认证管理系统、网络监控管理系统和网络安全管理系统等，最大限度地保证了网站安全、数据安全、交易安全。

阿里巴巴在经营管理上，注重与优势企业的联合，在区域市场寻找合适的合作人，成立网络交易的地区板块，方便同地区的业务交易。比如与土耳其知名网络交易平台企业的合作，使得两者能够进行业务上的交叉互补，沟通了中外商人的联系，创造了更多的企业价值。

8.1.6 资本模式

阿里巴巴中国控股有限公司的资本主要来源于风险投资。阿里巴巴的资本运营模式是对企业成立初期的资产重组，把企业改制成上市股份控股公司，在资本市场上进行融资。1999年3月马云和同伴以50万元人民币创办阿里巴巴网站，1999年7月9日在香港成立阿里巴巴中国控股有限公司，9月9日在杭州成立阿里巴巴（中国）网络技术有限公司，1999年10月，吸收了美国著名投资公司高盛牵头的国际财团500万美元风险资金；2000年1月，日本互联网投资公司软银集团以2000万美元与阿里巴巴结盟，合作开发日文、韩文及多种欧洲语言的当地阿里巴巴国际贸易网站。到目前为止，阿里巴巴的投资商有：软银集团（Softbank）、高盛集团（Goldman Sachs）、日本亚洲投资公司（Japan Asia Investment Co., Ltd.）、汇亚基金（Transpac Capital）、Fidelity远东风险投资公司（Fidelity Ventures Far East）、TDF风险投资有限公司（Venture TDF）、瑞典投资（Investor AB），这些投资商都是世界上著名的风险投资机构，它们对阿里巴巴的关注和资金注入，充分体现了阿里巴巴资本运营的成功。

【课堂实训】你认为阿里巴巴的平台运营将面临哪些主要问题？分析其背后的原因，提出相应的对策建议。

8.2 环球资源网案例分析

8.2.1 环球资源网公司简介

企业始创于 1971 年，成立之初，公司在香港有 10 位全职员工，在世界其他地区还有 15 位全职及兼职员工，在东京和首尔建立办事机构。1979 年推出《电子工程专辑》杂志。这本杂志目前仍是公司最成功的贸易杂志，并在荷兰阿姆斯特丹成立办事处，负责欧洲市场的发行、销售及商展事务。于 1982 年至 1984 年分别推出 Gifts & Home Products 杂志、Computer Products 杂志和 Fashion Accessories 杂志。1992 年推出《世界经理人文摘》简体中文版。1995 年中国大陆办事机构增至 18 个，推出亚洲资源网站，一个全天候 24 小时运营的网站，志在成为亚洲互联网贸易中心。面向买家推出包含大量产品和供应商信息的光盘和电子采购工具，与相应的贸易杂志相辅相成。针对亚洲资源贸易社群，推出由网站、光盘和杂志多渠道全面解决方案，1998 年推出首个 Asian Sources 专用买家目录。1999 年推出环球资源网站，标志着亚洲资源已完全成长为一个新的 B2B 电子商务网络公司，并拥有了新的使命和公司名称：环球资源。与全球合作伙伴签订战略合作协议，推出 Australian Sources 和 South African Sources。2000 年，环球资源成为首个在纳斯达克上市的亚洲纯 B2B 公司，股票代码 GSOL。2003 年环球资源买家社群成员数量超过 423000。2006 年慧聪和环球资源组成中国最大的 B2B 战略联盟。环球资源买家社群成员数量超过 544000。2009 推出 E-sourcing 平台，连接中国供应商与新兴市场的买家。

环球资源是一家领先业界的多渠道 B2B 媒体公司，致力于促进大中华地区的对外贸易。公司的核心业务是通过一系列英文媒体，促进大中华地区的出口贸易；同时，通过一系列中文媒体，促进中国内贸及大中华地区的进口贸易，并于 2007 年 11 月推出中文内贸网。

8.2.2 环球资源网的商业模式

1. 战略目标

通过构建一系列英文贸易杂志、网站、展会等多渠道出口平台，为大中华地区的出口商提供最专业的整合出口营销服务。通过一系列英文媒体，为全球超过 60 万活跃买家提供最详尽、可靠的采购资讯。

通过《世界经理人文摘》《电子工程专辑》等一系列中文杂志和网站，为超过 100 万中国商界及电子行业的精英读者提供国际市场最前沿的资讯。

坚持以适当资讯，在适当时机，通过适当渠道，联结全球买家及供应商。

2. 目标客户群

未来新兴市场必然是发展的战略重点，但欧美地区是环球资源网络经营很久的地区，不会有任何松懈。北美地区的买家占环球资源网总体买家的25%左右，西欧地区的买家也占25%左右。其他50%左右的真实买家来自世界其他地区。

3. 产品和服务

环球资源网为其所服务的行业提供最广泛的媒体及出口市场推广服务，供应商采用4项基本服务，包括网站、专业杂志、展览会和网上直销服务，进行出口市场推广。环球资源网同时提供广告创作、教育项目和网上内容管理等支持服务。

环球资源网提供业界最全面的贸易媒体和出口推广服务，包括14个网站、13本月刊及16本数字版杂志、超过80本采购资讯报告，以及每年在9个城市举行20个（共57场）专业的贸易展览会。每年，来自逾262000家供应商的超过450万种的产品信息，通过环球资源的各种媒体到达目标买家手中。仅在环球资源网站（www.globalsources.com），买家社群每年向供应商发出的采购查询就已经超过1亿9200万宗。环球资源网拥有40多年促进国际贸易的成功经验，公司在全球超过60个城市设有办事机构。环球资源网植根中国大陆也已30多年，在中国超过40个城市设有销售代表办事机构，并拥有约2500名团队成员，通过中文杂志和网站服务超过200万读者。

环球资源主要包括的网站有：环球资源外贸网、环球资源展、世界经理人。

4. 客户服务

环球资源网一方面为全球买家提供采购信息，另一方面为供应商提供整合营销服务。通过环球资源网，超过140万名活跃买家在复杂的海外市场上进行有效益的采购。同时，供应商借助环球资源网提供的各种有效媒体，向遍布超过240个国家和地区的买家推广和销售产品。

8.2.3 技术模式

公司安全：环球资源网的内部网络由安全防火墙进行保护。任何内部网络的进入，包括拨号进入、电子邮件和互联网进入，都仅限于授权用户。计算机账户由密码进行保护，并且有规律地进行安全审查以确保使用安全密码；公共网域黑客软件被配置用以测试内部安全措施。进入和使用互联网的检查记录将被保存。

所有环球资源网的员工，作为被雇佣的一个条件，都被要求在日常工作职能中遵守和履行严格的安全指导。IT安全政策确保所有的环球资源员工在保密和安全的重要性方面得到了培训。除此以外，环球资源会清楚地告知客户有关安全政策的要求并要求他们遵守。

服务器安全：一般而言，机器按特定需要设计越多，系统就越少地受到攻击。环球资源网使用的是高度满足特定需要的UNIX类的服务器，仅仅配有必要的软件和服务用以实施需要的EC功能而无其他。机器不再用以普遍目的服务，其弱点就大大地减少了。进入环球资源网的服务器仅限于数量有限的授权个人，密码的挑选也基于严格的规则。出于其他安全考虑，环球资源网的服务器放置在高度安全的环境下，该环境能提供最合乎标准的安全条件。

网上交易安全：环球资源网除了要求注册账户输入名称和密码进入，另外还配置了安全网络界面（"SSL"），这样敏感性的密码和交易数据将使用加密的和安全的沟通渠道来防止信息被窃取和解码。交易信息，比如联络细节和信用卡号码只有通过经授权的环球资源网的服务器才可以被阅读。环球资源网使用支持 128 位加密的 SSL，这是目前正在使用的最强大的互联网标准。

8.2.4 经营模式

盈利模式：以提供内贸线下服务为主，主要收入来源有线下会展、商情刊物、出售行业咨询报告等所带来的广告和所收取的增值服务费用。

特点：专注于国内广大中小企业的外贸，对国外买家的服务非常专业，在与瑞士通用公证行 SGS 全力合作之后，发展势头更是一发不可收拾。在 B2B 外贸领域业绩非常抢眼，但是国内贸易却重视不够，这是其一大弱点。从企业会员来讲，环球资源网只接纳大型企业高端会员。

8.2.5 管理模式

出色的管理团队、专业的技术研发人员和经验丰富的市场开拓人员，使环球资源网成为电子商务领域的明星型公司。充满激情和创造力、富有经验和高度执行力的团队凝聚在一起，形成了十分具有战斗力的企业文化。

韩礼士作为环球资源的创办者和领导者，所具有的个人能力以及对公司愿景和使命的执着追求，是环球资源网得以持续发展的关键。在他的领导下，环球资源网率先将互联网应用于国际贸易，于 1996 年推出亚洲第一个 B2B 网上交易中枢。韩礼士被《经济学人》杂志誉为"亚洲电子商务之父"，而环球资源网则多次被《福布斯》网站评为"最佳商对商网站"。

创造教育机会、推动商业创新及应用新技术的热切愿望，指引着韩礼士发展国际贸易和慈善事业的道路。

【课堂实训】你认为阿里巴巴的平台和环球资源网的平台，在 B2B 运营上有哪些区别？

8.3 中国制造网案例分析

8.3.1 中国制造网公司简介

中国制造网即焦点科技股份有限公司（原南京焦点科技开发有限公司），成立于

1996年1月9日，是国内领先的综合型第三方B2B电子商务平台运营商，已连续4年（2003～2006）被《互联网周刊》评为中国最具商业价值百强网站；专注服务于全球贸易领域，在帮助中国中小企业应用互联网开展国际营销、产品推广方面拥有超过10年的成功经验。在国际贸易和商务活动中，供应商希望自己的产品尽可能被众多采购商熟知，而采购商则希望多多结识和了解产品供应商从而找到最适合的供应商和合作伙伴。在这里中国制造网就扮演着一个共享的网上商务平台角色。凭借巨大而翔实的商业信息数据库，便捷而高效的功能和服务，中国制造网成功地帮助了众多供应商和采购商建立联系、提供商业机会，为中国产品进入国内和国际市场开启了一扇方便的电子商务之门，也是国际上有影响的电子商务平台。

8.3.2 中国制造网的商业模式

1. 战略目标

首先中国制造网的经营理念是弘扬中国制造，服务中小企业，促进全球贸易，从而促进全球买家和中国产品供应商之间的贸易活动和合作。同时提供优质可靠的中国产品和供应商信誉。最重要的便是帮助买家和卖家实现高效而便捷的在线商务活动。

2. 目标客户群

中国制造网是一家采购驱动的B2B电子商务网站，所以它们的客户，尤其是愿意付费做高级会员的绝大多数是供应商。它们的国际目标用户定位为国际中小企业。作为国内领先的综合型第三方B2B电子商务服务平台，中国制造网拥有遍布全球220多个国家和地区的采购商会员，汇集高达1000000种以上的中国产品数据及12000000条以上的商业信息，每天有超过300000用户在线交流洽商。目前中国制造网注册用户已达到百万以上，拥有注册收费会员近两万家。

3. 产品和服务

中国制造网最基本的服务是提供中国产品目录（Product Directory）。产品目录是中国制造网专业的"Made in China"网上产品数据库，覆盖了26个大类、1600个子类、高达1000000种以上的中国产品数据，是全球采购商寻找中国产品的最佳途径。中国供应商可以在产品目录中发布企业、产品信息，从而实现在互联网上展示企业形象及推广产品，并获得商业机会。

其增值服务有：

● 名列前茅（TopRank），包括关键词搜索结果和产品目录搜索结果的优先排名。产品图文信息在相应的关键词搜索结果和产品目录搜索结果中均位于最前列位置，并享有特别的背景颜色和名列前茅（TopRank）服务独有标志。

● 横幅（BannerPro），刊登于页面最醒目的开始位置，利用文字、图片或动态效果把推广的信息传递给网站的访问者，同时把推广信息链接到推广客户的相关网页上，达到推广网站、产品或服务的效果。

● 产品展台（Spotlight Exhibits），在中国制造网首页、各产品目录首页上以静态图片／

文字链接的方式进行展示,对产品形象的推广及企业品牌的宣传作用尤其明显。

● 高级认证会员服务,高级会员认证供应商拥有尊贵标记、高级会员展示厅、更多信息与功能、优先排序(主打产品在产品目录搜索中享受优先排序)、优先审核、客服支持等特殊的服务。

● 网络社区,"商聚园"(http://shangjuyuan.made-in-china.com)是焦点科技股份有限公司独立开发并运营的集商业资讯与公司服务于一体、旨在加强国内专业商务人士之间互动交流的网络社区平台。商聚园于2009年4月正式上线,前3个月论坛就吸引了超过5000名的注册会员并发布了超过10000条的精彩话题。目前商聚园正在集聚着越来越多的专业商务人士,朝着国内最专业的商务社区迈进!

精彩板块包括有:
● [外贸实战],关于回盘、报价、寄送样品等外贸营销过程的经验分享。
● [热点行业],聚焦行业热点,关注行业动态,分享贸易经验。
● [单证报关],关于外贸单证、报关检验、报关考试等方面的经验分享与交流。
● [海外市场],不同市场的贸易开拓经验交流。
● [外贸英语],互帮互助解决外贸英语问题,提高英文水平。
● [外贸茶馆],工作累了,来茶馆小憩一下吧!

8.3.3 技术模式

中国制造网电子商务平台由中国制造网英文版和中国制造网中文版及繁体版组成,已成为全球采购商采购中国制造产品的重要渠道,中文版(http://cn.made-in-china.com)主要为中国供应商和使用中文的全球采购商提供信息发布与搜索等服务。英文版(http://www.made-in-china.com)主要为中国供应商和使用英文的全球采购商提供信息发布与搜索等服务。

中国制造网的利益相关者主要包括供应商、采购商、广告主、第三方认证服务商等,其价值网络如图8-1所示。

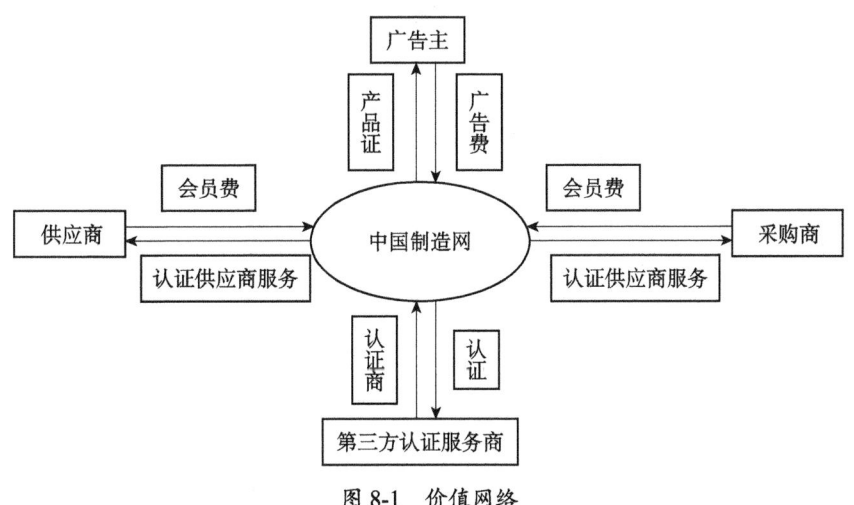

图8-1 价值网络

中国制造网电子商务平台为中国供应商和全球采购商提供会员服务，注册免费会员可以通过虚拟办公室发布并管理企业、产品和商情信息；注册收费会员（目前为中国供应商）除享有注册免费会员的所有服务，还可以发布网上展示厅、专业客服支持、在产品目录和搜索结果中享有优先排名的机会。焦点科技通过电子商务平台还向注册收费会员提供名列前茅（TopRank）、产品展台（Spotlight Exhibits）、横幅推广（BannerPro）等增值服务以及认证供应商（Audited Suppliers）服务，以增加在互联网上更多的展示机会，增加与目标全球采购商的接触机会，从而达成交易，获得收入和利润。焦点科技积极平衡中国供应商与全球采购商、注册免费会员与注册收费会员之间的服务与利益以维持中国制造网电子商务平台的持续稳定发展，并获得公司营业收入及盈利持续增长。

8.3.4 经营模式

中国制造网的业务主要是吸收会员，盈利方式是收取会员的费用，竞价排名，这就决定了中国制造网收入来源包括会员费用、提供增值服务所带来的广告与搜索排名费用，及认证供应商收取的认证费。

【课堂实训】你认为与阿里巴巴的平台和环球资源网平台比较，中国制造网在B2B运营上有哪些区别？

项目实训

就自己顶岗实习公司或者熟悉的一个外贸公司，写一份网络营销策划。

附录A

网络营销策划书撰写规范

1. 网络营销策划书内容组成

网络营销策划书应包括以下几个部分：封面、目录、正文、附录（可选）。

2. 网络营销策划书撰写规范

（1）一律用A4纸打印。页面设置为，上边距：3cm，下、左、右边距：2.5cm，左侧装订线：1cm。

为方便打印，可在页脚另设页号，页脚高度设为1.8cm；页号居中，并左右加"—"。

（2）按照如下统一格式打印：

①封面。题目为二号宋体加粗，学生姓名、学生学号、指导老师（三号宋体），时间为策划书完成时间（三号宋体）。封面也可以自己设计，要求美观。

②目录（此二字为小二号宋体加粗，居中），空两行写目录内容（小四号宋体），目录按三级标题编写（即：一、；（一）；1.；……），要求标题层次清晰，单倍行距。目录中的标题应与正文中的标题一致，行距1.5倍，单独一页。

③正文。

正文另起一页，字间距设置为"标准"，论文各级标题依次为一、（一）1.、（1）。标题用宋体小四号加粗，其余文字用宋体小四号，行距1.5倍。

正文中表格水平居中，表格标题（如"表2-1、表3-2"表示第二部分内容中的第1张表、第三部分中的第2张表）采用宋体、五号、居中放在表格上方。

图片水平居中，图标题（如"图2-1、图3-2"表示第二部分内容中的第1张图、第三部分中的第2张图）采用宋体、五号、居中，放在图下方。

④附录。附录另起一页，附录是策划书的附件，附录的内容可以是调研问卷、照片等，为营销策划提供有力的佐证。

⑤模板。模板示例如下。

题目：

学生姓名：

学生学号：
学生班级：
指导老师：

****网络营销推广策划案

摘要：
该策划案的主要内容，关键词：who、whom、what、how、when 等。

前言：
策划的背景（why）。

策划人：
指导老师：
班级：

目　录

一、策划对象简介
二、企业现状及营销现状介绍（包括企业目标客户、企业经营现状、企业目前营销策略）
三、环境分析
（一）宏观环境分析
1. 人口环境
2. 网络环境
3. 终端使用者特征分析
（二）微观环境分析
1. 竞争者分析
2. 企业自身分析
3. 消费者特征分析
四、SWOT 分析
（一）优势 S
（二）劣势 W

（三）机会 O

（四）威胁 T

五、网络营销目标

（一）营销目标

1. 短期目标

2. 长期目标

3. 总目标

（二）战略

1. 定价策略

2. 主页的爆款宝贝的设置

六、网络营销推广策略

1. 搜索引擎推广

目前有的信息源有哪些？如何选择关键词？怎么做搜索引擎推广？

2. 论坛推广

具体做法（如何利用论坛推广自己企业产品信息、选择什么论坛等）

3. 博客推广

具体做法（名称、博客主题内容、如何有效推广博客）

4. 微博推广

微博名称、微博如何推广等。

5. 软文与视频结合

6. 问答推广

7. 贴吧推广

8. 网站友情链接推广

9. 电子邮件推广（需邮件群发软件，有相对应的推广成本）

七、方案实施监测

1. 搜索引擎推广

2. 论坛

3. 博客监测

4. 微博

5. 视频监测

6. 问答

7. 贴吧

8. 友情链接监测

9. 电子邮件监测

八、财务分析

九、评估总结

附录B

阿里巴巴国际站操作手册

1. 装修

1)"首页 Home"页面装修

阿里巴巴国际站是国际性的 B2B 贸易网站,我们在装修首页的时候要考虑的是,我们面对的是精于我们产品的贸易商、采购商,而不是终端消费群体,所以在装修架构上,首先,我们在装修店铺首页时,要明确其设计目标是简洁明了,能彰显公司实力和资质的凭证(国外的客户非常重视供应商的资质和实力,对其最具说服力的首选各类国际性的鉴定报告,其次则是公司的工厂信息和图片,再次则是各种参加展会之类的图片),让客户来到我们店铺后能很快找到他想要的信息。据最新美国视觉阅读专家的研究可知,客户在网上浏览的视线习惯呈现"F"型,客户在打开你的网站首页后,他会仔细地看网站的前 1/4~1/3 屏,然后会竖向浏览自己感兴趣的东西。所以,若是我们有什么重要的信息想要让客户看到,则应放在"首选重点浏览区"(如图 B-1 所示)。竖向"次选浏览区"则适合放置产品结构导航图,客户来你网站首页做什么?当然是被你的产品所吸引了,有想跟你做生意的意向。之所以来你的网站首页,无非两个目的:①来证实你的公司资质和实力;②希望能在你公司中挑选到更多中意的产品。"次选浏览区"在关注程度上,其实不低于"首选重点浏览区",因为"首选重点浏览区"是客户第一眼进入页面后的视觉落点,客户在浏览这里的时候,脑袋里还处于一个空白时间段,客户花更多的时间看这里,一方面是想获得自己想要的资料,另一方面则是趁着这段获取信息的时间整理自己脑海中的想法和目的。当客户浏览到"次选浏览区"时,客户脑海中的思维基本上已经定型了,这时候客户的目的性非常强,他知道自己想要获得的信息是什么,不想获得的信息是什么。所以在竖向"次选浏览区"这里布置一个导航类的浏览切口,引导客户的潜意识走向,会让客户感觉你有一个清晰的逻辑思维,并且愿意跟着你布置的这种导航类暗示走,去找到自己想要的产品信息或者是资质凭证。

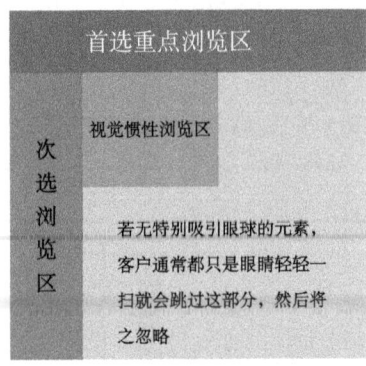

图 B-1 页面浏览区

其次，阿里巴巴现在的商户网店采用的是自定义性很强的"全球旺铺"，相比于老版的阿里巴巴国际站首页，"全球旺铺"给了我们很多的操作空间，我们可以按照自己想要的风格、要求来布置自己的首页版块，如图 B-2 所示。根据色彩构图原理（即一张整体照片/图像中，构成的主体色彩不要超过 3 种，超过 3 种颜色的话，就会给浏览者造成一种杂乱的感觉），我们在设置首页布局的时候，应该首选一款主打色，而主打色的选取，则主要取决于行业的类别，比如科技、电子行业首选以蓝色为代表的冷色系，代表着一种高端、前锐的寓意；女装、女包等则选择以粉红色为代表的暖色系。版块架构分两种，一种是主推型架构，适用于生产厂家；另一种是平铺型架构，适用于贸易商。主推型架构指的是生产厂家主推自己生产的几款，或几十款产品（这里几十款的范围不要超过 30，超过 30 的话，那主推跟不主推就没什么区别了），将选好的主推产品划分为 2~3 个大类，比如你是做手机包的，那么建议把类别划分为高档皮革手机套、轻便随性手机壳（名字可以随便取，主要是分类），然后将自己选择出来的主推产品，划分到这两个分类下面。再从这两个分类中分别挑出一个具有代表性的产品，然后让美工分别根据选出来的产品设计宣传海报，这里的宣传海报有两个作用，一个作用是主推那两个甄选出来的产品（因为海报上传到自定义版块时是可以添加产品链接的），另一个作用是作为客户到我们公司主页查看产品时，可以作为一个清晰的逻辑划分界限。海报的下面我们可以添加一个产品版块，产品版块分大图和小图两种，大图每一横向展示 4 个产品框，小图展示 6 个产品框，所以我们选出来的产品数应是 4 或者 6 的倍数。当然如果产品数不是 4 的倍数或者 6 的倍数，也可以排版在首页，但那就只能用自定义版块来排版了。用自定义版块来排版的话，因为自定义版块不是系统默认的版块，整个网站的权重（又称 PR 值）会比系统默认版块要稍微低一些，权重跟产品的排名又息息相关，所以应首选系统默认版块，添加的产品版块中再将我们选定的主推产品放置进去。

图 B-2　添加版块

平铺型架构相比于主推型架构，更加偏重于逻辑梳理和流量均摊。在架构上相比于主推型架构要更加详细，所以划分的版块比较多，占据的版面也就更加大。例如，手机套，主推型框架只要分 2~3 个类目就可以了，但做平铺架构型的话，我们就需要做到尽量详细了，横向划分可以分成：皮革套、硅胶套、TPU 壳、PC 壳等。纵向划分，可以分成：iPhone 4 保护套、iPhone 4S 保护套、

iPhone 5 保护套、三星 i9100 保护套、三星 i9300 保护套、三星 i9500 保护套（纵向划分和横向划分，取其一就好，太过详细则显得冗杂）。让客户只要到我们首页，再根据我们的首页逻辑排版和布置暗示，就能找到他想要的产品。

关于首页装修，还会涉及旺旺的设置、二维码的生成、多语种的设置，这里不再赘述。

2）"产品分类（Products Categories）"页面装修

关于这个页面的装修，阿里巴巴国际站的"Products Categories"右侧第一栏位置是不能编辑的，15（3×5）个大图产品栏，全部都是按照你上传的最新产品顺序来自然排列的，这一点就大大地降低了装修本页面的可操作性，如图 B-3 所示。

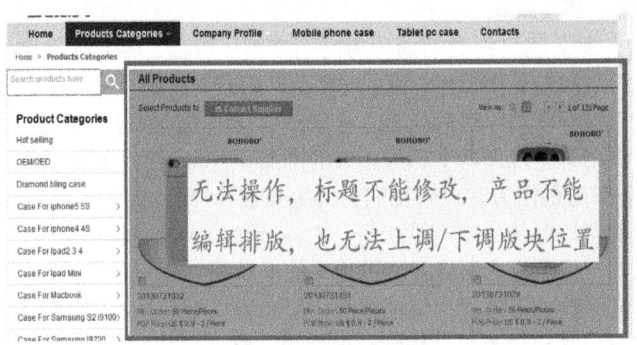

图 B-3　"Products Categories"右侧第一栏

再看下右侧可添加的版块，如图 B-4 所示。

图 B-4　可添加的版块

全部可添加的版块都只有"主营认证产品""产品推荐""产品搜索"，没有自定义版块，因此无法做海报，无法做装修排版。

本页面左侧的可操作性与右侧的一样，如图 B-5 所示。

附录 B　阿里巴巴国际站操作手册

图 B-5　页面左侧添加版块

关于这个"产品分类（Products Categories）"页面，应尽量做到产品封面设计风格统一，排版整齐，然后再根据自己公司的推广情况，做一些新品推广版块和促销版块。至于其他的操作，要等阿里巴巴国际站开通本页面的更多可操作性才能进行布局处理。

3）"公司简介（Company Profile）"页面装修

此页面只能在后台更新公司的一些资质信息和证书相关等，此页面会自动刷新，如图 B-6 所示。

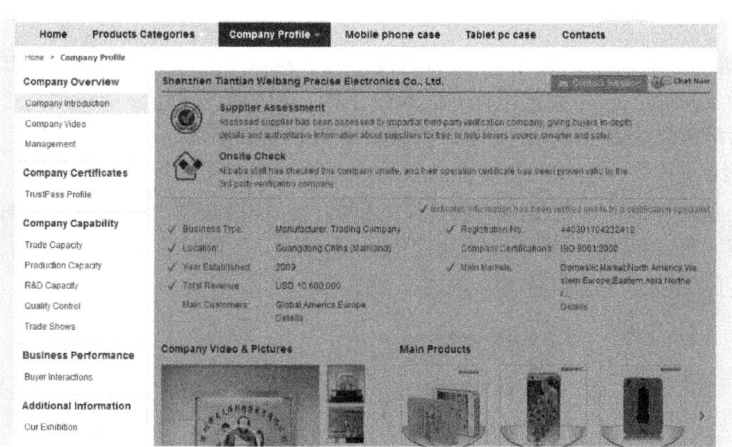

图 B-6　"公司简介"页面

4）"自定义页面"页面装修

阿里巴巴国际站提供了两个自定义页面，这里的可操作性很大，给我们提供了更多的自我展现机会，关于这两个自定义版块的应用，可以分为以下两种，一种是展示公司实力，主要放置自己公司的厂房照片、证书荣誉、参加各展会的现场合影等；另一种是按照公司的产品划分，例如分为两个专区，一个专区作为"Mobile phone case"，另一个专区作为"Tablet PC case"。

在这里的自定义应用，无论采用哪种方式，都应按照自己公司的现状和运营的想法结合来做。

5)"Contacts"页面装修

此处按常规操作即可,并无过多的可操作性。

6)"Product Detail"页面装修

此处可以作为一个重点来讲解分析,左侧添加版块的第一处位置首选"产品分类导航",作为其他产品跳转接口,客户也可以通过此纵向地了解公司的产品分布和估算公司的实力,如图 B-7 所示。

图 B-7 "Product Detail"页面

"选择基本形式"选择"向右浮出",若选择"向下默认展开",会占据左侧的版面,客户点开后想看其余的分类的话,必须要将鼠标导航条往下拉,而如果返回上一层的话,又要将导航条上拉,为了充分满足客户的浏览体验,给客户方便,首选"向右浮出"形式。

再往下则添加几个产品版块,将主推产品分门别类地放在这几个产品版块中,为显醒目(因为客户点击到产品页面详情中,主要为的就是看右侧的产品详细页面,故原来所用的"F"型浏览模式在这里不适用,所以要想让客户的眼光注意到左侧的话,必须要采用一些显眼的标志来吸引客户的眼球),我们可以做几个抢眼的小型版块栏,如图 B-8 所示。

图 B-8 醒目设计

因为阿里巴巴国际站现在的产品详情页面规定只允许放置 15 张图片，那么我们想要更多地展示产品详情和公司的实力的话，则需要精简产品详情描述。但现在"页面详情（Product Detail）"页面装修，替我们解决了这个比较纠结的问题。我们可以将一些通俗适用的产品资料、认证、风采展现等以图片的形式，在右侧下方展示出来，如图 B-9 所示。

为了保持风格的一致，能与产品详情页面融洽地结合，此处的"自定义内容"我们通常会默认选择不显示版块标题，效果如图 B-10 所示。

图 B-9　"页面详情"页面

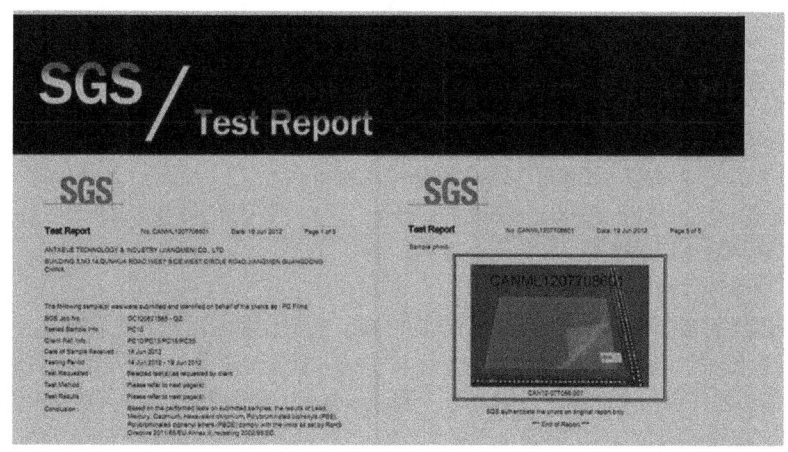

图 B-10　不显示版块标题

此处自定义内容优先添加的信息有：公司办公室风采、工厂实景、认证信息、获得荣誉、检测报告。

再往下，可添加各种产品营销版块，若公司的商铺获得金品诚企认证，则当首选"主营认证产品"，再往下则是"主推产品"和"促销产品"。

在"Product Detail"页面的装修中，一个重点是左侧的产品导航和下面的产品营销版块，另一个重点则是右侧下方的自定义版块。

还有一点值得注意，就是阿里巴巴国际站现在的数据不同步，你做好的产品详情页面装修，只有在访客从你的网店进入产品详情页面后才会显示,而直接从搜索关键词进入到你的产品详情页面,页面中是不会显示你的产品详情页面装修的,具体如图 B-11 所示。

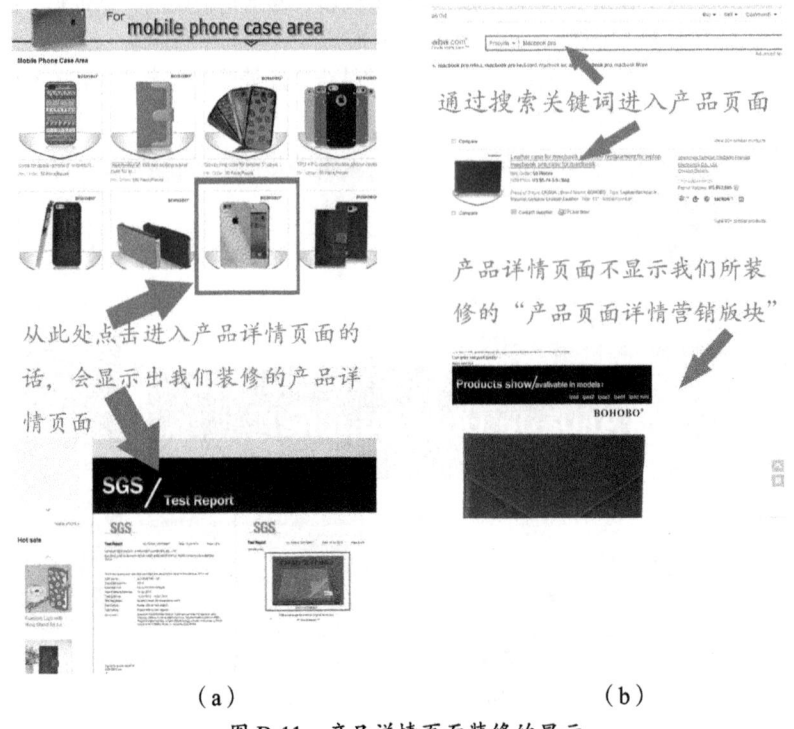

图 B-11　产品详情页面装修的显示

2. 关于产品的发布

1)产品分类的架构设置

关于产品分类架构,越详细越好,举个最简单的例子。

一个产品归类在 Case for iPhone → Silicone case,另一个产品归类在 Silicone case for iPhone。前者的排名绝对比后者要高。

为什么?这里存在两个原因:

(1)阿里巴巴的蜘蛛程序在收录产品信息的时候,在契合度方面前者比后者高(这里的分组是会影响蜘蛛程序收录的,做个很简单的实验,你建立一个新的产品分组并命名为"iPhone case",然后将已经审核通过的任意一个产品下拉到这个"iPhone case"的分组下面,过段时间你就会发现这个产品会显示成"审核不通过"。其原因是系统会默认你侵犯了苹果公司的 iPhone 商标,即使是你的产品全文里面都没有"iPhone"这个词,因为程序将这个产品前面的分组"iPhone case"也计算到你的产品信息里面去了)。

(2)在阿里巴巴的默认程序中,有一项很高的 PR 值就是信息的完整度,前者是二阶信息归类,后者是一阶信息归类,那么,阿里巴巴的默认程序就会认为前者的信息完整度要比后者要高(阿里巴巴现在信息评分的权重中加入了一个信息完整度的因素,并且在总 PR 值中占据到一定的比例)。

注:这里的分类架构以 2~3 层为最佳,超过 3 层的话,会影响到客户的搜索浏览体验。

建议:在产品分类的架构设置中,先按市场中的主体流行型号进行第一阶段划分,如图 B-12 所示。

图 B-12　市场上的主体流行型号划分

再将这些型号所属下一层按照材质/款式进行第二阶段划分，如图 B-13 所示。

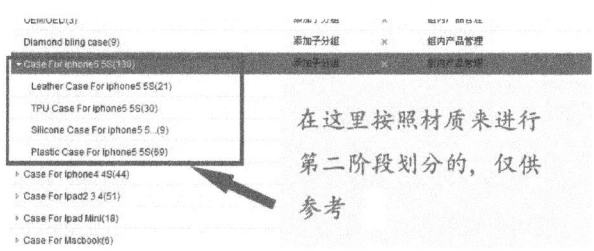

图 B-13　按照材质进行第二阶段划分

发布更多的产品，不代表你的曝光量和询盘量会变得更多；但是想要你的曝光量和询盘量变得更多的话，你必须要发布更多的产品。在这里我们可以这样规划，将我们的产品分为两大类，一类是主推产品，一类是平常产品（这里的主推产品和平常产品的定义跟首页装修时的定义是不一样的，勿混为一谈）。我们将平常产品按照型号、材质等分门别类地划归在固定的产品分组下面。对于主推产品，我们需要大量重复发布主推产品来覆盖关键词（阿里巴巴对发布重复产品会有处罚，但是只需要规避掉阿里巴巴对重复产品的识别，我们就可以无限制发布重复产品），对于这些大批量地重复主推产品，我们不能按照原来的办法将其划归到固定的产品分组下面，那会造成：客户访问我们店铺后，点开相关的产品分组，发现大量的重复产品，从而影响客户的浏览体验。想要规避这种弊端的话，我们可以再额外新建 1～2 个产品组，将这些重复产品全部收纳进去，然后将这 1～2 个产品组放到产品分类导航的最下面（根据客户浏览的"F"型视线，放在最下面），当客户在分类导航中找到了自己想要的型号和产品后，对于下面的产品，他是不怎么花时间去看的。所以，新建 1～2 个大概括的分组，将主推的重复产品收纳进去，再用这些产品来覆盖关键词，如图 B-14 所示。

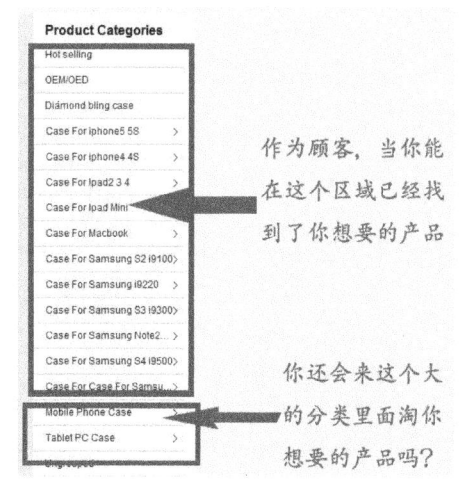

图 B-14　重复产品发布

2）发布产品

第一步，先将我们的产品关键词输入到"请输入产品关键词"栏目中，让系统自动为我们匹配最佳的产品类目，如图 B-15 所示。

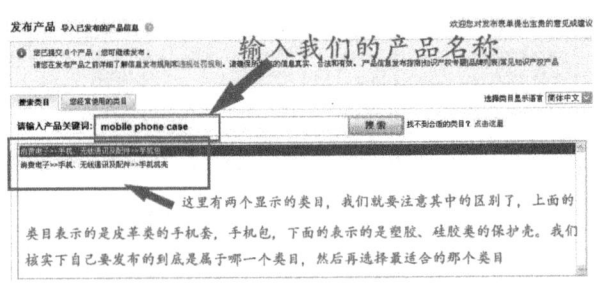

图 B-15　输入产品关键词

第二步，填写产品信息。

关于"产品名称"的填写：此处应简明扼要，阿里巴巴的审核程序已经能在一定的程度上按照逻辑思维能力来审核产品，若你的产品名称写得很冗长，会导致阿里巴巴的智能审核程序无法识别你想要表达出的主体意思/产品，那么你在"产品名称"这一处的得分就会相应变低。虽然在填写顺序上，"产品名称"是先于"产品关键词"填写的，但其实，根据四项符合原则（即产品名称、产品关键词、简要描述、详细描述这四项中，都要出现你想要做的产品关键词），应先定出"产品关键词"，然后根据"产品关键词"来写"产品标题"。

关于"产品关键词"的填写："产品关键词"即你想要客户通过搜索该词来找到你的这个产品，这就是客户找到你的"桥梁"。在定关键词这一个环节，很多人都忽视了一点，即不是你定什么关键词，客户就会通过该关键词来找到你，而是客户通过什么关键词来搜索该类产品，你就该定什么关键词。若想当然地将自己所想到的关键词和产品进行组合，然后填写"产品关键词"，结果可想而知。简单的组合，热门的组合，你能想到的，别人也能想到，竞争多，排名不一定靠前，即使偶尔有好的排名在前面，你还需要经常花大把的时间来维护；一些组合出来的长尾词、偏门词，客户根本就不去通过该词搜索。这里介绍两个搜集关键词的方法：① Google AdWords https：//adwords.google.com/select/KeywordToolExternal；②阿里巴巴国际站内嵌的"数据管家"中的"热门搜索词"，输入你想要查找的关键词（建议以一类关键词为查找对象）就会出现相关的同类衍伸关键词，如图 B-16 所示。

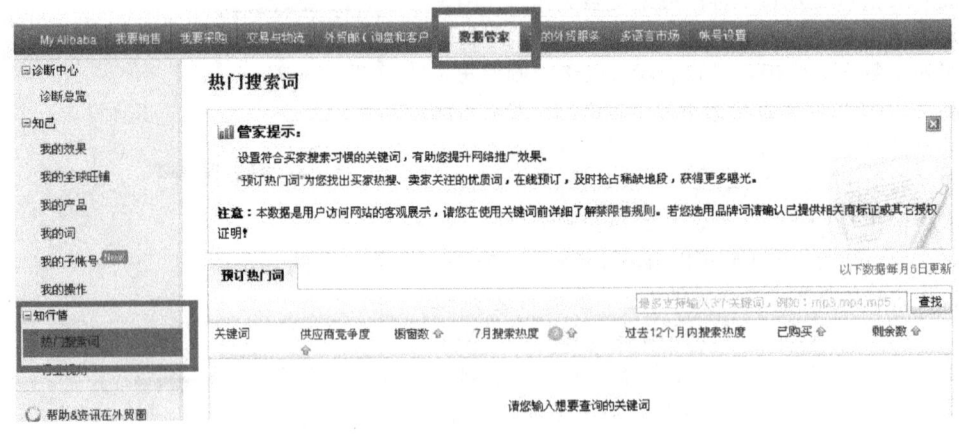

图 B-16　通过"数据管家"查找关键词

我们注意到，这里的关键词填写栏有三个，如图 B-17 所示。

附录 B 阿里巴巴国际站操作手册

图 B-17 关键词

于是，这里出现了两派：一派是主张三个产品关键词栏里各填写不同的"产品关键词"，另一派则主张三个关键词栏里都填写同一个"产品关键词"。两派都各有利弊，我们可以这样中和一下操作：橱窗产品我们可以选择三个栏里各填不同的关键词；热度较高的产品关键词我们则在三个关键词栏里填同一个关键词；热度较低的产品长尾关键词我们则在三个关键词栏里填不同的产品关键词。

关于"产品简要描述及优势"的填写：产品简要描述首先要符合前面我们提到的"四项符合原则"，所以我们在首行复制一下我们的产品标题就可以了（因为标题中已经包含了产品关键词，所以复制一下产品标题就会满足"四项符合原则"的要求了。若是觉得产品标题太长，我们也可以精简一下，但是一定要保证我们的产品关键词在这里出现）。复制完产品标题之后，摁下回车键，另起一行（这里我们总共可以键入5行，为使默认加分达到最高，我们最好键入5行内容。1～2行简要地填写一下我们的优势；3～4行则填写我们的相关资质和认证，这可以满足国外客户的习惯。

做好了这几项，关于"产品简要描述及优势"的默认加分项，会被加到最高。

3. 关于"产品图片"的设置和小技巧

产品图片设置页面如图 B-18 所示。

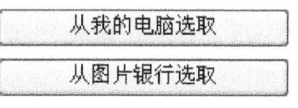

图 B-18 产品图片设置页面

"产品图片"分单图和多图两种，多图产品的效果肯定比单图产品要好，以前只允许发布15个多图产品，现在增加到了100个，这100个多图产品的名额我们要利用好，用来发布我们的主推产品，其余的产品则发布为单图产品。

这里面关于产品图片的命名还有一个小技巧，就是假如我们要发布一个产品，该产品的关键词我们选定为"cellphone case"，那么可以将我们要上传的"产品图片"命名为"cellphone case"，则会得到一定程度的PR值加成，还有当客户通过浏览器搜索图片的话，输入"cellphone case"，我们的产品图片会有一定的机会被检索到。

因为我们上传的产品图片,是被当作客户搜索到我们的信息时,作为封面图片来显示的,产品图片处理得好坏,会影响到客户是否愿意点击我们的产品信息。设置方法如图 B-19 所示。

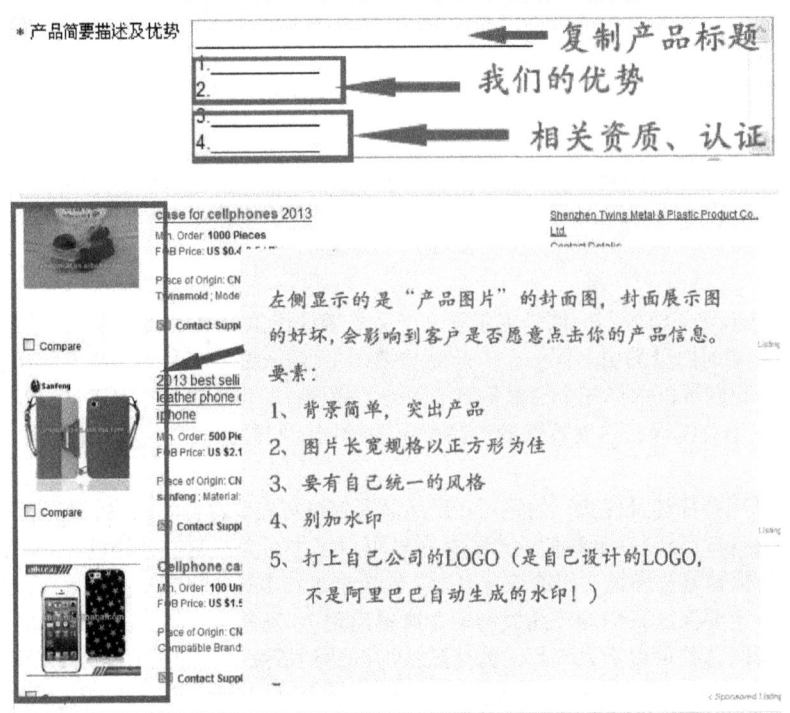

图 B-19　产品图片设置方法

4. 关于"产品属性"的发布

"产品属性"设置页面如图 B-20 所示。

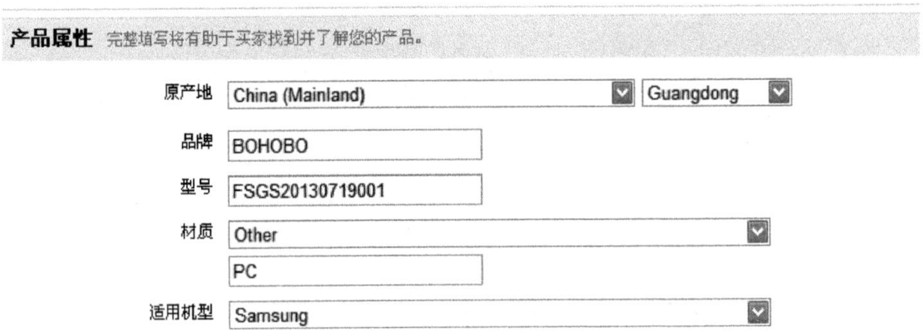

图 B-20　"产品属性"设置页面

此处按照系统提示填写完毕即可,"型号"这一栏若是公司内部没有 ERP 的编号,可以推荐使用一种自定义编号,前 4 个字母选择产品标题前 4 个单词的首写字母,后面则表示当天的日期,最后三位数表示当天发布的第几个产品，例：今天发布的第一个产品 Cellphone case for iphone 5，可推产品型号为 CCFI + 20130809 + 001，则产品编号为 CCFI20130809001，以此类推，产品编号将永不重复，也可以给客户形成一种很正规很规范的感觉。

自定义属性中的 10 个属性全部要填满，并且在这 10 个自定义属性中，最好有 20%～30% 的词是形容词，这样会得到此处的默认 PR 值最高加分。自定义属性设置如图 B-21 所示。

图 B-21　自定义属性设置

5. 关于"产品详情"的填写和排版

"产品详情"的填写和排版如图 B-22 所示。

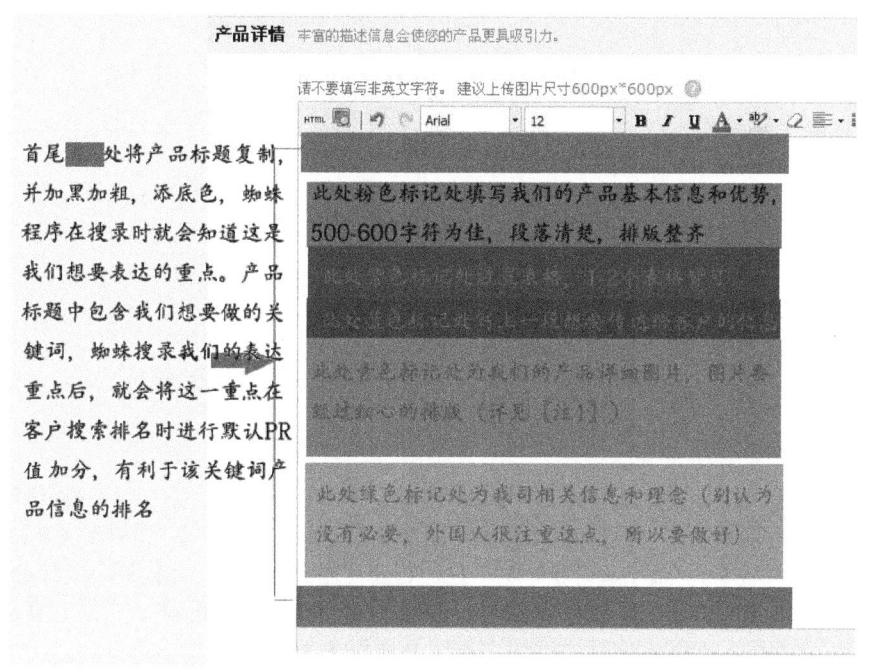

图 B-22　"产品详情"的填写和排版

（1）关于产品图片排版，我们面对的是采购商，不是终端客户，所以没有必要把图片处理得很华美，处理得失真了反而不好。

（2）产品拍照一定要干净整洁，背景以纯色为佳，拍照前应检查产品有无瑕疵，若有则擦拭干净，拍照时灯光要打足，别拍出来的照片效果跟街上捡回来的产品似的。

（3）该要有的角度一定要有，让客户能从360°全方位直观地看到我们的产品。

（4）若产品是组装产品，则需要将每个部分拆卸下来单独拍照。

（5）产品有其他功能的话，例如支撑功能、车载功能等，需要用照片的形式表达出来。

（6）若产品有特别性能，如抗压、多次折叠不变形等，需用照片的形式表达出来。

（7）同一款产品，有不同的颜色，则每个不同的颜色都单独地拍出正面主体照，所有颜色再合在一起拍出合照。还有一点值得注意：阿里巴巴国际站现在默认的每个产品详情中最多只允许上传15张图片，所以我们需要控制一些产品图片，最好先经过美工排版，然后再决定哪些进行删减（这一点就需要靠运营人员来把握了）。

"产品详情"这个版块 PR 值加分点分布：

- 关键词搜录的首尾呼应。
- 产品详情中要有 800 字符左右的文字描述。
- 要有表格。
- 关键词密度 20%～30%。

6. 关于"交易信息"的填写

"交易信息"设置页面如图 B-23 所示。

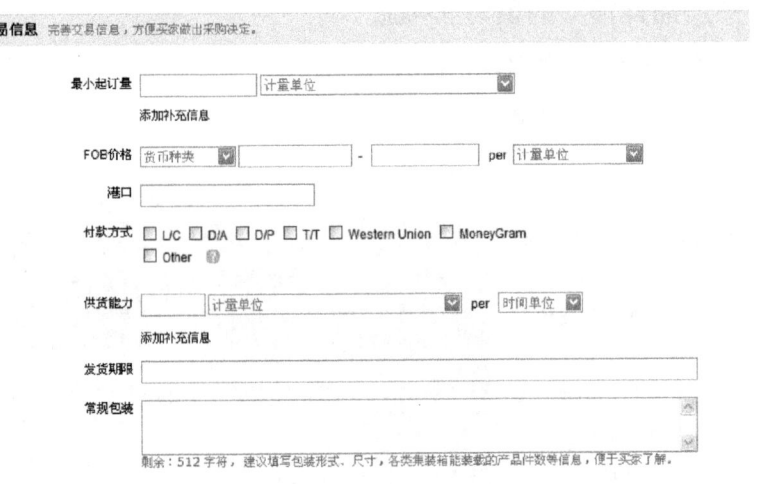

图 B-23 "交易信息"设置页面

在"交易信息"页面中该填写的要全部填写完整，阿里巴巴在 PR 值计算的时候将信息完整度也列入了进去，同等情况下，你没全部填写的产品排名肯定要比全部填写了的产品信息排名靠后。

这里有一点要注意，"最小起订量"这一栏，若公司能支持的话，此处最小起订量越小越好，当然，不建议填写虚假信息，因为外国客户很注重信誉，你最小起订量填 10 的话，客户下单，你到时却变卦说不行，客户会感觉自己受到了欺骗，从而跟你合作的机会将会降低。

7. 关于"产品分组"的填写

"产品分组"设置页面如图 B-24 所示，这里从略。

图 B-24 "产品分组"设置页面

8. 几个小技巧

（1）关于产品的更新：我们可以新建一个子账号，然后进行产品负责人的调换，即完成了对该产品新鲜度的更新，不用审核，省时省力。

（2）在主推产品铺货铺关键词的时候，先排版好一个主推产品，发布完毕后，选择"发布类似产品"，进行批量铺设关键词，阿里巴巴对"重复产品"的判断定义是：两条产品信息只需要有三个地方不同，就不算是重复产品，我们在"产品标题""关键词""产品详情"这三个地方进行修改，则即使是在两条产品信息中所有图片信息相同，排版也相同的情况下，依然不会被判断成为"重复产品"，从而规避了阿里巴巴对我们重复铺货的处罚。

（3）批量铺设产品、关键词的时候，优先选择 360 极速浏览器，该浏览器反应速度快，可以多窗口打开。

（4）阿里巴巴国际站现在新计入了一个排名值，就是产品的曝光和点击量越高，产品就会越靠前（在计算 PR 值时所占的比率很高），这也就意味着你的产品信息做得好的话，将会一直排名靠前，否则会一直排名靠后。

附录C

环球资源网专用供应商目录用户手册

环球资源网的专用供应商目录——您的数字化出口营销管理平台,能让您以最少的时间和资源,切实创造更多销售机会,并在一个安全的环境中有效地管理和利用好这些机会。

专用供应商目录具有以下五大制胜功能:
- 随时将您的新产品速递到买家邮箱。
- 在受密码保护的环境中向您的关键买家展示新产品。
- 替您跟踪买家线索,创造更多查询机会。
- 供您储存、管理及分析这些查询信息。
- 市场资讯报告为您提供企业未来发展的决策依据。

若需要进一步帮助,请联络您的客户服务主任或发送邮件至 supplierservice@globalsources.com。

1. 登录系统

步骤一:登录系统首页,输入网址(www.psc.globalsources.com)。

步骤二:输入Login Name or E-mail和Password,然后点击"LOGIN NOW"按钮,如图C-1所示。

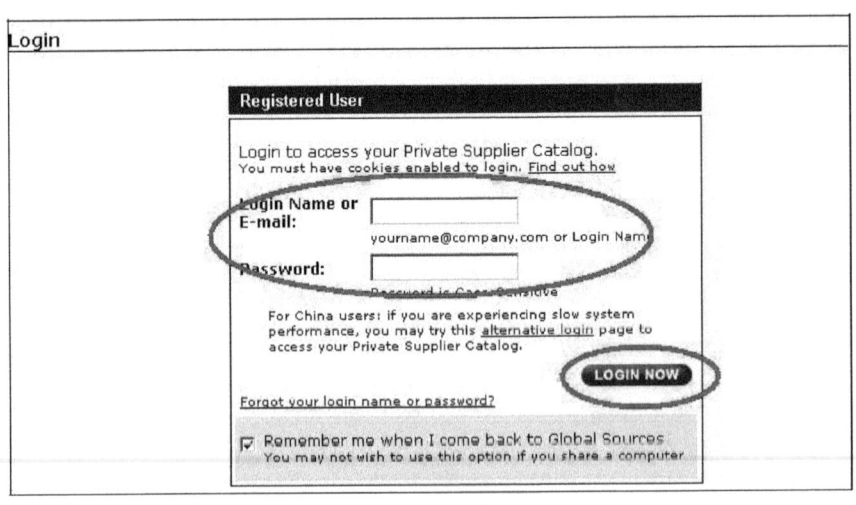

图 C-1 登录系统

提示: 如果您忘记了登录名或密码,可点击"Forgot your login name or password?"链接。然后输入您注册成为环球资源网站会员时所使用的邮箱地址,系统立即会给您发送设置新密码的安全链接。

2. 创建和推广产品信息

2.1 如何创建产品信息

将产品资料输入专用供应商目录的过程，我们称为"创建新产品"。这是您利用专用供应商目录进行网络营销的第一步。

步骤一：在"产品信息"主菜单中，点击二级菜单"创建新产品"，如图 C-2 所示。

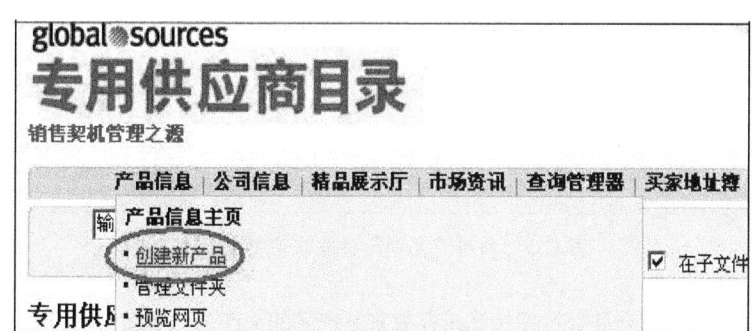

图 C-2　"创建新产品"二级菜单

步骤二：在"产品简介"页面上输入详细的产品信息，如图 C-3 所示。

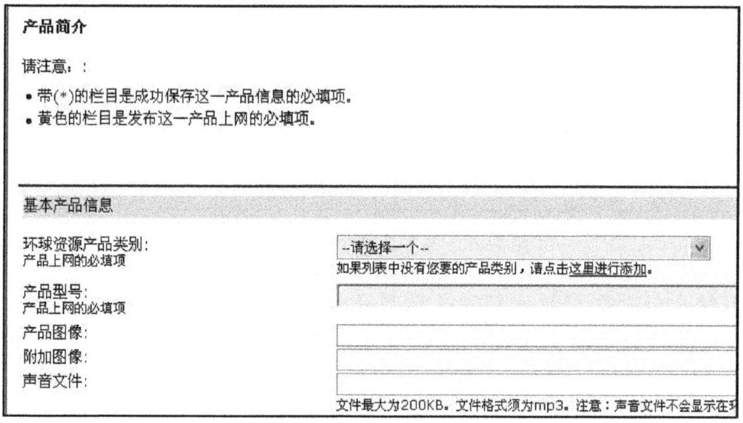

图 C-3　"产品简介"页面

提示：带（*）的栏目是保存这一产品的必填项。黄色的栏目是发布这一产品上网的必填项。

步骤三：完成所有信息输入后，点击"保存"按钮后即可完成创建新产品，如图 C-4 所示。

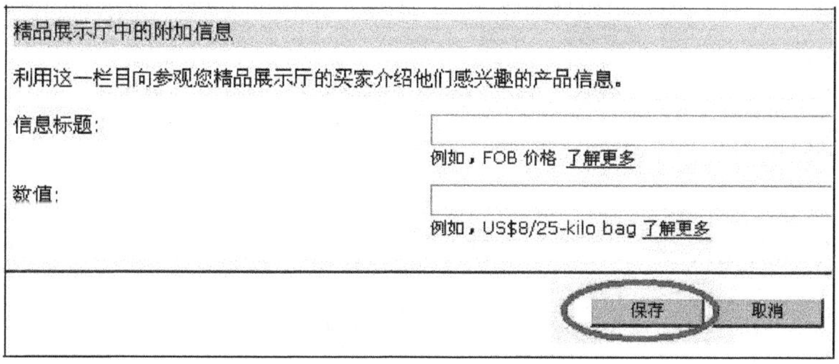

图 C-4　完成创建新产品

您也可以通过"复制"功能快速创建新产品。

步骤一：点击"产品信息"主菜单，进入产品信息主页。勾选需要被复制的产品，然后点击"复制"按钮，如图 C-5 所示。

图 C-5 利用"复制"功能快速创建产品

步骤二：点击"复制到此处"按钮确定存放复制产品的文件夹，如图 C-6 所示。

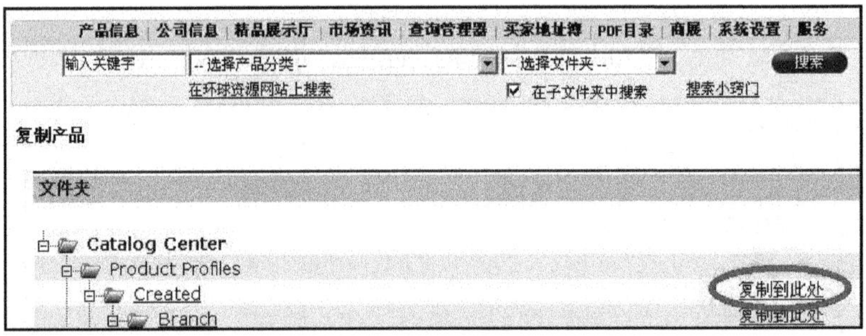

图 C-6 确定复制产品的文件夹

步骤三：系统会自动在复制产品的产品型号后面加"-1"以示区别，如图 C-7 所示，点击该产品型号进入产品简介页面，修改产品型号及其他各项信息并保存后，即成功创建了一个新产品。

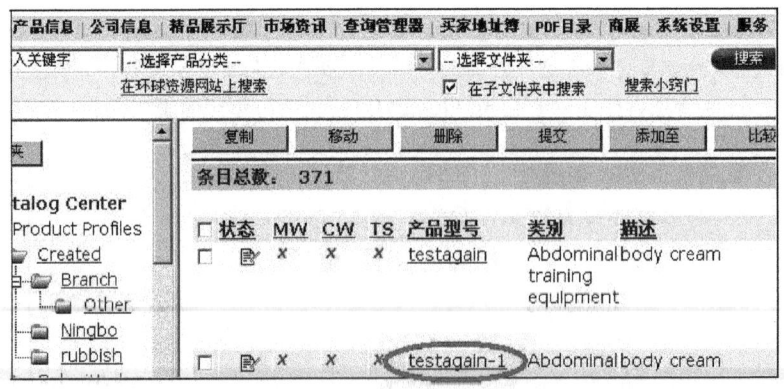

图 C-7 产品型号

2.2 产品文字信息和图片的基本要求

1. 文字信息

（1）产品货号（Model No.）、简短描述（Short Description，SD）和至少3项规格说明（Key Specification，KS）。如介绍产品的材质、色彩、特点、包装、功能和尺寸规格等。文字信息应尽可能详细，并突出每个产品的特色。

（2）产品所属的类别：类别必须与产品实际相符，否则买家将无法搜索到这一产品资料。可以在环球资源网站搜索同类产品，参考其产品分类来为产品确定类别。环球资源网在收到提交的产品资料后将进行审核，如果需要的话，也会调整产品类别。建议客户多提交签约时所谈到的高需求产品。

（3）建议提交买家特别关注的其他几项信息，如公司/产品认证、公司/产品品牌、原产地、FOB 出口港、付款方式、交货期、最小订单量及单位和目前买家。

2. 产品图片

（1）图像尺寸：360 像素 × 360 像素或以上。
（2）图像精度：72 dpi 或以上。
- 色彩模式：RGB（不接受 CMYK）。
- 图像格式：JPG。
- 文件大小：大于 40KB，小于 2MB。
- 产品图像应完整。

（3）其他要求：
- 图片中请不要包含有任何标签和文字。
- 图片中不要摆放不同类别的产品。
- 图片中的产品数量一般不得超过 4 个。
- 避免使用杂乱背景。
- 避免出现侵权图案及侵权产品。

2.3 如何提交产品信息上网

步骤一：点击"产品信息"主菜单，进入产品信息主页的"Created"文件夹（已创建文件夹）。勾选需要上网的产品，然后点击"提交"按钮，如图 C-8 所示。

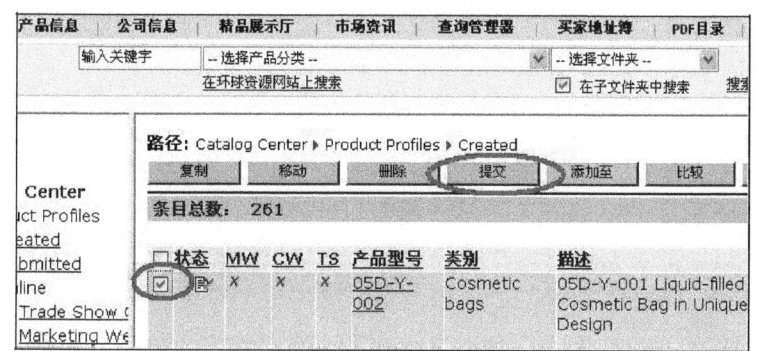

图 C-8　勾选需要上网的产品

步骤二：勾选"Global Sources Online（Marketing Website）"，然后点击"提交"按钮，如图 C-9 所示。

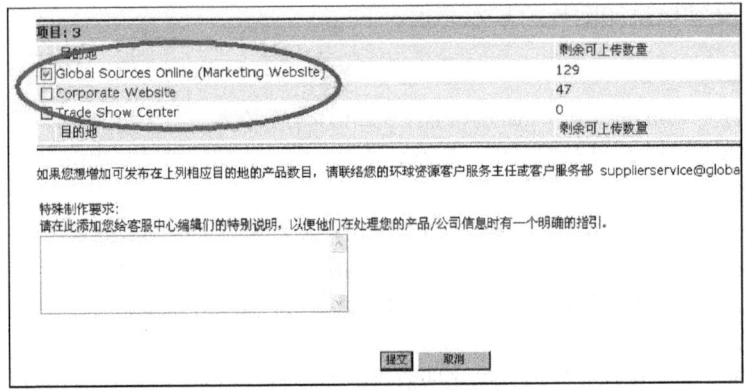

图 C-9　选择推广网页

提示： Marketing Website 是指您在环球资源网站上的推广网页。

如需了解 Corporate Website 和 Trade Show Center 网站服务，请联络您的环球资源客户服务人员。

步骤三：在打开的页面中点击"确定"按钮，如图 C-10 所示。

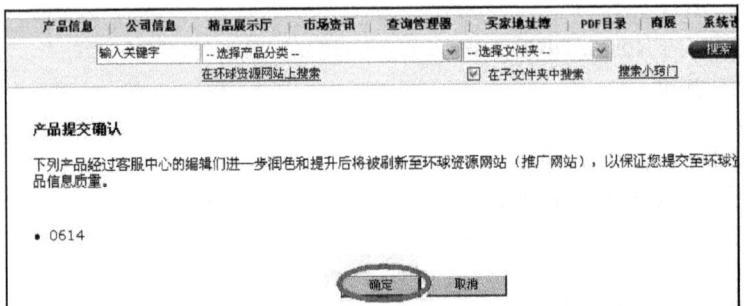

图 C-10　完成产品信息上网

提示： 您每上传一款新产品到环球资源网站，系统都会以电子邮件的方式将这一新产品速递发送给环球资源网的注册买家，买家可直接在邮件中查看和发送查询。

2.4 如何将在线产品拉下网及替换上新产品

您可以随时将已经在线的产品从网站上拉下，或进行产品替换。

步骤一：点击"产品信息"主菜单，进入产品信息主页，在"Online"文件夹（已在线文件夹）下面有3个子文件夹，分别保存了在不同的网站上目前在线的产品，如图 C-11 所示。

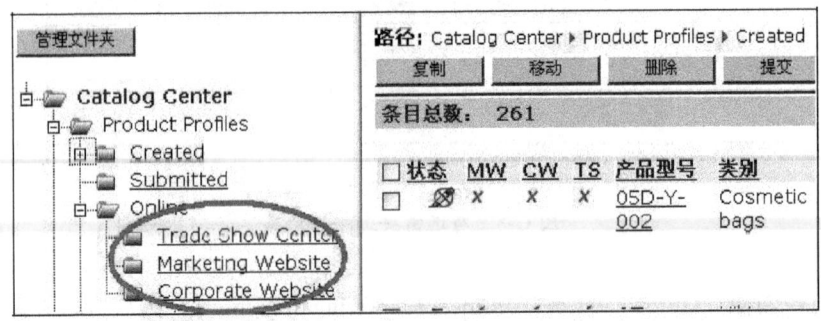

图 C-11　"Online"文件夹

步骤二：例如您需要将"Marketing Website"（环球资源网站）上面的一个产品拉下网，请先点击"Marketing Website"文件夹，然后勾选需要拉下的产品，最后点击"拉下"按钮，如图C-12所示。

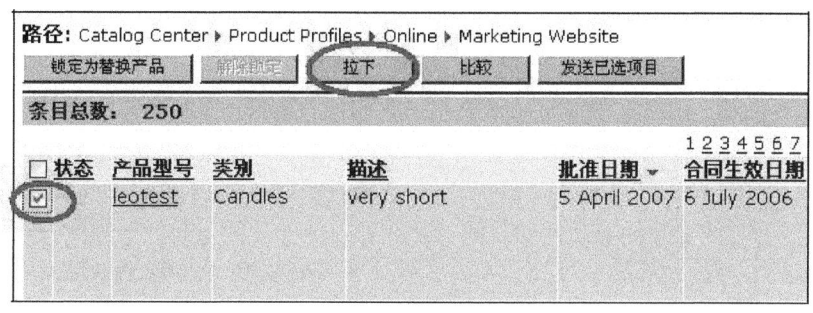

图C-12 产品拉下网

如果您需要替换"Marketing Website"（环球资源网站）上的产品，同样，请先点击"Marketing Website"文件夹，然后勾选需要被替换的产品并点击"锁定为替换产品"按钮，如图C-13所示。

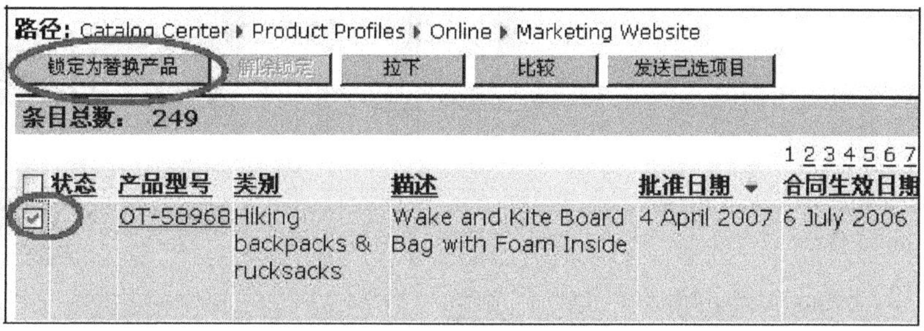

图C-13 替换产品信息

提示："锁定为替换产品"功能可确保只有新产品被刷新上网时才将旧产品替换下网。

被锁定为替换的产品状态会显示"等待替换"图标，如图C-14所示。然后，回到产品信息主页的"Created"文件夹（已创建文件夹），勾选新建产品之后，点击"提交"按钮。这样，系统在上传新产品的同时会自动替换被您锁定的产品。

图C-14 "等待替换"图标

2.5 如何输入产品的安全/质量认证

步骤一：在"产品信息"主菜单中，点击"创建安全/质量认证"二级菜单，如图 C-15 所示。

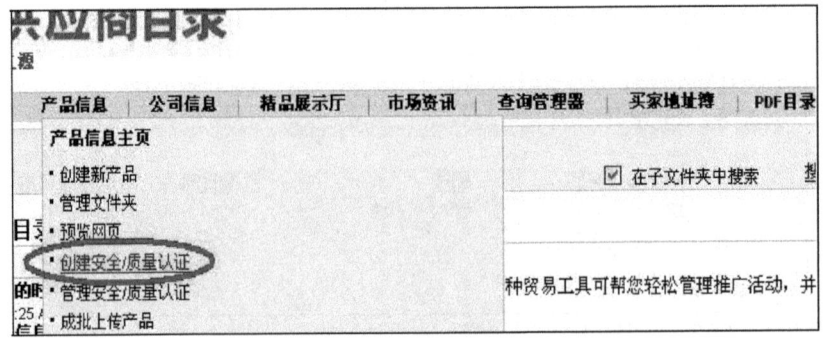

图 C-15 "创建安全/质量认证"二级菜单

步骤二：在打开的页面中，输入安全/质量认证信息后，点击"保存"按钮，如图 C-16 所示。

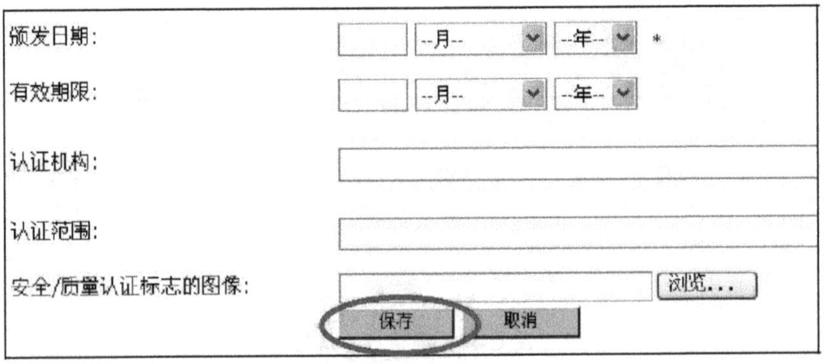

图 C-16 安全/质量认证信息输入页面

步骤三：在产品信息页面上勾选该产品的安全/质量认证，如图 C-17 所示。

图 C-17 勾选产品的认证

2.6 如何使用"发送已选项目"功能群发产品信息

步骤一：点击"产品信息"主菜单，进入产品信息主页的"Created"文件夹（已创建文件夹）。勾选需要发送的产品，点击"发送已选项目"按钮，如图 C-18 所示。

图 C-18 发送产品信息

步骤二：在打开的页面中，填写收件人等信息后，点击"发送"按钮，如图 C-19 所示。

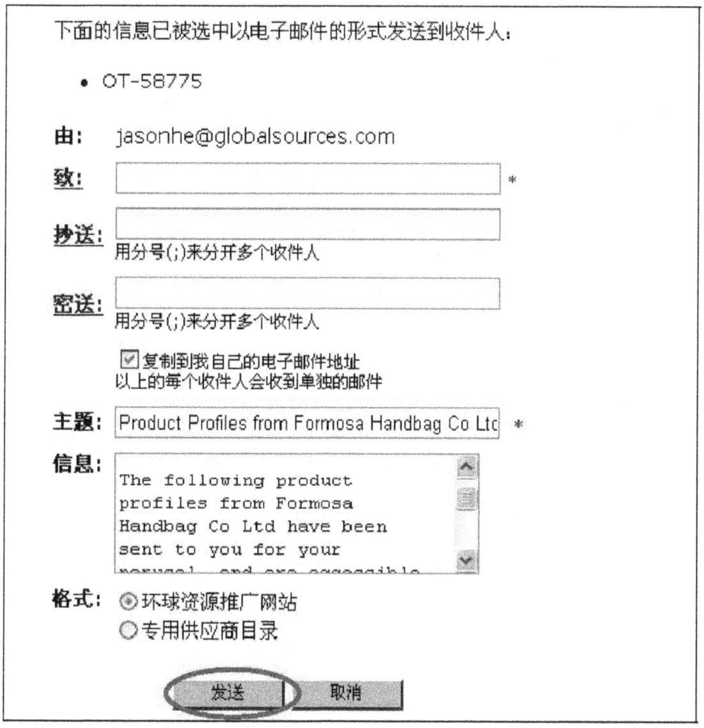

图 C-19 填写收件人等信息

提示：您可直接点击"致"、"抄送"或"密送"切换到您在专用供应商目录中的买家地址簿，轻松地勾选收件人地址。

3. 创建和推广公司信息

3.1 如何修改公司主页信息（供应商主页）

步骤一：在"公司信息"主菜单中，点击"编辑公司信息"二级菜单，如图 C-20 所示。

图 C-20 "编辑公司信息"二级菜单

步骤二：在打开的页面中，点击"Main"（"供应商主页"）链接，如图 C-21 所示。

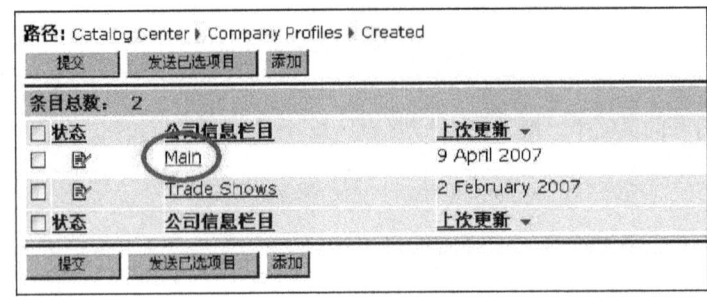

图 C-21 "Main"链接

步骤三：可以直接修改"基本公司信息"，也可点击"附加公司信息"或"其他联系信息"做修改，其中在"附加公司信息"页面中，您可输入公司获得的安全/质量认证。修改后请点击"保存"按钮，如图 C-22 所示。

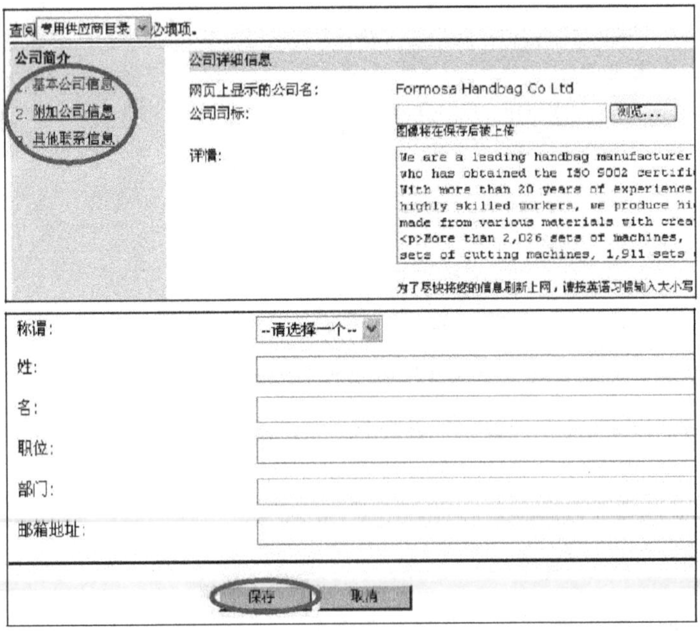

图 C-22 修改公司信息

3.2 如何提交公司信息上网

步骤一：在"公司信息"主菜单中，点击"公司信息主页"二级菜单，如图 C-23 所示。

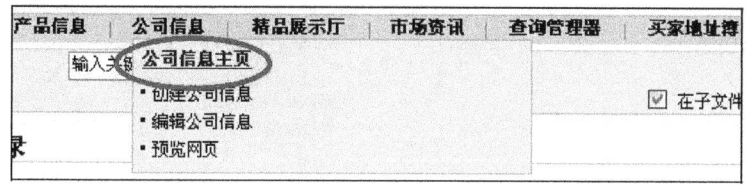

图 C-23 "公司信息主页"二级菜单

步骤二：在打开的页面中，勾选 Main，点击"提交"按钮，如图 C-24 所示。

图 C-24 选择公司

步骤三：在打开的页面中，点击"完成"按钮，如图 C-25 所示。

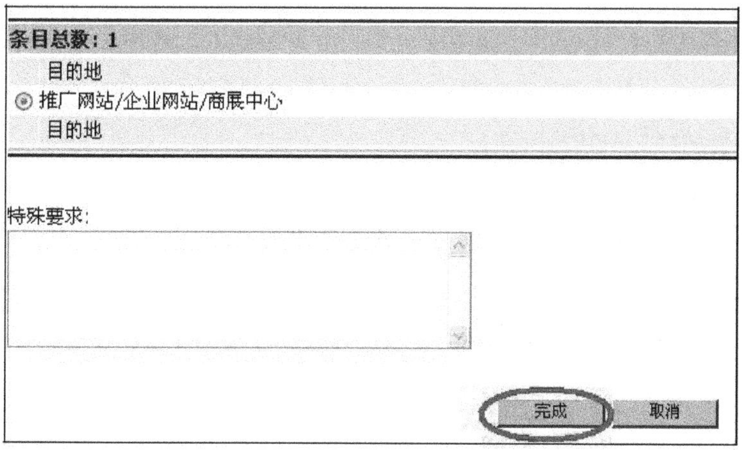

图 C-25 完成提交公司信息

4. 创建精品展示厅

4.1 如何创建精品展示厅

步骤一：在"精品展示厅"菜单中，点击"创建精品展示厅"二级菜单，如图 C-26 所示。

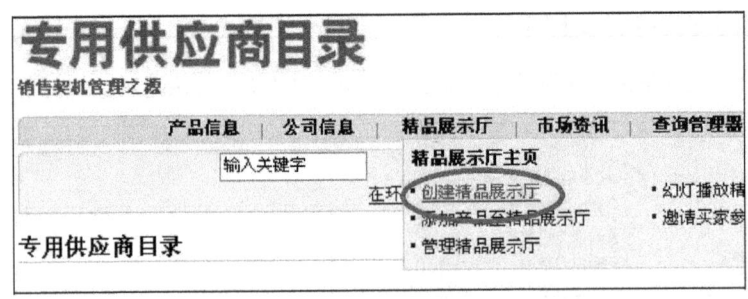

图 C-26 "创建精品展示厅"二级菜单

步骤二：在打开的页面中，在"精品展示厅名称"栏中输入展示厅的名称；在"精品展示厅登录名"栏中输入登录名。完成后，点击"创建"按钮，如图 C-27 所示。

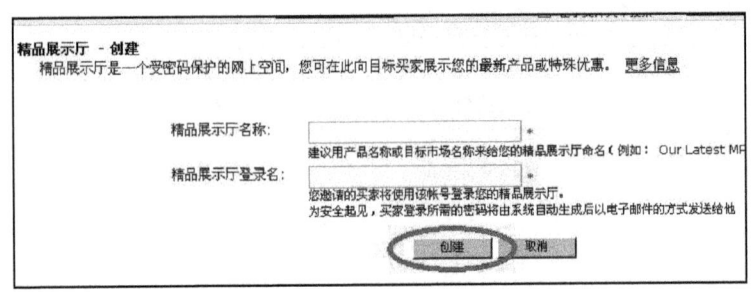

图 C-27 创建精品展示厅

提示：您最多可同时创建 10 个精品展示厅，展示 10 组不同的产品以及邀请不同的买家来参观。

4.2 如何添加产品至精品展示厅

步骤一：在"精品展示厅"主菜单中，点击"添加产品至精品展示厅"二级菜单，进入产品信息主页的"Created"文件夹（已创建文件夹），如图 C-28 所示。

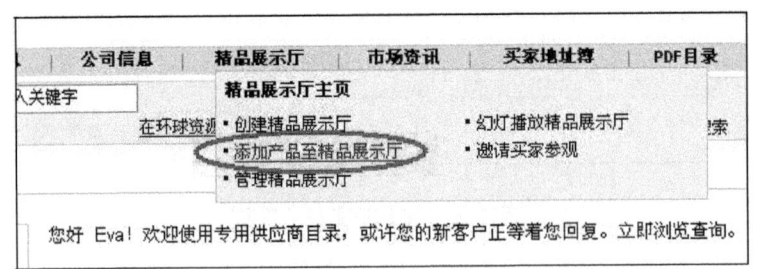

图 C-28 "添加产品至精品展示厅"二级菜单

步骤二：在打开的页面中，勾选需要添加到展示厅的产品，点击"添加至"按钮，如图 C-29 所示。

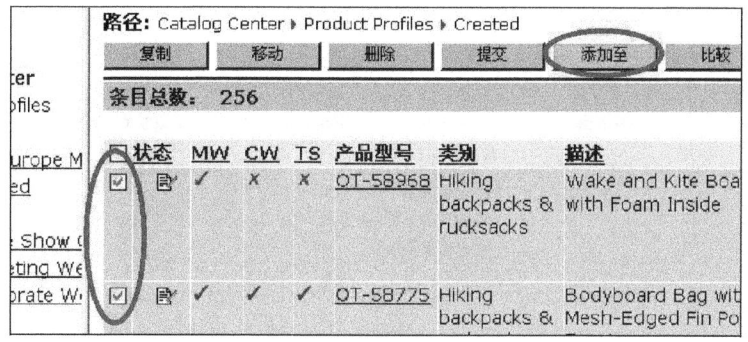

图 C-29 选择产品

提示：展示在精品展示厅的产品是没有数量限制的，您可以添加任意多产品至精品展示厅，最大限度地向目标买家推广您的得意之作。

步骤三：在打开的页面中，勾选目标展示厅名称，点击"完成"按钮（可同时选择多个展示厅），如图 C-30 所示。

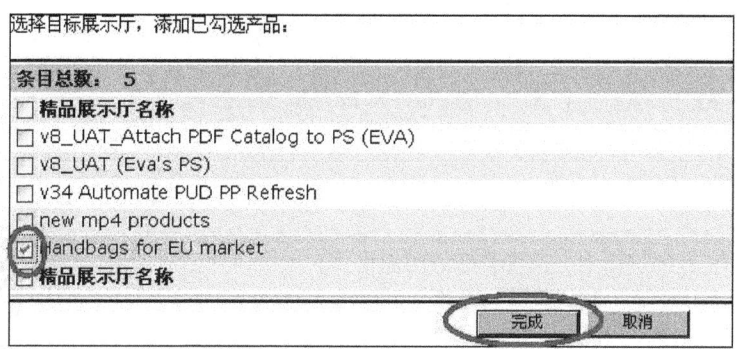

图 C-30 选择展示厅

4.3 如何在展会上幻灯播放您的产品

可利用精品展示厅中的"幻灯播放精品展示厅"功能在展会上自动播放您在精品展示厅中的产品（展示厅中可放置的产品数量不受合同限制，您可放置任意多个）。

您还可选择在线播放或离线播放。

4.3.1 在线幻灯播放

步骤一：在"精品展示厅"主菜单中，点击"幻灯播放精品展示厅"二级菜单，如图 C-31 所示。

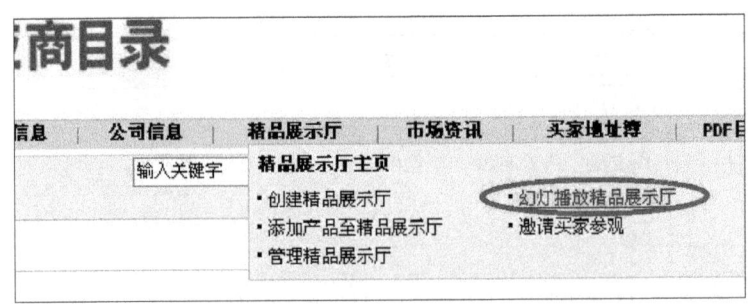

图 C-31 "幻灯播放精品展示厅"二级菜单

步骤二：在打开的页面中，勾选目标展示厅（可同时勾选多个展示厅），点击"播放幻灯片"按钮，如图 C-32 所示。

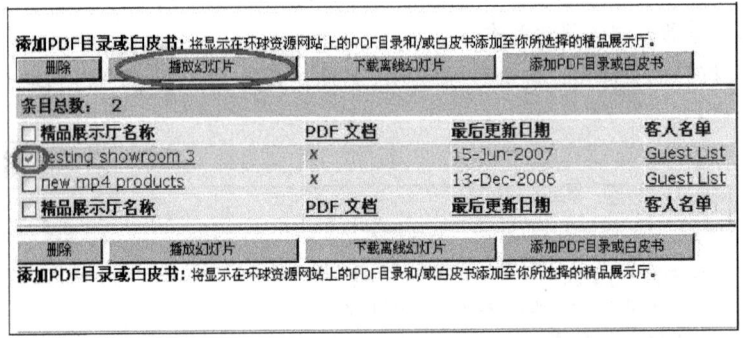

图 C-32 勾选目标展示厅

步骤三：在打开的页面中，选择合适的版面格式，点击"开始"按钮，如图 C-33 所示。

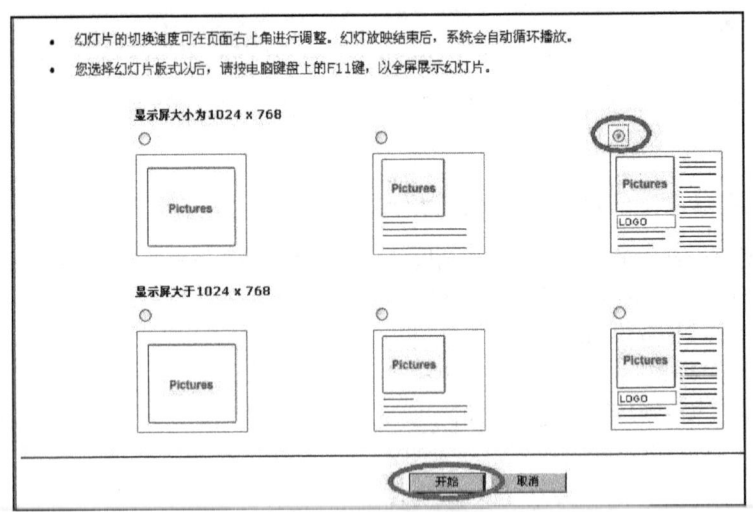

图 C-33 选择版面格式

步骤四：在新窗口中，点击"开始播放"按钮，然后在下一页面中点击"播放"按钮，幻灯片将立即开始自动播放。您还可以更改右上角的"Speed"选项以调整播放节奏，如图 C-34 所示。

附录 C　环球资源网专用供应商目录用户手册

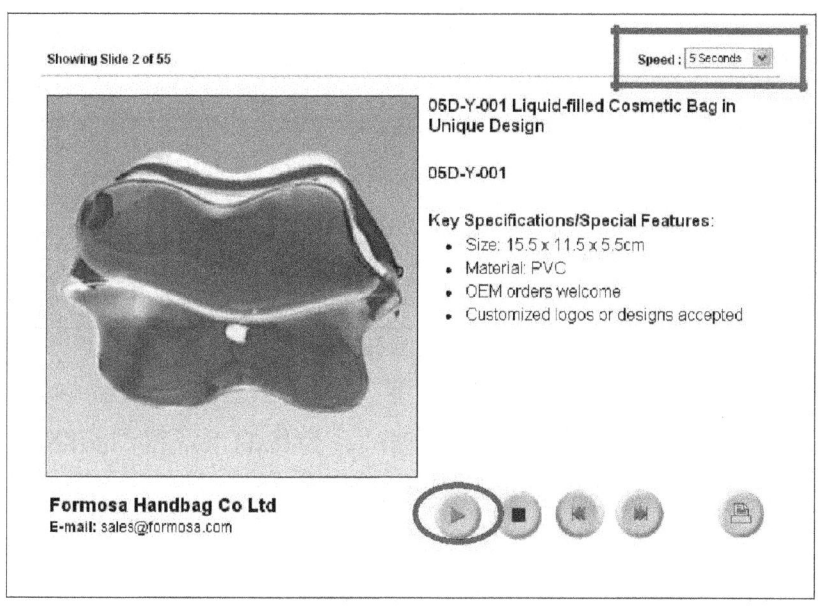

图 C-34　播放及节奏调整

4.3.2 离线幻灯放映

如果您在展会中使用不了互联网，则需要提前下载离线版本的幻灯片，可使用 USB 或光盘存储带到展会上，只要有一台计算机就可以播放了。

步骤一：勾选目标展示厅，点击"下载离线幻灯片"按钮，以及选择合适的版面格式，如图 C-35 所示。

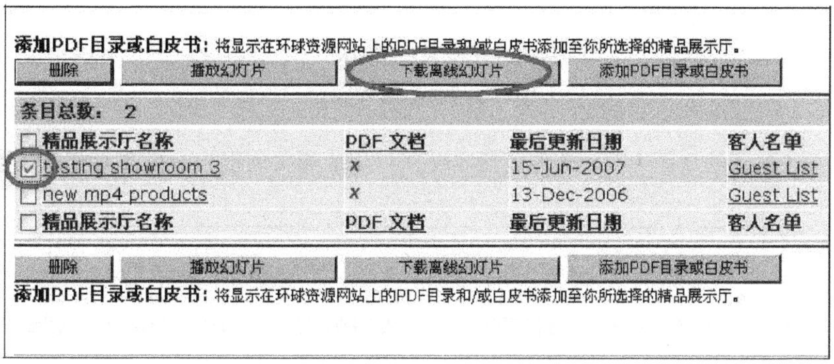

图 C-35　离线幻灯放映

步骤二：提交请求后，请检查您的邮箱，邮箱中将会收到一封标题为"Private Supplier Catalog - Slideshow Download Notification"的邮件。点击邮件中的链接下载一个压缩文件包如图 C-36 所示。解压该文件后，点击文件包中的"slideshow.html"文件，即可进行幻灯片放映。

The Offline Slideshow you have requested is now ready for download. Please click on the URL below to return to your Private Sh
slideshow.

http://psc.qa.globalsources.com/psc/gsol/pex/en/tsiks/jsp/showroom/slideshowDownloadFilelink.jsp?filename=2008802616444

If you have any questions or need assistance, please contact Customer Service at supplierservice@globalsources.com.

Wishing you the best of business,

Jennifer Simmons
Online Customer Services

Global Sources (Nasdaq: GSOL)
Creating and facilitating global trade between buyers and suppliers
www.globalsources.com

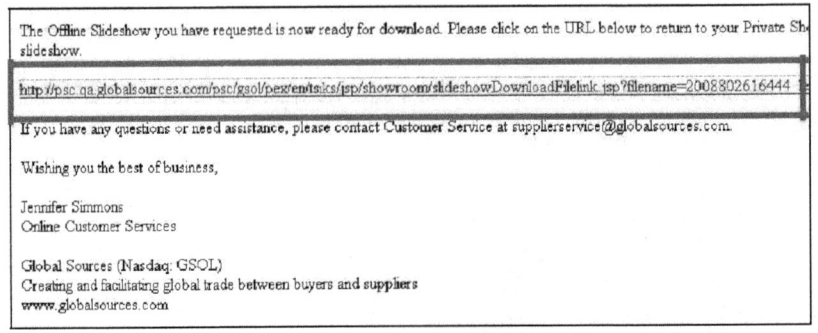

图 C-36　下载链接

5. 提取市场资讯报告，了解市场新动向，为您的市场推广策略提供依据

专用供应商目录中的市场资讯报告，可以帮助您及时了解热门产品趋势、竞争对手的新动态和替您跟踪买家线索。

5.1 如何提取买家查询最频繁的热门产品排行榜

步骤一：在“市场资讯”主菜单中，点击“热门产品排行榜”二级菜单，如图 C-37 所示。

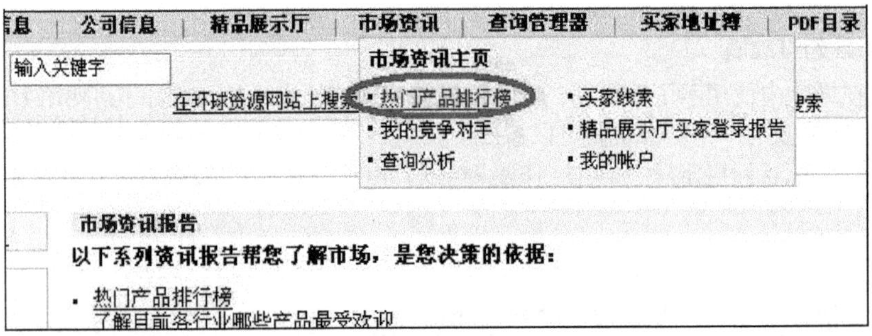

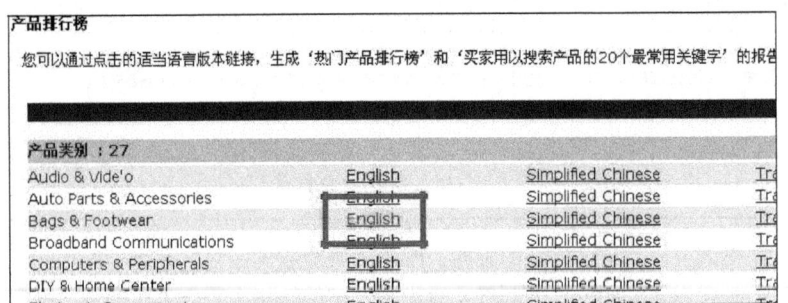

图 C-37　“热门产品排行榜”二级菜单

步骤二：在打开的页面中，点击语言版本链接，生成相关的报告，如图 C-38 所示。

图 C-38　选择版本语言

5.2 如何提取您的竞争对手报告

步骤一：在“市场资讯”主菜单中，点击“我的竞争对手”二级菜单，如图 C-39 所示。

附录 C 环球资源网专用供应商目录用户手册

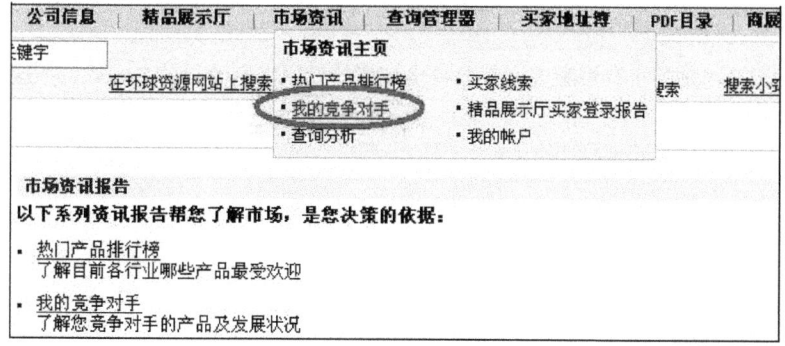

图 C-39 "我的竞争对手"二级菜单

步骤二：在打开的页面中，从下拉列表中选择一个产品类别，再点击"提交"按钮，可以了解您在环球资源网站上都有哪些竞争对手和您一样在生产同一类产品，如图 C-40 所示。

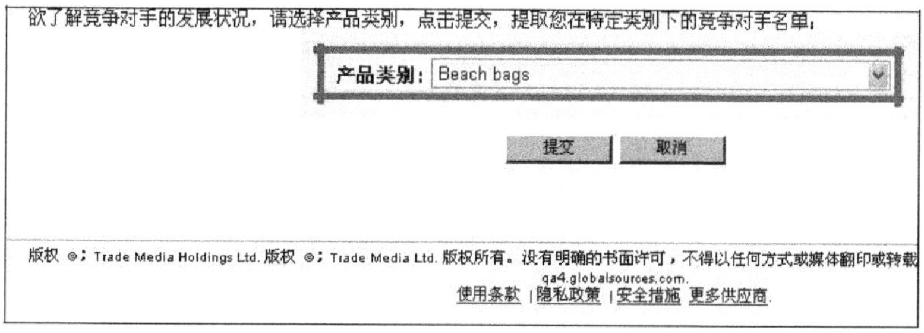

图 C-40 选择产品类别

提示：如果下拉列表中没有您想了解的行业，请先在产品信息主页中的"Product Categories"文件夹，添加您想要的产品类别。

步骤三：在打开的页面报告中包含了您竞争对手的网站链接，您可以了解它们的推广情况、产品质量、生产能力、管理水平等与您的企业有什么相同或不同之处。点击"保存到磁盘"按钮可以把报告保存到您的计算机中，如图 C-41 所示。

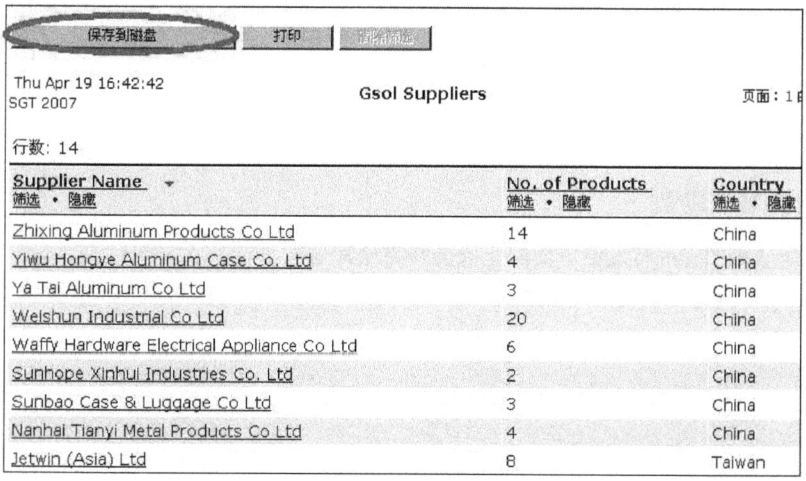

图 C-41 竞争对手报告

6. 利用查询管理器有效管理您的买家查询

来自环球资源网站的所有买家查询都会备份在您的专用供应商目录中，您可在这里轻松地查看和管理您的查询。

6.1 如何登录查询管理器

步骤一：在"查询管理器"主菜单中，点击"浏览查询"二级菜单，如图C-42所示。

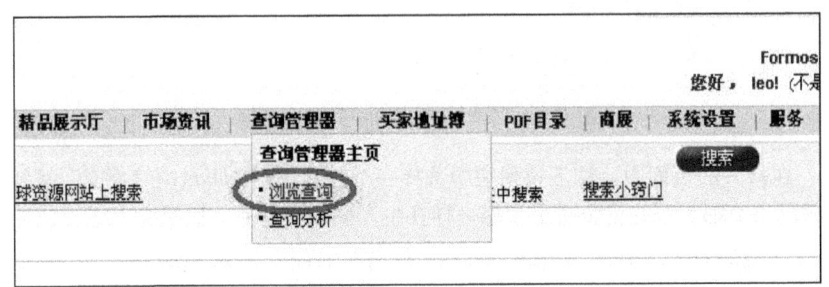

图 C-42 "浏览查询"二级菜单

步骤二：进入查询管理器后，您可查看来自环球资源买家的查询邮件。最新的查询会显示在页面的最前面，每个页面会显示50个查询邮件。点击主题可以查看买家查询的详细内容，如图C-43所示。

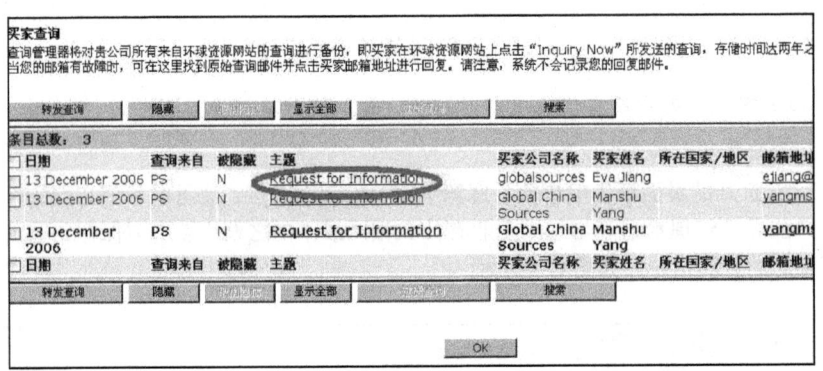

图 C-43 买家查询

6.2 如何转发查询

您可将所收到的查询转发给下面的业务员并要求其跟进。

步骤一：在"浏览查询"页面中，勾选需要转发的查询邮件，点击"转发查询"按钮，如图C-44所示。

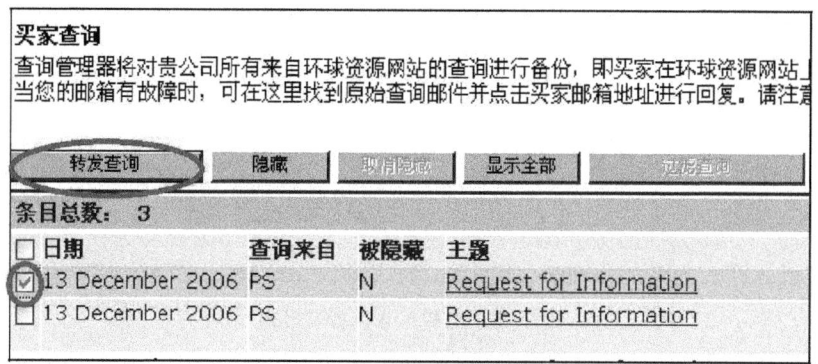

图 C-44　选择需要转发的查询邮件

步骤二：在打开的页面中，输入收件人的地址，然后点击"发送"按钮，如图 C-45 所示。

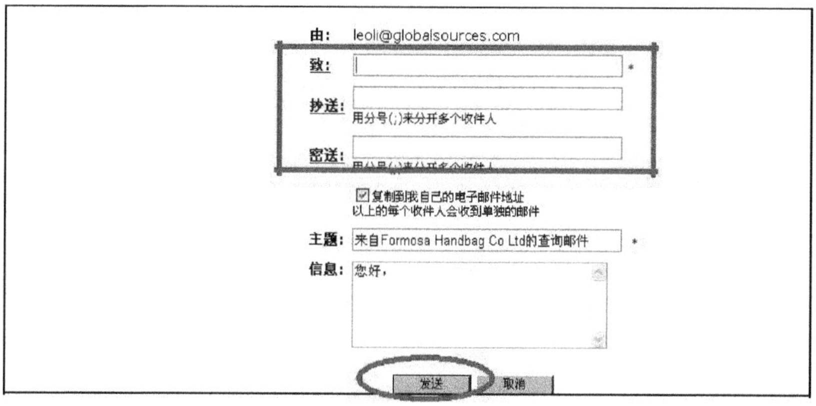

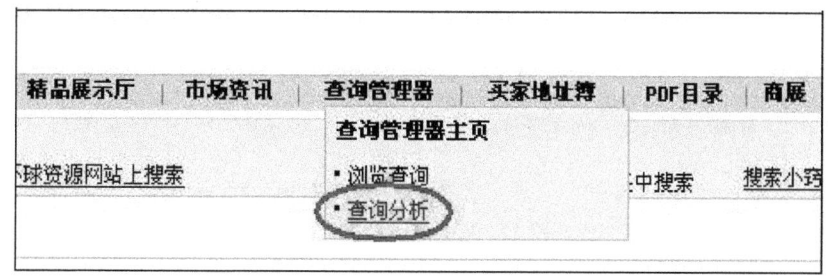

图 C-45　输入收件人的信息

6.3 如何提取查询分析报告

步骤一：在"查询管理器"主菜单栏中，点击"查询分析"二级菜单，如图 C-46 所示。

图 C-46　"查询分析"二级菜单

步骤二：在打开的页面中，选择报告类型及设置报告时间，点击"提交"按钮，如图 C-47 所示。

图 C-47　选择报告类型及时间

7. 管理买家地址簿

建立您的买家地址簿，当您要发布新产品，或邀请买家浏览精品展示厅时，您可以轻松从这里勾选买家的邮箱地址。

7.1 如何建立买家地址簿

步骤一：点击主菜单中的"买家地址簿"，进入买家地址簿主页，然后点击"添加联系人"按钮，如图 C-48 所示。

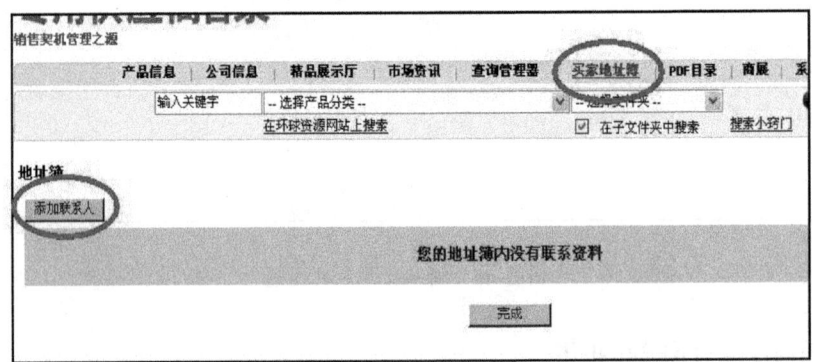

图 C-48　买家地址簿主页

步骤二：在打开的页面中，在对应栏目输入相关内容，点击"保存"按钮，如图 C-49 所示。

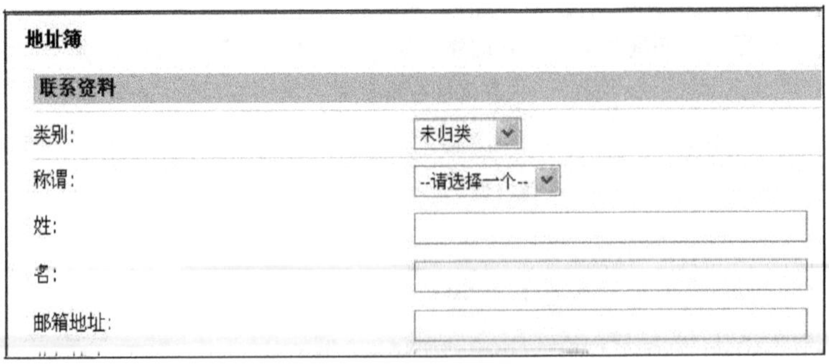

图 C-49　填写相关信息

8. 管理系统设置

8.1 如何更改个人信息及登录密码

步骤一：在"系统设置"主菜单中，点击"用户信息及密码管理"二级菜单，如图C-50所示。

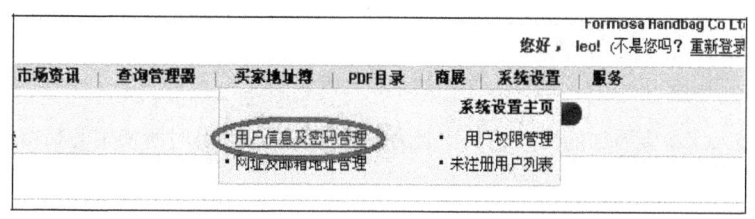

图 C-50 "用户信息及密码管理"二级菜单

步骤二：在"User Profile"页面上更改个人信息。如需修改密码，点击页面左上角的"Change Password"链接进行修改，如图C-51所示。

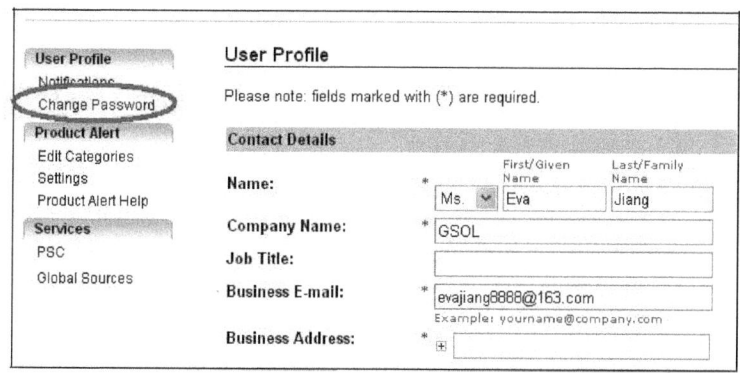

图 C-51 "User Profile"页面

提示：修改登录密码后，新密码会立即生效。您下次登录时就需要输入新的密码。

8.2 如何进行用户管理

8.2.1 如何添加新用户

步骤一：在"系统设置"主菜单中，点击"用户权限管理"二级菜单，如图C-52所示。

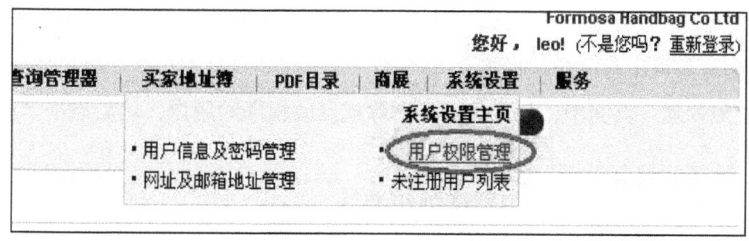

图 C-52 "用户权限管理"二级菜单

步骤二：在打开的页面中，点击"添加"按钮，如图C-53所示。

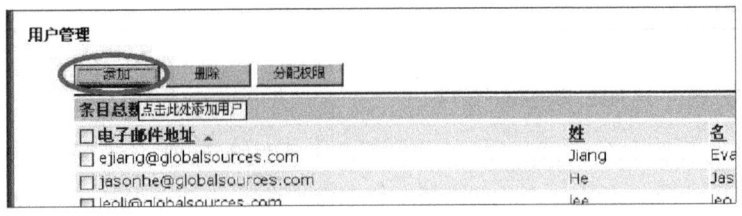

图 C-53 添加新用户

步骤三：输入您希望添加的用户的其注册为环球资源网站会员时所使用的邮箱地址。然后，选择适当的用户级别。

[系统权限说明]

如图 C-54 所示，Administrator 权限最高，可进行各种各样的系统操作。比 Administrator 低一级的是 Poster，该角色与 Administrator 的区别在于 Poster 不能看查询，不能提取查询分析报告、精品展示厅买家登录报告及买家线索报告，不能添加或删除用户，不能操作系统设置中的网址及邮箱地址管理等。接下来是 Editor 的权限，该角色只能创建或编辑公司及产品信息。Viewer 的权限最低，该角色只能查看系统中的产品/公司信息、创建买家地址簿以及使用"发送已选项目"功能。

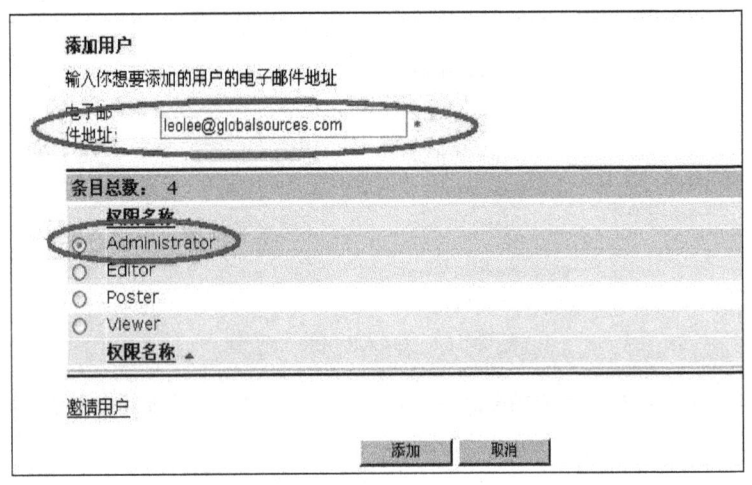

图 C-54 系统权限说明

提示：所有用户在获得专用供应商目录权限之前，都必须登录环球资源网站（www.globalsources.com）注册成为会员。

8.2.2 如何删除用户和修改用户权限

在"用户权限管理"页面中，勾选您需要删除或修改权限的用户，然后点击"删除"或"分配权限"按钮即可。

8.3 如何设定接收买家查询的默认邮箱地址

所有来自环球资源网站的买家查询将被发送到您设定的默认查询邮箱中。该设置可随时更改。

步骤一：在"系统设置"主菜单中，点击"网址及邮箱地址管理"二级菜单，如图 C-55 所示。

附录 C　环球资源网专用供应商目录用户手册

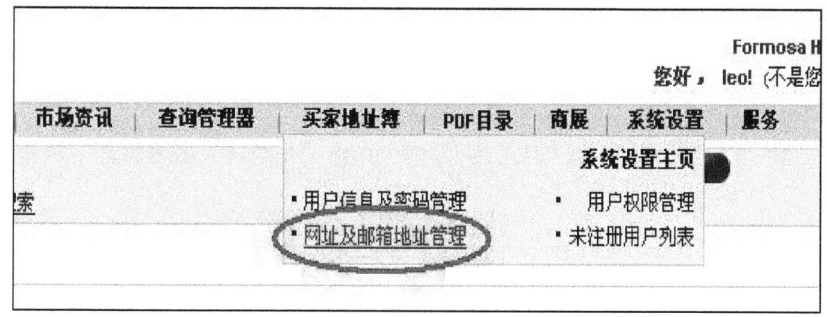

图 C-55　"网址及邮箱地址管理"二级菜单

步骤二：在打开的页面中，点击"接收买家查询邮箱"链接，如图 C-56 所示。

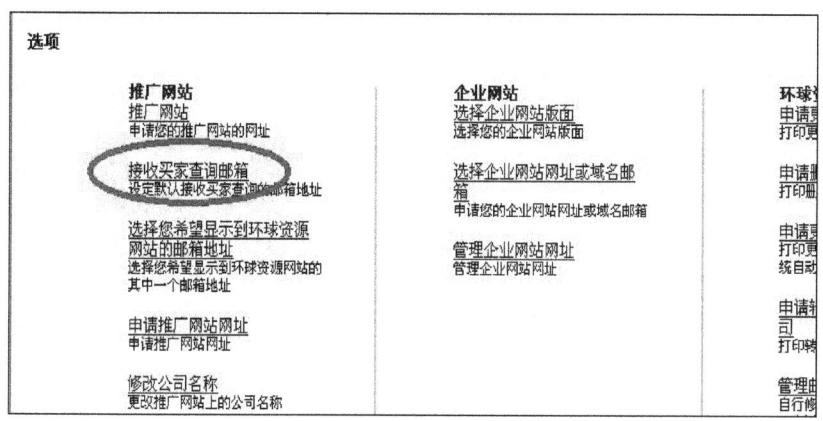

图 C-56　"接收买家查询邮箱"链接

步骤三：点击您的环球资源邮箱旁的圆圈，设定其为接收买家查询的默认邮箱。
完成后，点击"保存"按钮，如图 C-57 所示。

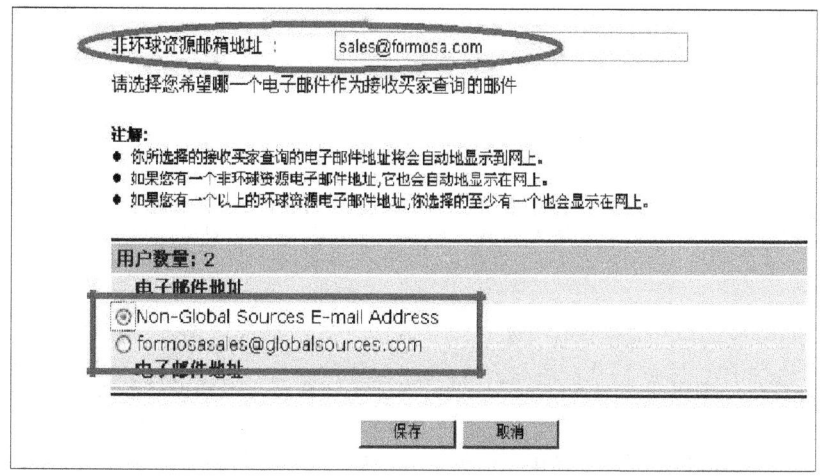

图 C-57　选择接收买家查询的默认邮箱

8.4 如何输入和更改在线聊天账号

您可通过 AOL、MSN、Yahoo 或 Skype 等在线聊天工具和环球资源网的买家进行在线沟通。您可以在专用供应商目录中输入您的在线聊天账号。

步骤一：在"网址及邮箱地址管理"页面中，点击"在线聊天账号管理"链接，如图 C-58 所示。

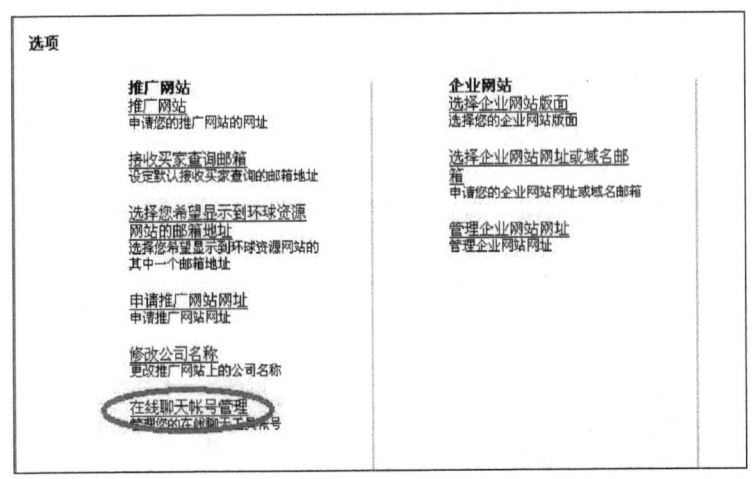

图 C-58 "在线聊天账号管理"链接

步骤二：在打开的页面中，在相应栏目内输入您的账号，点击"保存"按钮，如图 C-59 所示。

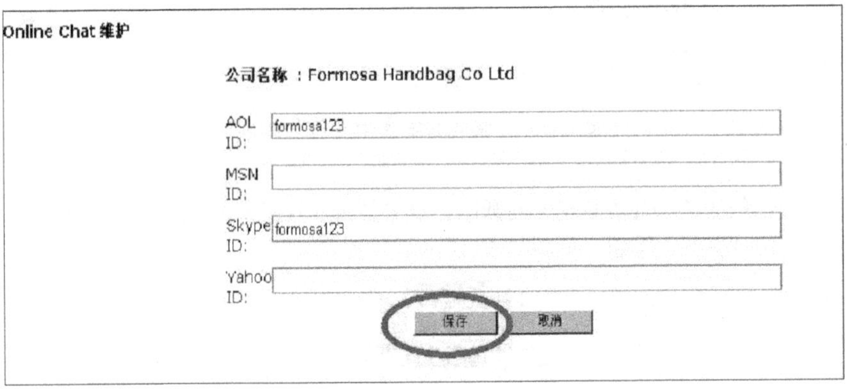

图 C-59 输入账号信息

提示：您可以同时使用这 4 种聊天工具，以便买家更轻易与您沟通。但是，每种聊天工具只能输入一个账号。

8.5 如何修改环球资源邮箱密码

如果您能提供旧密码或忘记密码的问题及答案，可以自行在专用供应商目录中修改邮箱密码，或获取新密码。

步骤一：在"系统设置"主菜单中，点击"网址及邮箱地址管理"二级菜单，如图 C-60 所示。

附录 C 环球资源网专用供应商目录用户手册

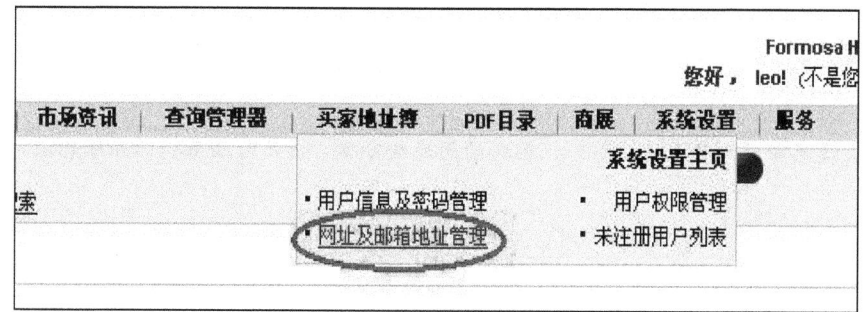

图 C-60 "网址及邮箱地址管理"二级菜单

步骤二：在打开的"网址及邮箱地址管理"中点击"管理邮箱密码"链接，如图 C-61 所示。

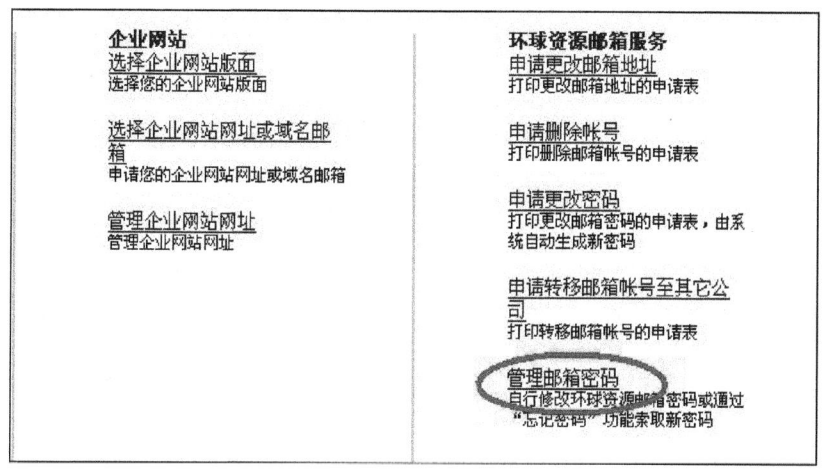

图 C-61 "管理邮箱密码"链接

步骤三：在打开的页面中，点击"修改密码"，如图 C-62 所示。

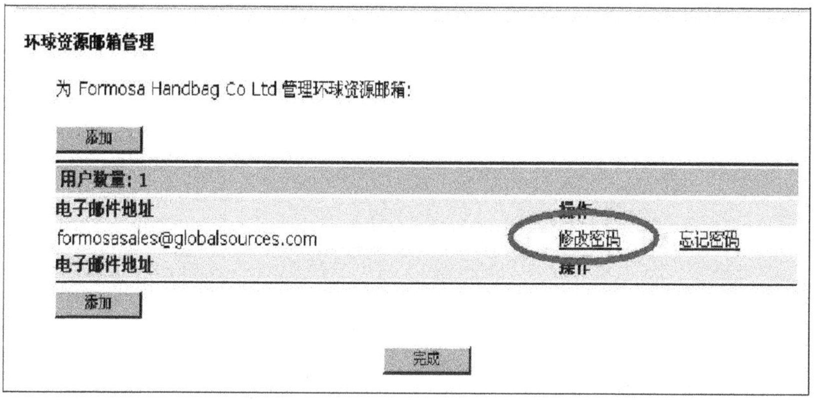

图 C-62 修改密码

241

提示：

当您收到环球资源邮箱密码后，应尽快登录专用供应商目录更改密码和设置忘记密码的问题及答案。

如果您遗忘密码，也无法提供忘记密码的问题及答案，请及时联系您的环球资源网客户服务人员。

步骤四：提供旧密码和设置新密码。同时，设置忘记密码的问题及答案（Hint Question & Your answer），以便您在忘记密码时通过以上页面的"忘记密码"功能申请新密码，如图 C-63 所示。

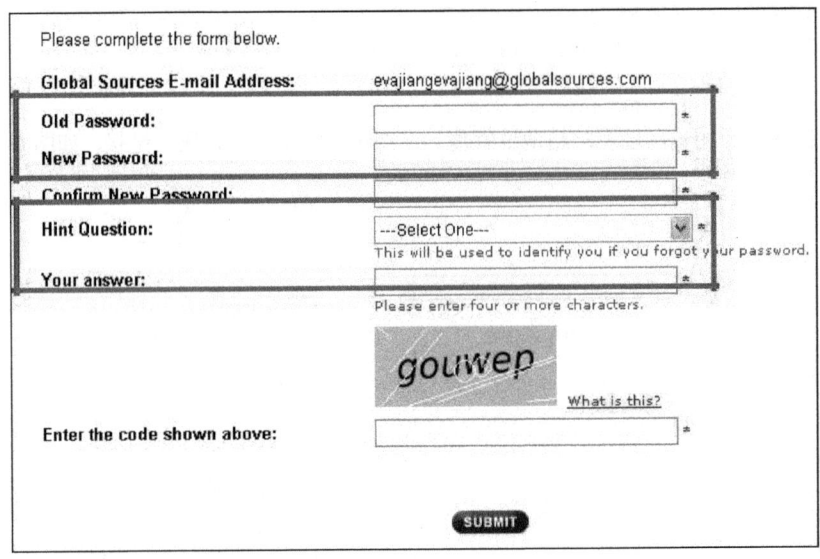

图 C-63　设置新密码

参考文献

1. 李鹏博,郑锴.B2B跨境电商[M].北京:电子工业出版社,2018.
2. 张劲松.金牌外贸业务员找客户[M].北京:中国海关出版社,2016.
3. 夏志新.阿里巴巴实战运营——14招玩转诚信通[M].北京:企业管理出版社,2017.
4. 柯丽敏.跨境电商理论与实务[M].北京:中国海关出版社,2016.
5. 欧志敏.B2B网络交易实务[M].北京:中国人民大学出版社,2018.
6. 本书编委会.外贸实用工具手册[M].北京:中国海关出版社,2009.
7. 夏雪峰.全网营销[M].北京:中国海关出版社,2017.
8. 各大跨境电子商务平台门户网站及跨境电子商务研究咨询网站,包括阿里巴巴,环球资源、中国制造、一达通、敦煌、艾瑞资讯网.

反侵权盗版声明

　　电子工业出版社依法对本作品享有专有出版权。任何未经权利人书面许可,复制、销售或通过信息网络传播本作品的行为,歪曲、篡改、剽窃本作品的行为,均违反《中华人民共和国著作权法》,其行为人应承担相应的民事责任和行政责任,构成犯罪的,将被依法追究刑事责任。

　　为了维护市场秩序,保护权利人的合法权益,我社将依法查处和打击侵权盗版的单位和个人。欢迎社会各界人士积极举报侵权盗版行为,本社将奖励举报有功人员,并保证举报人的信息不被泄露。

举报电话:(010)88254396;(010)88258888
传　　真:(010)88254397
E-mail: dbqq@phei.com.cn
通信地址:北京市海淀区万寿路173信箱
　　　　　电子工业出版社总编办公室
邮　　编:100036